COMMUNICATIONS PRIVACY ACT

통신비밀
보호법

이정만

박영사

머 리 말

　　통신은 사회적 동물인 사람이 다른 사람과 관계를 맺는 가장 중요한 수단
이다. 따라서 통신 내용은 제3자가 당사자의 의사에 반하여 지득하거나 공개
해서는 안 된다. 그러나 우편이나 전기통신과 같은 주요 통신수단이 국가에
의해 운영됨에 따라 국가로부터 개인의 통신비밀의 자유가 침해받을 수 있다
는 문제가 제기되었고, 실제로 초원복집 도청사건에서 보듯이 범죄수사를 위
한 불법도청이 행해질 수 있음이 드러나자 통신비밀의 보호를 위하여 통신비
밀보호법이 제정되었다. 그리고 범죄수사나 형의 집행을 위한 합목적적 감청
이라 할지라도 통신의 비밀을 보장하기 위해 열거된 범죄에 한해 법원의 허가
를 받아 엄격한 절차를 거쳐 할 수 있도록 통신제한조치의 요건을 강화하는
방향으로 법의 발전이 이루어져 왔다.

　　하지만 각종 디지털 기기의 발전으로 인해 새로운 범죄수법이 등장함에
따라 전통적인 우편물 감청 및 유선전화의 감청만으로는 범죄수사가 어려워졌
고, 인터넷회선 감청, 휴대폰 감청, GPS 추적 등 신종 수사기법이 등장하게
되었다. 그러나 인터넷, 휴대폰 등에는 개인 사생활의 전부가 담겨 있다고 해
도 과언이 아니고, 위치정보를 통해서는 이동경로를 파악하여 사생활의 유추
가 가능하기에 기술이 발전하고 새로운 수사기법이 발전할수록 개인의 사생활
침해 우려가 더욱더 커지고 있다. 매년 국회 국정 감사에서도 여야 간에 통신
비밀보호와 침해 문제에 대해 치열하게 논쟁이 벌어질 수밖에 없는 이유이다.
따라서 통신제한조치를 무조건 엄격하게 규율하기보다는 범죄수사의 필요성에
따라 새로운 수사기법을 인정하되, 사생활의 침해를 방지하기 위하여 범죄수
사 목적 외의 사용을 제한하고, 통지제도를 강화하여 피감청대상자의 사후 구

제책을 보장할 수 있도록 하는 등 통신비밀 보호체계를 더욱 정교하게 할 필요성이 대두되었다.

그러나 통신비밀 보호체계에 대한 주석은 형사소송절차의 강제수사 일부로 간략하게 서술되어질 뿐 이에 대한 심도 있는 해설서가 전무한 상황이다. 저자는 대검찰청 과학수사부서 과장(담당관) 및 기획관으로 비교적 긴 시간 재직하면서 통신비밀보호 업무를 실무적으로 담당해 본 적이 있다. 그 과정에서 통신비밀보호에 대한 국민적 관심도에 비해 통신비밀보호법을 해설하는 주석서가 없는 상황을 아쉽게 생각해 왔다. 그래서 틈틈이 논문을 모으고, 실무 경험을 바탕으로 조문 해설도 더해 가면서 원고를 준비해 왔다. 그러나 변호사 업무와 정치 관련 업무를 하다 보니 원고의 완성도를 높여 책으로 출판하기까지는 쉽지 않았다.

여러 어려운 상황과 부족한 점에도 불구하고, 기지국 수사·인터넷회선 감청 등 최신 수사기법에 대한 일련의 헌법재판소의 헌법불합치결정과 상대방의 동의 없는 일방 당사자의 녹음을 처벌하자는 통신비밀보호법 개정안(의안번호 2116905) 발의, 제3자의 불법녹음의 증거능력 문제 등 사회 전방위적으로 더해 가는 통신비밀보호법에 대한 공론과 질문에 실제 통신비밀보호법을 운영해 본 경험자의 해석으로 조금이지만 답을 드리고 싶어 이번에 용기를 내서 출간하게 되었다. 부족한 부분은 계속 수정해서 완성도를 높여 갈 예정이다. 독자 여러분께서 미흡한 부분을 지적해 주시면 감사하게 생각하고 향후 보완해 갈 것을 약속드린다.

이 책을 출판함에 있어서 여러 가지 조언을 아끼지 않은 중앙대학교 법학전문대학원 이인호 교수님과 최신 판례를 찾아 주고 오탈자를 수정해 준 중앙대학교 박사후 과정 오수정 박사에게 감사를 드린다. 또한 부족한 책을 기꺼이 출판해 주신 우리나라 최대의 법률서적 출판사인 박영사에게도 감사드린다.

2024년 1월
이 정 만

차 례

제3장 통신제한조치 ● 39

제 4 장   통신사실확인자료 ● 145

제5장 통신비밀보호와 처벌 ● 201

제 1 장

총   설

제1장

총 설

Ⅰ. 서론

사람은 누구나 인간으로서의 존엄과 행복을 추구할 권리가 있다. 이러한 권리를 누리기 위해서는 개인의 삶이 사생활 영역에서 자신의 의사에 반하여 국가나 타인으로부터 간섭받지 않아야 하고, 다른 사람과의 의사소통이 자신의 의사에 반해서 함부로 공개되는 일이 없어야 한다. 이와 같이 사생활의 자유와 비밀을 보장하는 것이 인간으로서의 존엄과 행복을 추구하는 데 있어서 필요한 최소한의 조건이다.

그런데 최근 정보통신기술의 급속한 발전은 인간의 삶의 양태를 근본적으로 변화시키고 있다. 사람과 사람 사이의 의사표시의 방법과 수단이 전통적인 우편에 의한 통신에서 유선전화나 전자메일을 통한 통신을 거쳐서 무선 인터넷과 휴대전화의 일반화, 다시 스마트폰을 필두로 무선 인터넷과 통신의 융합으로 혁명적인 변화를 거듭하고 있다.

이러한 통신기술의 발달은 종래에는 생각하지 못했던 다양한 법률적인 문제를 야기하고 있다. 개인의 사생활과 통신의 비밀이 국가에 의해 침해당할 우려가 있고, 원래 국가에 의해 독점되던 통신수단이 통신 기술의 눈부신 발달로 사인에 의해 간단하게 침해될 가능성도 커졌다. 또한 개인정보가 대량으로 일반에게 유출될 염려가 생겼을 뿐만 아니라 발달된 통신 기술을 범죄수단으로 활용함으로써 범죄수사에서 증거확보에 더욱 어려움을 겪게 되는 상황도 초래되었다.

우리나라는 1993. 12. 27. 통신비밀보호법이 제정되어 통신비밀을 보호하면서도 통신을 이용한 범죄를 수사할 수 있도록 여러 제도를 만들어 놓았으나, 통신기술의 발달에 따른 적절한 입법적인 보완이 시기에 맞게 이루어지지 않았다는 불만이 꾸준히 제기되어 왔다.

이와 같은 상황에서 국민의 통신비밀을 엄정하게 보호하면서도 수사정보기관이 효율적으로 정보나 범죄증거를 수집할 수 있도록 통신비밀 보호와 통신수사와의 적절한 균형을 모색하면서 통신비밀보호법을 합리적으로 해석할 필요성이 대두되었다. 이러한 필요에 따라 통신비밀보호법의 적절한 해설과 통신관련 법률의 합리적 개정 방향을 제시해 보기로 한다.

Ⅱ. 통신비밀의 헌법적 보호

1. 통신비밀 보호의 의의와 규정취지

우리 헌법 제18조는 "모든 국민은 통신의 비밀을 침해받지 아니한다."라고 규정하여 통신의 비밀보호를 선언하고 있는데, 이는 통신의 비밀보호를 핵심으로 하는 통신의 자유를 기본권의 하나로 보장하고 있는 것으로 이해되고 있다. 통신의 자유라 함은 개인이 그 의사나 정보를 우편물이나 전기통신 등의 수단에 의하여 전달 또는 교환하는 경우에 그 내용 등이 본인의 의사에 반하여 공개되지 아니할 자유를 말한다. 헌법에서 보호하고 있는 '통신'의 일반적 속성으로는 '당사자간의 동의', '비공개성', '당사자의 특정성' 등을 들 수 있는 바, 헌법 제18조가 규정하고 있는 '통신'의 의미는 '비공개를 전제로 하는 쌍방향적인 의사소통'이라고 할 수 있다.[1] 통신이 현대 사회에서 가지는 의미가 중요해짐에 따라 오늘날 통신비밀 보장은 어떤 기본권보다도 중요한 헌법적 의미를 가지게 되었다.

원래 통신비밀의 보호는 주거의 자유나 거주이전의 자유와 함께 사생활의 자유와 비밀을 보장하는 수단적 의의를 가진다. 오늘날 개인 사이의 의사소통

---

1) 헌법재판소 2001. 3. 21. 2000헌바25, 판례집 13−1, 652, 661−662.

은 직접 만나서 대화를 하는 것보다는 우편이나 전화를 이용하는 것이 일반적인데, 그러한 통신업무가 막대한 비용으로 인하여 국가에 의해 독점적으로 운영되어 왔고, 모든 국민은 국가가 제공하는 통신인프라를 이용할 수밖에 없는 상황에서 국가에 의한 침해가능성이 무엇보다도 높다고 할 수 있다. 그래서 우리 헌법은 "모든 국민은 사생활의 비밀과 자유를 침해받지 아니한다."(헌법 제17조)라고 규정하면서도 통신비밀의 보호를 별도의 기본권으로 규정하여 사적 영역에 속하는 개인간의 의사소통을 사생활의 일부로 보호하려고 하고 있다.

헌법재판소도 "…… 개인과 개인간의 관계를 전제로 하는 통신은 다른 사생활 영역과 비교해볼 때 국가에 의한 침해의 가능성이 매우 큰 영역이라 할 수 있다. 왜냐하면 오늘날 개인과 개인 간의 사적인 의사소통은 공간적인 거리로 인해 우편이나 전기통신을 통하여 이루어지는 경우가 많은데, 이러한 우편이나 전기통신의 운영이 전통적으로 국가독점에서 출발하였기 때문이다. 사생활의 비밀과 자유에 포섭될 수 있는 사적 영역에 속하는 통신의 자유를 헌법이 별개의 조항을 통해서 기본적으로 보호하고 있는 이유는, 이와 같이 국가에 의한 침해가능성이 여타의 사적 영역보다 크기 때문이라고 할 수 있다. … 그러나 오늘날에 있어서는 통신기술의 발달과 광범위한 보급으로 인해 사인에 의한 통신의 비밀의 침해가능성도 점차 확대되어 가고 있는바, 이사건 법률조항은 이와 같이 사인에 의한 통신의 비밀에 대한 침해행위를 사전에 예방하기 위한 것이라고 할 것이다."라고 판시한 바가 있다.[2]

한편 시민들의 여론 형성에 의하여 운영되는 민주주의 국가에서 통신을 통한 개인간의 의사소통은 언론·출판·집회·결사의 자유와 함께 민주주의의 기초인 민주적 여론형성에 필요불가결한 커뮤니케이션 촉진수단으로 의미를 갖는다고 할 것이다.[3]

---

2) 헌법재판소 2001. 3. 21. 2000헌바25, 판례집 13-1, 652, 658-659.
3) 허영, 「한국헌법론」 전정19판, 박영사, 2023, 459면.

2. 통신비밀 보호의 내용

통신비밀을 보장한다는 것은 우선 통신의 내용이나 통신의 형태, 발신자나 수신자 등 통신의 당사자, 통신의 전달방법 등이 본인의 의사에 반하여 국가공권력에 의해 공개되는 일이 없도록 보장하며, 사인에 의해 다른 사람의 통신이 자신의 의사와 관계없이 공개당하지 않는다는 것을 의미한다.[4] 오늘날 정보통신 기술의 눈부신 발달은 개인이 다른 사람의 통신을 간단하게 탐지하는 것을 가능하게 하여 사인에 의한 통신비밀 침해로부터 통신의 비밀을 보장하는 것이 점차 중요한 과제가 되고 있다.

3. 통신비밀 보호의 제한

헌법이 보장하는 통신비밀 보호도 국가안전보장, 질서유지, 공공복리를 위해서는 제한할 수 있는데, 반드시 법률에 의해야 하며 그 법률은 과잉금지의 원칙과 본질적 내용 침해금지 원칙을 준수하여야 한다. 여기서 통신비밀 제한과 관련한 대표적인 법이 통신비밀보호법이다.

Ⅲ. 통신비밀보호법의 제·개정

1. 통신비밀보호법의 제·개정 연혁

1990년대 초부터 당시 정부, 여당은 통신비밀보호법 제정을 시도하였으나, 야당 측이 재야, 학생운동권에 대한 공안기관의 불법도청 행위를 합법화하려는 의도라며 반대하는 바람에 성공하지 못하였다. 그러다가 1992년 14대 대통령선거 당시 일어났던 소위 '초원복국집사건'으로 불법도청 문제가 국민적 관심사가 되면서 최초의 문민정부를 표방했던 김영삼 정부에서 의원 입법형식으로 입법화되었다.

통신비밀보호법은 일정한 요건하에서 감청을 합법화하는 대신, 그와 같은 요건을 구비하지 못한 도청은 형사처벌할 것을 규정하는 내용으로 1993. 12.

---

4) 허영, 「한국헌법론」 전정19판, 박영사, 2023, 459-460면.

27. 법률 제4650호로 제정되어 6개월이 경과한 1994. 6. 28.부터 시행되었다. 그 후 지금까지 총 37회에 걸쳐 개정이 이루어져 현재에 이르고 있다.

〈표〉 통신비밀보호법의 개정연혁

개정차수	법령번호	개정일	구분	시행일
제1차	법률 제5454호	1997. 12. 13.	타법개정	1998. 1. 1.
제2차	법률 제5681호	1999. 1. 21.	타법개정	1999. 1. 21.
제3차	법률 제6146호	2000. 1. 12.	타법개정	2000. 7. 1.
제4차	법률 제6305호	2000. 12. 29.	타법개정	2001. 1. 1.
제5차	법률 제6346호	2001. 1. 8.	타법개정	2001. 4. 9.
제6차	법률 제6546호	2001. 12. 29.	일부개정	2002. 3. 30.
제7차	법률 제6626호	2002. 1. 26.	타법개정	2002. 7. 1.
제8차	법률 제7138호	2004. 1. 29.	일부개정	2004. 1. 29.
제9차	법률 제7371호	2005. 1. 27.	일부개정	2005. 1. 27.
제10차	법률 제7428호	2005. 3. 31.	타법개정	2006. 4. 1.
제11차	법률 제7503호	2005. 5. 26.	일부개정	2005. 8. 27.
제12차	법률 제8728호	2007. 12. 21.	타법개정	2008. 12. 22.
제13차	법률 제8733호	2007. 12. 21.	타법개정	2008. 9. 22.
제14차	법률 제8867호	2008. 2. 29.	타법개정	2008. 2. 29.
제15차	법률 제9752호	2009. 5. 28.	일부개정	2009. 5. 28.
제16차	법률 제9819호	2009. 11. 2.	타법개정	2010. 5. 3.
제17차	법률 제11690호	2013. 3. 23.	타법개정	2013. 3. 23.
제18차	법률 제11731호	2013. 4. 5.	타법개정	2013. 4. 5.
제19차	법률 제12229호	2014. 1. 14.	일부개정	2014. 1. 14.
제20차	법률 제12764호	2014. 10. 15.	일부개정	2014. 10. 15.
제21차	법률 제12960호	2015. 1. 6.	타법개정	2016. 1. 7.
제22차	법률 제13591호	2015. 12. 22.	일부개정	2015. 12. 22.
제23차	법률 제13717호	2016. 1. 6.	타법개정	2016. 1. 6.
제24차	법률 제13719호	2016. 1. 6.	타법개정	2016. 1. 6.
제25차	법률 제13722호	2016. 1. 6.	타법개정	2017. 7. 7.
제26차	법률 제14071호	2016. 3. 3.	타법개정	2016. 3. 3.
제27차	법률 제14839호	2017. 7. 26.	타법개정	2017. 7. 26.
제28차	법률 제15493호	2018. 3. 20.	일부개정	2018. 3. 20.

개정차수	법령번호	개정일	구분	시행일
제29차	법률 제16849호	2019. 12. 31.	일부개정	2019. 12. 31.
제30차	법률 제17090호	2020. 3. 24.	일부개정	2020. 3. 24.
제31차	법률 제17125호	2020. 3. 24.	타법개정	2021. 2. 9.
제32차	법률 제17347호	2020. 6. 9.	타법개정	2020. 6. 9.
제33차	법률 제17831호	2021. 1. 5.	일부개정	2021. 1. 5.
제34차	법률 제17935호	2021. 3. 16.	일부개정	2021. 3. 16.
제35차	법률 제18465호	2021. 9. 24.	타법개정	2022. 7. 1.
제36차	법률 제18483호	2021. 10. 19.	일부개정	2022. 10. 20.
제37차	법률 제19103호	2022. 12. 27.	일부개정	2022. 12. 27.

이처럼 통신비밀보호법이 자주 개정되었던 이유는 정보통신기술의 변화 발전에 따라 법개정이 불가피하게 된 측면과 통신제한조치 등에 대한 통제를 강화함으로써 대상자의 통신의 자유 등 기본권을 보호하고자 하는 목적이 매우 크게 작용하였다. 특히 인터넷을 기반으로 한 다양한 정보통신의 발달 및 확대, 그리고 스마트폰의 보급에 따른 각종 서비스의 활용은 범죄의 유형뿐만 아니라 범죄수사의 기법 또한 다양하게 변화시키며 통신비밀의 보호방법에 직접적인 영향을 미쳤다.

2. 통신비밀보호법의 제·개정 내용

통신제한조치 대상 범죄 법명(法名)의 변경 등 22차례의 타법개정을 제외하고 통신비밀보호법의 내용이 바뀐 개정은 2001. 12. 29. 법률 제6546호 개정, 2004. 1. 29. 법률 제7138호 개정, 2005. 1. 27. 법률 제7371호 개정, 2005. 5. 26. 법률 제7503호 개정, 2009. 5. 28. 법률 제9752호 개정, 2014. 1. 14. 법률 제12229호 개정, 2014. 10. 15. 법률 제12764호 개정, 2015. 12. 22. 법률 제13591호 개정, 2018. 3. 20. 법률 제15493호 개정, 2019. 12. 31. 법률 제16849호 개정, 2020. 3. 24. 법률 제17090호 개정, 2021. 1. 5. 법률 제17831호 개정, 2021. 3. 16. 법률 제17935호 개정, 2021. 10. 19. 법률 제18483호 개정, 2022. 12. 27. 법률 제19103호 개정으로, 15차례 이루어졌다.

가. 1993. 12. 27. 제정 통신비밀보호법의 주요 내용

제정된 통신비밀보호법은 원칙적으로 누구든지 이 법과 「형사소송법」 또는 「군사법원법」의 규정에 의하지 아니하고는 통신제한조치, 즉 우편물의 검열이나 전기통신의 감청 또는 공개되지 아니한 타인간 대화의 녹음·청취를 하지 못하도록 하였다.

범죄수사를 위한 우편물의 검열과 전기통신의 감청 등 통신제한조치를 할 때에는 검사 또는 군검찰관이 지방법원, 지원 또는 보통군사법원의 허가를 받아 하도록 하였고, 국가안보를 위한 통신제한조치는 정보수사기관의 장이 국가안전보장에 대한 위해를 방지하기 위하여 정보수집이 특히 필요한 경우에 할 수 있도록 하되, 통신의 일방 또는 쌍방 당사자가 내국인인 경우에는 검사를 거쳐 고등법원의 허가를 받도록 하고, 적국과의 통신 등 그 밖의 통신인 경우에는 대통령의 승인을 얻어 통신제한조치를 할 수 있도록 하였다.

범죄수사를 위한 통신제한조치의 기간은 3개월을 초과할 수 없도록 하고 필요한 경우 3개월의 범위 내에서 그 기간을 연장할 수 있도록 하며, 국가안보를 위한 통신제한조치의 경우에는 6개월을 초과할 수 없도록 하고 필요한 경우 6개월의 범위 내에서 그 기간을 연장할 수 있도록 하였다.

그러나 범죄수사를 위한 경우로서 긴급한 사유가 있는 때에는 법원의 허가없이 검사·사법경찰관이 통신제한조치를 할 수 있도록 하고 이 경우에는 48시간 이내에 법원의 허가를 받도록 하였으며, 정보수사기관의 장은 국가안보를 위한 경우로서 긴급한 사유가 있는 때에는 소속 장관의 승인을 얻어 통신제한조치를 할 수 있도록 하고 이 경우 48시간 이내에 대통령의 승인을 얻도록 하였다.

그리고 국가기관 외에 감청설비를 제조·수입·판매·배포·소지·사용하거나 또는 이를 위한 광고를 하고자 하는 자는 체신부장관의 인가를 받도록 하였고, 공개되지 아니한 타인간의 대화를 녹음하거나 전자장치 또는 기계적 수단을 이용하여 청취할 경우에는 통신제한조치의 허가규정을 적용하도록 하는 등 국민의 통신 및 대화의 비밀과 자유를 보장하기 위하여 엄격한 법적 절차를 거치게 하였다.

나. 통신비밀보호법의 개정 내용

(1) 2001. 12. 29. 법률 제6546호 개정[시행 2002. 3. 30.]

국민이 가지는 사생활과 통신의 비밀을 보다 철저히 보호하고, 또한 통신제한조치에 대한 국회의 통제기능을 강화하기 위하여 긴급감청의 요건과 절차를 보다 엄격히 규정하고, 감청 등을 할 수 있는 대상범죄를 축소하며, 전기통신가입자에게 대한 통신자료 제공의 법적 근거와 절차를 정비하였다.

주요 개정 내용을 살펴보면, 통신제한조치는 범죄수사 또는 국가안전보장을 위하여 보충적인 수단으로 이용되어야 하며, 국민의 통신비밀에 대한 침해가 최소한에 그치도록 노력하여야 함을 명시하고(법 제3조 제2항 신설), 범죄수사를 위한 통신제한조치를 할 수 있는 대상범죄가 광범위하여 개인의 사생활을 과도하게 침해할 우려가 있어 그 대상범죄를 축소·조정하였다.

통신제한조치의 허가를 청구할 때에는 "각 피의자별 또는 각 피내사자별로" 청구를 하도록 하였으며(법 제6조 제1항 및 제2항), 통신제한조치허가의 관할법원을 "통신당사자의 쌍방 또는 일방의 주소지·소재지, 범죄지 또는 통신당사자와 공범관계에 있는 자의 주소지·소재지"로 확대하였다(법 제6조 제3항).

통신제한조치의 기간을 수사를 위한 경우는 2개월, 국가안보를 위한 경우는 4개월로 단축하고, 그 목적이 달성된 경우에는 즉시 통신제한조치를 종료하도록 하였고, 긴급통신제한조치의 남용을 방지하기 위한 제도적 장치를 신설·강화하였다(법 제8조). 즉 1) 긴급통신제한조치의 집행착수 후 지체없이 법원에 허가청구를 하도록 하고, 긴급통신제한조치를 한 때부터 36시간 이내에 법원의 허가를 받지 못하면 즉시 이를 중지하며, 대통령의 승인을 얻어야 하는 국가안보를 위한 긴급통신제한조치의 경우에도 36시간 이내에 대통령의 승인을 얻지 못하면 즉시 중지하도록 하였고(법 제8조 제2항 및 제9항), 2) 사법경찰관이 실시하는 긴급통신제한조치의 경우에는 사전에 검사의 지휘를 받도록 하되, 특히 급속을 요하는 경우에는 긴급통신제한조치의 집행착수 후 지체없이 검사의 승인을 얻도록 하였다(법 제8조 제3항). 3) 수사기관이 긴급통신제한조치를 하고자 하는 경우에는 반드시 긴급감청서 등에 의하도록 하고 긴급통신제한조치대장을 작성·비치하도록 하였다(법 제8조 제4항). 4) 긴급통신제한조치가 단시간 내에 종료되어 법원의 허가를 받을 필요가 없는 경우에는 법원에 긴급통신제한조치의 대상·목적·감청장소·방법·기간 등을 기재한 긴급통신제한조치통보서를 송부하여야 한다(법 제8조 제5항).

통신기관의 종사자 등이 불법감청에 협조할 수 있는 경우를 방지하기 위하여 1) 통신제한조치의 집행을 위탁하거나 집행에 관한 협조를 요청하는 자는 반드시 통신제한조치허가서 또는 긴급감청서 등의 표지의 사본을 교부하도록 하였고, 이를 위탁받거나 협조를 요청받은 자는 통신제한조치허가서 또는 긴급감청서 등의 표지의 사본을 보존하여야 하며(법 제9조 제2항), 2) 통신제한조치를 집행하는 자 또는 이를 위탁받거나 이에 협조한 자는 통신제한조치의 집행관서·대상·집행 또는 협조일시를 기재한 대장을 기재·비치하도록 하였다(법 제9조 제3항). 그리고 3) 통신기관 등은 대상자의 전화번호 등이 사실과 일치하지 않을 경우에는 통신제한조치의 집행을 거부할 수 있도록 하며, 어떠한 경우에라도 비밀번호를 누설할 수 없도록 하였다(법 제9조 제4항).

통신제한조치의 대상이 된 자의 알권리를 위하여 통신제한조치의 집행에 관한 통지제도를 신설하여(법 제9조의2) 1) 검사는 수사목적을 위한 통신제한조치를 집행한 사건에 관하여 공소를 제기하거나, 공소의 제기 또는 입건을 하지 아니하는 처분(기소중지 결정을 제외)을 한 때에는 그 처분을 한 날부터 30일 이내에 대통령령이 정하는 바에 따라 우편물 검열의 경우에는 그 대상자에게, 감청의 경우에는 그 대상이 된 전기통신의 가입자에게 통신제한조치를 집행한 사실과 집행기관 및 그 기간 등을 서면으로 통지하도록 하고(법 제9조의2 제1항), 2) 사법경찰관은 수사목적을 위한 통신제한조치를 집행한 사건에 관하여 검사로부터 종국의 처분을 한 통지를 받거나 내사사건에 관하여 입건하지 아니하는 처분을 한 때에는 그 날부터 30일 이내에 대통령령이 정하는 바에 따라 우편물 검열의 경우에는 그 대상자에게, 감청의 경우에는 그 대상이 된 전기통신의 가입자에게 통신제한조치를 집행한 사실과 집행기관 및 그 기간 등을 서면으로 통지하도록 하며(법 제9조의2 제2항), 3) 정보수사기관의 장은 안보목적을 위한 통신제한조치를 종료한 날부터 30일 이내에 대통령령이 정하는 바에 따라 우편물 검열의 경우에는 그 대상자에게, 감청의 경우에는 그 대상이 된 전기통신의 가입자에게 통신제한조치를 집행한 사실과 집행기관 및 그 기간 등을 서면으로 통지하도록 하였다(법 제9조의2 제3항). 그리고 4) 국가안전보장, 공공의 안녕질서, 사람의 생명이나 신체에 중대한 위험을 초래할 염려가 현저한 때에는 그 사유가 해소될 때까지 통지를 유예할 수 있도록 하였으며, 특히 검사 또는 사법경찰관이 통지를 유예하고자 하는 경우에는 관할 지방검찰청 검사장의 승인을 얻도록 하였다(법 제9조의2 제4항 및 제5항).

국가기관이 보유하고 있는 감청설비에 대한 최소한의 통제를 위하여 일반 수사기관이 감청설비를 도입하고자 하는 경우에는 그 제원 및 성능 등을 정보통신부장관에게 신고하여야 하고, 정보수사기관의 장은 국회 정보위원회에 통보하도록 하였다(법 제10조의2).

통신제한조치로 인하여 개인의 사생활이 외부에 알려지고, 수사기밀이 누설되는 것을 방지하기 위하여, 1) 수사기관·사법기관 및 통신기관 관계직원 등 통신제한조치의 허가집행절차에 관여하는 직원들에 대한 비밀준수의무를 규정하였고(법 제11조 제1항 및 제2항), 2) 그밖의 사람들도 통신제한조치로 취득한 내용을 공개하거나 누설하지 못하도록 하였으며(법 제11조 제3항), 3) 타인간의 대화를 녹음·청취한 경우에도 그 내용을 누설하거나 공개하지 못하도록 하였다(법 제14조 제2항).

그리고 위의 각 규정에 위반한 자에 대하여는 처벌규정을 강화하여 수사기관이나 법원의 직원이 통신제한조치의 내용을 외부에 공개하거나 누설하는 경우 10년 이하의 징역에 처하도록 하며(법 제16조 제3항), 통신제한조치에 관여한 통신기관 직원 등이 통신제한조치의 내용을 외부에 공개하거나 누설하는 경우 7년 이하의 징역에 처하도록 하고(법 제16조 제4항), 그 밖의 사람이 통신제한조치의 내용을 외부에 공개하거나 누설하는 경우 5년 이하의 징역에 처하도록 규정하였다(법 제16조 제5항).

수사기관 등의 요구가 있는 경우 종전 「전기통신사업법」에 의하여 전기통신사업자 등이 통신사실확인자료를 제공하던 통신사실확인자료제공의 법적 근거와 절차도 이 법에서 규정하였다(법 제13조).

1) 검사 또는 사법경찰관은 관할지방검찰청검사장의 사전승인을 얻도록

하되, 긴급한 사유가 있는 경우에는 사후에 승인을 얻도록 하고(법 제13조 제3항), 2) 통신사실확인자료 제공요청은 범죄명, 가입자와의 연관성, 수사상 필요한 자료의 범위를 명시한 서면으로 하도록 하며(법 제13조 제4항), 3) 검사, 사법경찰관 또는 정보수사기관의 장은 통신사실확인자료를 제공받은 때에는 당해 통신사실확인자료제공요청사실 등 필요한 사항을 기재한 대장과 통신사실확인자료제공요청서 등 관련자료를 소속기관에 비치하도록 하였다(법 제13조 제5항). 그리고 4) 전기통신사업자는 통신내역제공현황 등을 정보통신부장관에게 연 2회 보고하고, 관련자료를 비치하여야 한다(법 제13조 제6항).

법원은 재판상 필요한 경우에는「민사소송법」제266조 또는「형사소송법」제272조의 규정에 의하여 전기통신사업자에게 통신내역제공을 요청할 수 있도록 하였고(법 제13조의2). 통신제한조치에 대한 국회의 통제를 강화하기 위하여 1) 국회의 상임위원회와 국정조사 및 감사를 위한 위원회는 그 의결로 감청협조기관 또는 감청집행기관의 교환실 등 필요한 장소에 대하여 현장검증이나 조사를 실시할 수 있도록 하되, 개인의 사생활을 침해하거나 계속중인 재판 또는 수사중인 사건의 소추에 관여할 목적으로 하여서는 아니됨을 명시하고(법 제15조 제2항 및 제3항), 2) 통신제한조치를 집행하거나 위탁받은 기관의 중앙행정기관의 장은 국회의 요구가 있는 경우 통신제한조치보고서를 국회에 제출하도록 하되, 정보수사기관의 장은 국회정보위원회에 제출하도록 하였다(법 제15조 제4항).

나아가 통신제한조치 위반자에 대한 벌칙을 다음과 같이 강화하였다. 불법통신제한조치를 한 행위자와 불법통신제한조치의 내용을 공개하거나 누설한 자에 대하여는 종전 7년 이하의 징역에 처하도록 하던 것을 10년 이하의 징역 및 5년 이하의 자격정지에 처하도록 하고(법 제16조 제1항), 통신제한조치허가서 또는 긴급감청서 등의 표지의 사본을 교부하지 아니하고 통신제한조치의 집행을 위탁하거나 집행에 관한 협조를 요청한 자 또는 통신제한조치허가서 또는 긴급감청서 등의 표지의 사본을 교부받지 아니하고 위탁받은 통신제한조치를 집행하거나 통신제한조치의 집행에 협조한 자에 대하여는 10년 이하의 징역에 처하도록 하였다(법 제16조 제2항 제1호). 통신사실확인자료 제공절차에

위반하여 통신사실확인자료를 제공받거나 제공한 자에 대하여는 5년 이하의
징역 또는 3천만원 이하의 벌금에(법 제17조 제1항 제6호), 제8조 제2항 후단의
규정에 위반하여 긴급통신제한조치를 즉시 중지하지 아니한 자에 대하여는 3
년 이하의 징역 또는 1천만원 이하의 벌금에 처하도록 하였고(법 제17조 제2항
제1호), 제9조의2의 규정에 위반하여 통신제한조치의 집행에 관한 통지를 하지
아니한 자에 대하여는 3년 이하의 징역 또는 1천만원 이하의 벌금에 처하도록
하였다(법 제17조 제2항 제2호).

(2) 2004. 1. 29. 법률 제7138호 개정[시행 2004. 1. 29.]

본인 동의 없이 위치추적 등에 악용될 수 있는 이동전화 단말기기의 복제
를 원천적으로 방지하기 위하여 정당한 업무의 이행을 위한 경우를 제외하고
는 누구든지 이동전화 단말기기 고유번호를 제공하거나 제공받지 못하도록
하고(법 제3조 제3항 신설), 불법 도청에 대한 국민의 불안감을 해소하기 위하
여 불법감청설비탐지업을 하고자 하는 자는 이용자보호계획, 사업계획·기
술·재정능력 등을 갖추어 정보통신부장관에게 등록하도록 하였다(법 제10조의3
신설).

불법감청설비탐지업을 등록한 자가 거짓 그 밖의 부정한 방법으로 등록한
경우 또는 영업행위와 관련하여 알게 된 비밀을 다른 사람에게 누설한 경우
등에는 불법감청설비탐지업자 등록을 취소할 수 있도록 하고(법 제10조의5 신
설), 정보통신부장관에게 등록하지 않거나 허위로 등록하여 불법감청설비탐지
업을 한 자 및 이동전화 단말기기 고유번호를 제공하거나 제공받은 자를 처벌
하도록 하였다(법 제17조).

(3) 2005. 1. 27. 법률 제7371호 개정[시행 2005. 1. 27.]

통신사실확인자료의 열람과 제공은 법원의 허가 없이 검사 또는 사법경찰
관 등의 요청으로 가능한바, 그동안 대통령령으로 규정되어 있던 컴퓨터통신
또는 인터넷의 로그기록자료, 발신기지국의 위치추적자료, 정보통신기기의 접
속지 추적자료 등을 이 법에서 통신사실확인자료의 범위에 포함하여 직접 규

정하게 되었다.

(4) 2005. 5. 26. 법률 제7503호 개정[시행 2005. 8. 27.]

본 개정은 범죄의 수사나 국가의 안보를 위하여 수사기관이 전기통신사업자에게 통신사실 확인자료의 열람이나 제공을 요청하는 경우 엄격한 절차를 마련함으로써 국민의 기본권을 충실히 보장하려는 것이라고 개정이유에서 밝히고 있다.

검사 또는 사법경찰관이 수사 또는 형의 집행을 위하여 전기통신사업자에게 통신사실 확인자료의 열람·제출을 요청하는 경우 관할 지방법원 또는 지원의 허가를 받도록 하였고, 허가를 받을 수 없는 긴급한 사유가 있는 때에는 통신사실 확인 자료제공을 요청한 후 지체없이 그 허가를 받아 전기통신사업자에게 송부하도록 하고, 허가를 받지 못한 때에는 지체없이 제공받은 통신사실 확인자료를 폐기하도록 하였다(법 제13조 제2항).

검사 또는 사법경찰관은 통신사실 확인자료를 제공받은 사건에 관하여 공소를 제기하거나 공소를 제기하지 아니하는 처분 등을 한 때에는 그 처분을 한 날부터 30일 이내에 전기통신가입자에게 통신사실 확인자료를 제공받았음을 통지하도록 하였다(법 제13조의3 신설).

정보수사기관의 장은 전기통신사업자에게 통신사실 확인자료의 열람이나 제출을 요청하는 경우 통신제한조치의 예에 따라 고등법원 수석부장판사의 허가 또는 대통령의 승인을 얻도록 하였다(법 제13조의4 신설).

(5) 2009. 5. 28. 법률 제9752호 개정[시행 2009. 5. 28.]

수사기관이 송·수신이 완료된 전기통신에 대하여 압수·수색·검증을 집행한 사건에 관하여 공소를 제기하거나 공소의 제기 또는 입건을 하지 아니하는 처분을 한 때에는 그 처분을 한 날부터 30일 이내에 그 대상이 된 전기통신의 송신자 및 수신자에게 압수·수색·검증을 집행한 사실을 서면으로 통지하도록 규정하였다.

(6) 2014. 1. 14. 법률 제12229호 개정[시행 2014. 1. 14.]

본 개정은 불법적으로 우편물의 검열 또는 전기통신의 감청을 하거나 공개되지 아니한 타인간의 대화를 녹음 또는 청취한 자, 그리고 이를 통해 알게 된 통신 또는 대화의 내용을 공개하거나 누설한 자에 대한 처벌 형량을 현행 10년 이하의 징역과 5년 이하의 자격정지에서 1년 이상 10년 이하의 징역과 5년 이하의 자격정지로 강화하기 위해 이루어졌다.

(7) 2014. 10. 15. 법률 제12764호 개정[시행 2014. 10. 15.]

「민법」이 금치산 및 한정치산 제도를 폐지하고 성년후견 및 한정후견 제도를 도입함에 따라 불법감청설비탐지업자의 결격사유 또한 '피성년후견인 또는 피한정후견인'으로 개정하였다(법 제10조의4 제1호).

(8) 2015. 12. 22. 법률 제13591호 개정[시행 2015. 12. 22.]

해당 개정은 구 법률이 불법감청설비탐지업의 대표자가 피성년후견인 또는 피한정후견인에 해당되거나 파산선고를 받고 복권되지 아니하였다는 사유로 불법감청설비탐지업의 등록이 취소된 경우, 해당 사유가 해소되더라도 그 등록이 취소된 날부터 2년이 경과하여야 다시 불법감청설비탐지업을 등록할 수 있도록 함에 따라 국민의 직업선택의 자유를 침해할 소지가 있으므로 앞으로는 해당 사유가 해소되면 즉시 불법감청설비탐지업을 등록할 수 있도록 결격사유 제도를 합리적으로 개선하기 위하여 이루어졌다.

(9) 2018. 3. 20. 법률 제15493호 개정[시행 2018. 3. 20.]

본 개정은 법 제13조 제4항이 이미 삭제되어 있으나, 제17조(벌칙)에는 존치하고 있는바 실효된 조문을 삭제하고자 하였다.

(10) 2019. 12. 31. 법률 제16849호 개정[시행 2019. 12. 31.]

헌법재판소가 ① 통신제한조치 기간의 연장과 관련하여 총 연장기간 등을 정하지 아니하고 제한 없이 기간을 연장할 수 있도록 한 규정과, ② 수사기관이 수사 목적으로 위치정보 추적자료를 특별한 제한 없이 광범위하게 요청할 수 있도록 한 규정, ③ 기지국에 대한 통신사실확인자료를 수사의 필요성 요건만으로 요청할 수 있도록 한 규정, ④ 전기통신가입자의 위치정보 추적자료를 제공받은 후 기소중지 결정 등이 있을 때에는 정보통신가입자에게 해당 사실을 통지하도록 하지 아니한 규정 등에 대하여 각각 헌법불합치 결정을 함에 따라5) 법률의 위헌적 요소를 제거하여 범죄수사라는 공익과 정보주체의 기본권 보호라는 사익이 조화를 이룰 수 있도록 본 개정이 이루어졌다.

그 주요 내용을 살펴보면, 1) 통신제한조치 기간을 연장하는 경우 총 연장기간을 1년 이내로 하도록 하고, 예외적으로 내란죄·외환죄 등 국가안보와 관련된 범죄 등에 대해서는 통신제한조치의 총 연장기간을 3년 이내로 하여 통신제한조치와 관련한 국민의 권리제한 범위를 명확히 하고(법 제6조 제8항 신설), 2) 검사나 사법경찰관은 다른 방법으로는 범죄실행을 저지하기 어렵거나 범인의 발견·확보 또는 증거의 수집·보전이 어렵다는 등의 보충적인 요건(보충성 요건)을 갖춘 경우에만 실시간 위치정보 추적자료 요청 및 특정한 기지국에 대하여 통신사실 확인자료제공을 요청할 수 있도록 하였으며(법 제13조 제2항 신설), 3) 통신사실 확인자료제공을 받은 검사 또는 사법경찰관은 기소중지결정이나 참고인중지결정의 처분을 한 날부터 1년(국가안보 관련 범죄 등의 수사 등을 목적으로 하는 경우에는 3년)이 경과한 때 또는 수사가 진행 중인 경우 통신사실 확인자료제공을 받은 날부터 1년(국가안보 관련 범죄 등의 수사 등을 목적으로 하는 경우에는 3년)이 경과한 때에는 그 기간이 경과한 날부터 30일 이내에 통신사실 확인자료제공을 받은 사실, 제공요청기관 및 그 기간 등을 정보주체인 전기통신가입자에게 서면으로 통지하도록 하여 국민의 절차적 권리와 개인정보자기결정권 보장을 강화하였다(법 제13조의3 제1항).

4) 그리고 검사 또는 사법경찰관은 국가안전보장, 사건관계인의 생명·신체의 안전, 공정한 사법절차의 진행, 사건관계인의 명예·사생활 등을 해칠 우려가 있는 경우 등의 사유가 있으면 관할 지방검찰청 검사장의 승인을 받아

---

5) 헌법재판소 2010. 12. 28. 2009헌가30; 헌법재판소 2018. 6. 28. 2012헌마191; 헌법재판소 2018. 6. 28. 2012헌마538.

통신사실 확인자료제공 관련 통지를 유예할 수 있도록 하고, 그 사유가 해소된 때에는 그 날부터 30일 이내에 정보주체에게 통신사실 확인자료제공 관련 통지를 하도록 하였다(법 제13조의3 제2항부터 제4항까지 신설).

5) 통신사실 확인자료제공 사실을 통지받은 당사자는 그 통신사실 확인자료제공 요청 사유를 알려주도록 수사기관에 신청할 수 있게 하고, 수사기관은 국가안전보장을 해칠 우려가 있는 등의 사유가 있는 경우 외에는 30일 이내에 그 사유를 통지하도록 하였다(법 제13조의3 제5항 및 제6항 신설).

⑾ 2020. 3. 24. 법률 제17090호 개정[시행 2020. 3. 24.]

헌법재판소가 2018. 8. 30.에 법 제5조 제2항 중 '인터넷 회선을 통하여 송신·수신하는 전기통신'에 관한 부분에 대하여 인터넷회선 감청의 특성상 다른 통신제한조치에 비하여 수사기관이 취득하는 자료가 매우 방대함에도 불구하고, 수사기관이 감청 집행으로 취득한 자료에 대한 처리 등을 객관적으로 통제할 수 있는 절차가 마련되어 있지 않다는 취지로 헌법불합치 결정을 함에 따라,[6] 수사기관이 인터넷 회선을 통하여 송·수신하는 전기통신에 대한 통신제한조치로 취득한 자료를 집행 종료 후 범죄수사나 소추 등에 사용하거나 사용을 위하여 보관하고자 하는 때에는 보관 등이 필요한 전기통신을 선별하여 법원으로부터 보관 등의 승인을 받도록 하고, 승인 청구를 하지 아니한 전기통신 등에 대해서는 폐기 절차를 마련함으로써 법 규정의 합헌성을 제고하려 하였다.

⑿ 2021. 1. 5. 법률 제17831호 개정[시행 2021. 1. 5.]

본 개정은 「고위공직자범죄수사처 설치 및 운영에 관한 법률」이 제정(법률 제16863호, 2020. 1. 14. 공포, 7. 15. 시행)됨에 따라 통신제한조치 및 압수·수색·검증의 집행에 관한 통지와 범죄수사를 위한 통신사실 확인자료제공의 통지 관련 규정 등을 정비하고자 이루어졌다.

---

6) 헌법재판소 2018. 8. 30. 2016헌마263, 판례집 30-2, 481.

⒀ 2021. 3. 16. 법률 제17935호 개정[시행 2021. 3. 16.]

종전에는 검사에게만 수사종결권을 부여하였으나 사법경찰관에게도 1차적 수사종결권을 부여하는 등의 내용으로 「형사소송법」이 개정(법률 제16924호, 2020. 2. 4. 공포, 2021. 1. 1. 시행)됨에 따라, 사법경찰관의 통신제한조치 대상자 등에 대한 통신제한조치 집행 사실 등의 통지 기산점에 사법경찰관의 검찰송치를 하지 아니하는 처분을 추가하는 등 관련 규정을 정비하고자 개정이 이루어졌다.

⒁ 2021. 10. 19. 법률 제18483호 개정[시행 2022. 10. 20.]

종전에는 금고 이상의 실형을 선고받고 그 집행이 종료되거나 집행이 면제된 날부터 2년이 지나지 아니한 자에 해당하는 법인의 대표자는 불법감청설비탐지업을 등록할 수 없도록 결격사유를 규정하고 있었다. 그러나 「방송법」, 「전기통신사업법」, 「위치정보의 보호 및 이용 등에 관한 법률」 등 다수 법률에서 형의 집행이 종료된 후 3년이 경과하지 아니하면 사업을 할 수 없도록 결격사유를 엄격히 하고 있고, 불법감청설비탐지업의 경우 통신비밀 등의 업무와 관련된 특수성을 고려할 때, 결격사유를 현행보다 더 엄격히 규정할 필요가 있으므로 2년에서 3년으로 결격사유 규정을 더욱 강화하였다.

⒂ 2022. 12. 27. 법률 제19103호 개정[시행 2022. 12. 27.]

해당 개정법은 긴급통신제한조치가 단시간 내에 종료된 경우라도 예외 없이 법원의 허가를 받도록 하고, 긴급통신제한조치의 집행에 착수한 때부터 36시간 이내에 법원의 허가를 받지 못한 경우에는 해당 조치로 취득한 자료를 폐기하도록 하는 등 긴급통신제한조치 등에 대한 통제를 강화하여 수사기관이 긴급통신제한조치를 남용하는 것을 방지하고자 하였다.

Ⅳ. 현행법상 통신비밀보호의 법체계와 통신수사

1. 개요

최근 통신기술의 급격한 발전으로 거의 대부분의 국민이 휴대폰을 비롯한 통신기기를 보유하면서 이를 이용하여 의사소통을 하고 있다. 그런데 이런 통신기기를 이용했을 경우 반드시 사용흔적인 이른바 디지털지문을 남기므로 이것을 과학적으로 분석하여 범행을 밝히는 것이 과학수사의 중요한 과제가 되었다.

예컨대 뇌물사건 수사의 경우 과거에는 공여자의 공여진술만으로 바로 구속 수사하는 등 관련자들의 진술에 절대적인 의미를 부여했으나, 지금은 공여자의 공여진술을 뒷받침할 수 있는 보강증거를 찾지 않으면 유죄를 확신할 수 없게 되었다. 이런 경우 공여 자금원이나 수뢰흔적을 찾기 위한 계좌추적과 공여자와 수뢰자가 만날 때 연락을 주로 받았던 통신 내역이 공여진술에 대한 중요한 보강증거가 될 수 있을 것이다. 또 절도죄의 혐의자가 절도현장에 간 사실도 없다고 주장하는데, 혐의자가 소지하고 다니는 휴대전화의 통신사실확인자료 내역을 확인해 보니 발신기지국 위치가 절도현장과는 전혀 다른 곳으로 나온다면 혐의자의 변명에 일단 신빙성이 있으므로 혐의를 입증할 수 있는 다른 특별한 증거가 나오지 않는 한 기소하기 힘들 것이다. 또한 자유형 미집행자나 벌과금 미납자 검거 등 사람을 검거함에 있어서는 거의 전적으로 통신수사에 의존하고 있는 실정이다.

그러나 한편으로는 통신기기의 발달과 통신수사의 필요성이 증대됨에 따라 통신비밀 침해의 우려가 커지는 상황이므로 통신수사가 통신비밀의 본질적 내용을 침해하지 않도록 운용해야 한다.

2. 통신비밀보호법상 통신비밀보호의 법체계

가. 통신제한조치

우편물의 검열과 전기통신의 감청은 엄격하게 제한된 조건하에서 할 수 있도록 통신비밀보호법에 규정되어 있다. 이와 같은 통신제한조치는 통신의 내용을 당사자의 동의없이 전자장치, 기계장치 등을 이용하여 실시간으로 청취, 공독하는 것이므로 통신비밀을 본질적으로 침해할 우려가 매우 크다고 할 수 있다.

따라서 통신비밀보호법에 의해 범죄를 계획 또는 실행하고 있거나 실행하였다고 의심할 만한 충분한 사유가 있고, 다른 방법으로는 그 범죄의 실행을 저지하거나 범인의 체포 또는 증거의 수집이 어려운 경우에 한하여 할 수 있도록 규정하고 있다(법 제5조). 이것은 형사소송법상의 인신 구속사유 또는 압수·수색 사유와 비교해도 상당히 강화된 조건이라고 할 수 있다.

헌법재판소도 "…… 통신제한조치의 경우 감청 당시에 개인이 감청사실을 알 수 없기 때문에 방어권을 행사하기 어려운 점에서 영장을 통해 압수·수색의 사실을 고지받고 시행되는 압수·수색의 경우보다 오히려 기본권제한의 정도가 더욱 크다."라고 하여 통신제한조치의 요건이 형사소송법상의 일반 압수·수색영장의 경우보다 강화된 요건을 취하는 이유를 설명하고 있다.7)

나. 통신사실확인자료

통신사실확인자료는 통신의 내용 자체가 아니라 언제 통화했다거나 어디서 통화했다는 등 통신비밀과 간접적으로 관련이 있는 사항이다. 통신비밀보호법은 통신사실확인자료로 1) 가입자의 전기통신일시, 2) 전기통신개시·종료시간, 3) 발·착신 통신번호 등 상대방의 가입자번호, 4) 사용도수, 5) 컴퓨터통신 또는 인터넷의 사용자가 전기통신역무를 이용한 사실에 관한 컴퓨터통신 또는 인터넷의 로그기록자료, 6) 정보통신망에 접속된 정보통신기기의 위치를 확인할 수 있는 발신기지국의 위치추적자료, 7) 컴퓨터통신 또는 인터넷의 사용자가 정보통신망에 접속하기 위하여 사용하는 정보통신기기의 위치를 확인할 수 있는 접속지의 추적자료 등을 들고 있다(법 제2조 제11호).

그런데 이와 같은 통신사실확인자료는 통신의 내용 자체가 아니므로 통신제한조치보다 통신비밀을 침해할 가능성이 낮다고 할 수 있어서 통신비밀보호법에 의하면, 범죄수사를 위하여 통신사실확인자료제공을 요청할 때에는 수사

7) 헌법재판소 2010. 12. 28. 2009헌가30, 판례집 22-2하, 545, 558.

또는 형의 집행을 위하여 '필요한 경우' 법원의 허가를 받아 할 수 있는 것으로 규정되어 있다(법 제13조). 이것은 형사소송법상의 일반 압수·수색보다 완화된 요건으로 확보할 수 있다.

다. 송·수신이 완료된 통신내용

송·수신이 완료된 통신내용을 취득한다는 것은 당사자의 동의 없이 특정인의 컴퓨터나 통신기기 혹은 통신회사에 보관되어 있는 타인간의 통신내용을 사후에 청취, 공독하는 것이다. 이것은 통신내용을 취득한다는 측면에서 통신제한조치와 유사하지만 실시간 대화내용이 아니라 이미 송·수신이 완료된 통신내용이라는 측면에서 차이가 있다. 또 통신의 내용을 취득한다는 측면에서 통신과 간접적으로 관련있는 사항인 통신사실확인자료와 차이가 있다. 그러므로 통신비밀 침해 우려가 통신제한조치보다는 약하고, 통신사실확인자료보다는 크다고 할 수 있다.

이것은 형사소송법상의 일반 압수·수색영장에 의해 받아 볼 수 있는바,[8] 통신제한조치보다는 요건이 완화되어 있고, 통신사실확인자료 제공요청요건보다는 강화되어 있다.

라. 통신자료

통신자료는 통신기기 개설자의 인적사항, 아이디, 개설일자 등 통신과 관련한 부수적인 사항을 말한다. 이는 통신의 내용이나 통신과 간접적으로 관련있는 통신사실확인자료와도 다른 것으로, 통신과는 관계없는 부수적인 것들이다. 「전기통신사업법」은 통신자료로 1) 이용자의 성명, 2) 이용자의 주민등록번호, 3) 이용자의 주소, 4) 이용자의 전화번호, 5) 이용자의 아이디(컴퓨터시스템이나 통신망의 정당한 이용자임을 알아보기 위한 이용자 식별부호를 말한다), 6) 이용자의 가입일 또는 해지일 등을 적시하고 있다(법 제83조 제3항).

후술하는 바와 같이 법에서 보호하고 있는 '통신'은 '비공개를 전제로 하

---

8) 통신비밀보호법 제9조의3은 송·수신이 완료된 전기통신에 대하여 압수·수색·검증을 집행한 경우, 수사대상이 된 가입자에게 그 집행 사실을 서면으로 통지할 것을 규정하고 있다.

는 쌍방향적인 의사소통'이라고 할 수 있고, '당사자간의 동의', '비공개성', '당사자의 특정성' 등을 일반적 속성으로 하고 있다. 「전기통신사업법」의 통신자료는 '통신'이라는 말이 들어가기는 하나 일상생활에서 명함에 넣어 돌리기도 하는 등 '통신'의 개념적 속성에 비추어 법적인 의미에서의 통신과는 관련이 없는 사항들이다. 따라서 「전기통신사업법」의 통신자료는 법원의 관여없이 수사기관이 수사를 위하여 사실조회로 취득할 수 있다.

이렇게 본다면 통신비밀보호와 통신수사에 관한 우리 법체계는 나름대로 논리적인 질서에 의해 편제되어 있다고 할 수 있다. 통신내용에 대한 실시간 청취인 통신제한조치는 매우 엄격한 요건에 의해 취득할 수 있고, 송·수신이 완료된 통신내용에 대한 취득은 일반 형사소송법상의 압수·수색의 원칙에 의해 취득할 수 있다. 또 통신의 내용이 아니라 통신과 관련한 간접사실인 통신사실확인자료는 필요성만 있으면 취득할 수 있고, 통신의 부수사항에 불과한 통신자료는 사실조회에 의해 취득할 수 있다.

최근 통신자료의 제공에 관해 법원의 허가를 받도록 통신비밀보호법을 개정하려는 시도가 계속되고 있다. 그러나 통신과 관련이 없거나 부수내용에 불과한 통신자료를 법원의 허가를 받아 제공하도록 하는 것은 제한되는 법익에 비하여 수사의 방법을 지나치게 제한하는 과잉 입법이라고 보인다.

대법원이 '인터넷 종합정보 제공사업자인 A 주식회사가 운영하는 인터넷 포털사이트의 카페 게시판에 B가 자신의 ID를 사용하여 익명으로 게시물을 게재하였는데, 수사기관으로부터 게시물 작성자의 인적사항 일체를 제공해 달라는 요청을 받은 A회사가 B의 ID, 이름, 주민등록번호, 이메일, 휴대폰 번호, 가입일자를 제공한 사안'에서, "검사 또는 수사관서의 장이 수사를 위하여 구 전기통신사업법(2010. 3. 22. 법률 제10166호로 전부 개정되기 전의 것) 제54조 제3항, 제4항에 의하여 전기통신사업자에게 통신자료의 제공을 요청하고, 이에 전기통신사업자가 위 규정에서 정한 형식적·절차적 요건을 심사하여 검사 또는 수사관서의 장에게 이용자의 통신자료를 제공하였다면, 검사 또는 수사관서의 장이 통신자료의 제공 요청 권한을 남용하여 정보주체 또는 제3자의 이익을 부당하게 침해하는 것임이 객관적으로 명백한 경우와 같은 특별한 사정이 없는 한, 이로 인하여 이용자의 개인정보자기결정권이나 익명표현의 자유 등이 위법하게 침해된 것이라고 볼 수 없다."고 판시한 것은 일응 같은 맥락이라 할 것이다.[9]

〈표〉 통신비밀보호의 법체계

구 분	내 용	절 차	요 건	관 련 법
감청(통신제한조치)	전기통신감청, 우편물검열	법원허가, 대상자 통지	- 대상범죄 제한 - 충분성(범죄를 범하였다고 볼 만한 충분한 사유) - 보충성(다른 방법으로는 범죄실행을 저지하거나 범인의 체포가 어렵다는 사정)	통신비밀보호법
통신사실확인자료	1. 가입자의 전기통신일시 2. 전기통신개시·종료시간 3. 발·착신 통신번호 등 상대방의 가입자번호 4. 사용도수 5. 컴퓨터통신 또는 인터넷의 사용자가 전기통신역무를 이용한 사실에 관한 컴퓨터통신 또는 인터넷의 로그기록자료 6. 정보통신망에 접속된 정보통신기기의 위치를 확인할 수 있는 발신기지국의 위치추적자료 7. 컴퓨터통신 또는 인터넷의 사용자가 정보통신망에 접속하기 위하여 사용하는 정보통신기기의 위치를 확인할 수 있는 접속지의 추적자료	법원허가, 대상자 통지	필요성	통신비밀보호법
통신자료	1. 이용자의 성명 2. 이용자의 주민등록번호 3. 이용자의 주소 4. 이용자의 전화번호	공문 ※ 법원 허가 및 통지 불요		전기통신사업법

---

9) 대법원 2016. 3. 10. 선고 2012다105482 판결.

구 분	내 용	절 차	요건	관 련 법
	5. 이용자의 아이디(컴퓨터시스템이나 통신망의 정당한 이용자임을 알아보기 위한 이용자 식별부호를 말한다) 6. 이용자의 가입일 또는 해지일			
송·수신이 완료된 전기통신	이메일 ※ 이메일 내용을 실시간으로 받아 보려면 감청영장 필요	압수·수색·검증영장, 대상자 통지	필요성, 정황성, 관계성	형사소송법, 통신비밀 보호법(대상자 통지)
대화 청취	타인간의 대화 ※ 타인간의 대화를 녹음하거나 기계적 방법으로 엿듣는 것만 규율대상이므로, 맨 귀로 엿듣거나 대화의 일방이 녹음하는 것은 법원 허가대상 아님	법원 허가-감청은 아니나 감청에 준하는 절차 필요		통신비밀 보호법

제 2 장

법의 목적과 규율대상

제 2 장
법의 목적과 규율대상

Ⅰ. 입법 목적

> **제1조(목적)** 이 법은 통신 및 대화의 비밀과 자유에 대한 제한은 그 대상을 한정하고 엄격한 법적 절차를 거치도록 함으로써 통신비밀을 보호하고 통신의 자유를 신장함을 목적으로 한다.

통신비밀보호법은 그 목적이 통신의 자유를 제한하기 위한 것이 아니라 통신비밀을 보호하고 통신의 자유를 신장함을 목적으로 한다는 것을 선언하고 있다. 통신비밀보호법이 제정되기 전에는「형법」상 비밀침해의 죄나「우편법」등의 개별법에 의해 통신비밀 침해가 규제되어 왔다. 그러나 통신비밀보호법 제정 전의 규제체계는 수사상 필요한 통신을 정당하게 활용할 수 있는 절차가 미흡할 뿐만 아니라 통신비밀 침해에 대한 규제도 불완전하다는 아쉬움이 있었다.

현대 사회가 급속도로 정보사회로 변모하고, 과학기술의 발전으로 많은 새로운 통신수단이 개발됨에 따라 사람들은 광범하고 신속한 정보를 향유할 수 있게 되었으나, 동시에 통신비밀에 대한 침해를 가능케 하는 많은 감청장치들도 함께 개발되어 사생활의 비밀과 통신의 자유가 심각한 위협을 받게 되었다. 이에 따라 통신비밀의 보호 및 제한에 관한 사항을 포괄적 · 체계적으로 규정하여 개인의 사생활의 비밀과 통신의 비밀과 자유를 보장하기 위하여 통

신비밀보호법이 제정되게 된 것이다.[1]

제정 통신비밀보호법 역시 그 제정이유에서 '국민의 통신 및 대화의 비밀과 자유를 보장하기 위하여 전기통신의 감청과 우편물의 검열 등은 그 대상을 한정하고, 엄격한 법적 절차를 거치게 함으로써 우리 사회를 사생활의 비밀과 통신의 자유가 구현되는 자유로운 민주사회로 진정시키려는 것'이라고 밝히고 있다.[2]

II. 보호 대상

> **제2조(정의)** 이 법에서 사용하는 용어의 정의는 다음과 같다.
> 1. "통신"이라 함은 우편물 및 전기통신을 말한다.
> 2. "우편물"이라 함은 우편법에 의한 통상우편물과 소포우편물을 말한다.
> 3. "전기통신"이라 함은 전화·전자우편·회원제정보서비스·모사전송·무선호출 등과 같이 유선·무선·광선 및 기타의 전자적 방식에 의하여 모든 종류의 음향·문언·부호 또는 영상을 송신하거나 수신하는 것을 말한다.
> 4-8. 생략
> 9. "전자우편"이라 함은 컴퓨터 통신망을 통해서 메시지를 전송하는 것 또는 전송

---

1) 헌법재판소 2004. 11. 25. 2002헌바85 전원재판부 결정 '가. 통신비밀보호법의 입법취지' 중, "헌법 제18조에서는 '모든 국민은 통신의 비밀을 침해받지 아니한다.'라고 규정하여 통신의 비밀보호를 그 핵심내용으로 하는 통신의 자유를 기본권으로 보장하고 있다. 통신의 자유를 기본권으로서 보장하는 것은 사적 영역에 속하는 개인간의 의사소통을 사생활의 일부로서 보장하겠다는 취지에서 비롯된 것이다. 통신은 기본적으로 개인과 개인간의 관계를 전제로 하는 것이지만, 통신의 수단인 우편이나 전기통신의 운영이 전통적으로 국가독점에서 출발하였기 때문에, 통신의 영역은 다른 사생활 영역에 비하여 국가에 의한 침해 가능성이 매우 큰 영역이라 할 수 있고, 이것이 사생활의 비밀과 자유에 포섭될 수 있는 사적 영역에 속하는 통신의 자유를 헌법이 별개의 조항을 통해서 기본권으로 보호하고 있는 이유라 할 것이다(헌법재판소 2001. 3. 21. 2000헌마25, 판례집 13-1, 652, 658-658 참조). 통신비밀보호법이 제정되기 전에는 통신비밀의 침해는 형법, 우편법 등의 개별법에 의해 규제되어 왔다. 그런데 현대사회가 정보화사회로 변모하고 과학기술의 발전으로 많은 새로운 통신수단이 개발됨에 따라 사람들은 한편으로는 광범하고 신속한 정보를 향유할 수 있게 되었으나, 다른 한편으로는 통신의 비밀에 대한 침해를 가능케하는 많은 감청장치들도 함께 개발되어 사생활의 비밀과 통신의 자유가 심각한 위협을 받게 되었다. 이에 따라 통신비밀의 보호 및 제한에 관한 사항을 포괄적, 체계적으로 정비하여 개인의 사생활의 비밀과 통신의 비밀과 자유를 보장하기 위하여 1993. 12. 27. 법률 제4650호로 통신비밀보호법이 제정되었다."

2) 통신비밀보호법(1993. 12. 27. 제정 법률 제4650호) 제정문 참조.

된 메시지를 말한다.

10. "회원제정보서비스"라 함은 특정의 회원이나 계약자에게 제공하는 정보서비스 또는 그와 같은 네트워크의 방식을 말한다.

11. "통신사실확인자료"라 함은 다음 각목의 어느 하나에 해당하는 전기통신사실에 관한 자료를 말한다.

가. 가입자의 전기통신일시

나. 전기통신개시·종료시간

다. 발·착신 통신번호 등 상대방의 가입자번호

라. 사용도수

마. 컴퓨터통신 또는 인터넷의 사용자가 전기통신역무를 이용한 사실에 관한 컴퓨터통신 또는 인터넷의 로그기록자료

바. 정보통신망에 접속된 정보통신기기의 위치를 확인할 수 있는 발신기지국의 위치추적자료

사. 컴퓨터통신 또는 인터넷의 사용자가 정보통신망에 접속하기 위하여 사용하는 정보통신기기의 위치를 확인할 수 있는 접속지의 추적자료

1. 통신비밀보호법 상 통신의 의미

사전적 의미로서 통신은 인간의 의사·지식·감정 또는 각종 자료를 포함한 정보를 격지(隔地, 공간적) 사이에서 주고받는 작용·작위(作爲) 또는 현상을 말하는 것으로, 넓은 뜻으로는 교통의 일부로서 인체와 재화(財貨)의 위치적 이동을 의미하는 운수(transportation)에 대응해서, 서신을 대상으로 하는 우편, 전기에너지(전류·전파)를 매체로 하는 전기통신, 공간과 수중을 통한 음향통신, 빛·연기·수기(手旗) 등을 통한 시각통신 등으로 대별할 수가 있으나, 좁은 뜻으로는 우편과 전기통신만을 지칭한다.[3]

우편은 사람이 사회생활을 영위함에 있어 자기의 의사를 상대방에게 전달하기 위하여 문자나 그 밖의 기호로 표시한 문서를 인마(人馬)·선차(船車) 또는 항공기 따위의 운송수단을 이용하여 송달하는 서비스업을 의미하며,[4] 전기통신은 전기에너지의 작용에 의하여 문자·부호 또는 영상을 유선·무선의 연

---

3) 두산동아 백과사전.

4) 민속문화 백과사전.

결방식으로 원격지에 신속히 송출하는 통신방법을 말한다.

그렇다면 통신비밀보호법의 보호대상으로서 '통신'의 의미는 무엇일까? 통신비밀보호법 제1조의 입법 목적을 살펴보면, 이 법은 통신의 비밀을 보장하려는 헌법 제18조의 취지를 구체적으로 실현하기 위한 입법적 수단이라 할 수 있다. 따라서 통신비밀보호법의 '통신'의 의미를 이해하기 위해서는 헌법 제18조 "모든 국민은 통신의 비밀을 침해받지 아니한다."가 규정하고 있는 '통신'의 의미를 먼저 생각해 볼 필요가 있다. 개인의 사적 생활을 규율하는 헌법 제16조 주거의 자유, 제17조 사생활의 비밀과 자유, 제21조 표현의 자유 등과의 관계에서 헌법 제18조의 '통신'의 특징을 살펴보면,

첫째, 헌법상 '통신'은 '당사자간의 상호작용'을 전제로 한다. 이는 헌법이 제16조 주거의 자유와 제17조 사생활의 비밀과 자유 이외에 별도로 통신의 자유를 규정하고 있는 구조에서 추론할 수 있다. 제16조 주거의 자유와 제17조 사생활의 비밀은 인간의 사적 공간이나 영역에 대한 외부의 간섭이나 방해, 관찰 등을 차단하고, 보호하고자 하는 것이라면 제18조 통신의 자유는 개인간의 의사소통과정의 비밀을 보호하고자 하는 것이기 때문이다.[5]

둘째, 헌법상 '통신'은 '비공개성'(은밀성)을 전제로 한다. 통신의 자유는 표현의 자유 및 집회의 자유와 함께 자유로운 의사소통을 위한 중요한 기본권이다. 그러나 표현의 자유가 공개적으로 이루어진 발언의 내용 자체를 보호하는 것이라면, 통신의 비밀은 발언내용과 발언과정이 공개되지 않는 것(비공개성 또는 은밀성)을 보호하는 것이다.[6]

셋째, 헌법상 '통신'은 '당사자의 특정성'이라는 속성을 가진다. 앞에서 봤

---

5) 한수웅, 「헌법학」 제12판, 법문사, 2022, 714−715면; 황성기, "현행 통신비밀 보호법제의 헌법적 문제점", 「언론과 법」 제14권 제1호, 2015, 8면; 반면 정종섭 교수는 통신의 속성으로 당사자간의 동의나 쌍방향적인 의사소통을 드는 것에 동의하지 않고 있다. 그 이유로는 헌법 제18조가 보호하는 통신의 비밀에는 일방향적으로 행해지는 통신의 비밀도 포함한다는 점을 제시하고 있다. 즉 상대방이 특정되어 있는 이상 발신자의 통신 내용을 수신자가 수신할 것에 대해서 동의가 없는 경우에도 발신자의 통신의 비밀은 보호된다고 주장한다 (정종섭, 「헌법학원론」 제12판, 박영사, 2018, 669면).

6) 한수웅, 「헌법학」 제12판, 법문사, 2022, 715면; 황성기, "현행 통신비밀 보호법제의 헌법적 문제점", 「언론과 법」 제14권 제1호, 2015, 9면.

듯이 개인간의 의사소통과정이라는 양방향 상호작용을 전제로 하는 통신은 그 속성상 당사자가 특정될 수밖에 없는 것이다.[7]

이러한 요소가 충족된다면 통신은 반드시 일대일의 방식일 필요는 없다. 통신기술의 발달로 3인 이상의 그룹 통신이 가능해진 오늘날, 다자간의 통신도 비밀을 보호해야 하는 통신의 범주에 포함할 수 있기 때문이다.

헌법재판소도 이와 같은 통신의 속성에 근거하여 헌법 제18조의 '통신'의 의미를 다음과 같이 판시하였다. 즉 "헌법 제18조에서 그 비밀을 보호하는 '통신'의 일반적인 속성으로는 '당사자간의 동의', '비공개성', '당사자의 특정성' 등을 들 수 있는바, 이를 염두에 둘 때 위 헌법조항이 규정하고 있는 '통신'의 의미는 '비공개를 전제로 하는 쌍방향적인 의사소통'이라고 할 수 있다."[8]

2. 통신수단의 범위

헌법 제18조는 통신의 구체적인 수단에 대해서는 규정하고 있지 않다. 하지만, 통신의 속성과 통신의 자유 보호 목적을 고려하면 '비공개를 전제로 하는 특정 당사자간의 양방향적 의사소통수단'이 모두 포함된다고 해석하여야 할 것이다. 이렇게 해석해야 대면(對面) 대화에서부터 미래의 발전된 통신수단에 의하여 이루어지는 개인간의 의사소통을 '통신의 자유'에 의하여 보호할 수 있기 때문이다. 따라서 당사자간의 대화뿐만 아니라 전통적인 통신수단인 우편, 전화, 나아가 인터넷상의 전자우편, 휴대전화상의 메세지·채팅 등도 통신의 자유에 의해 보호된다고 할 것이다.[9]

통신비밀보호법은 구체적으로 통신이란, 우편물과 전기통신을 말하는 것으로 정의되어 있다(제2조 제1호). 여기서 우편물이란 우편법에 의한 통상우편물과 소포우편물을 말하는데, 우편법 제2조에 의하면 '통상우편물'이란 서신

---

7) 황성기, "현행 통신비밀 보호법제의 헌법적 문제점", 「언론과 법」 제14권 제1호, 2015, 9면.
8) 헌법재판소 2001. 3. 21. 2000헌바25, 판례집 13-1, 652, 661-662.
9) 한수웅, 「헌법학」 제12판, 법문사, 2022, 717면; 황성기, "현행 통신비밀 보호법제의 헌법적 문제점", 「언론과 법」 제14권 제1호, 2015, 10-11면; 차진아, "사이버범죄에 대한 실효적 대응과 헌법상 통신의 비밀보장 - 사이버범죄협약 가입에 따른 통신비밀보호법의 개정방향을 중심으로 -", 「공법학연구」 제14권 제1호, 한국비교공법학회, 2013, 41면.

(書信) 등 의사전달물, 통화(송금통지서를 포함한다) 및 소형포장우편물을 말하고, '소포우편물'이란 통상우편물 외의 물건을 포장한 우편물을 말한다(제2조 제2호). 전기통신은 "전화·전자우편·회원제정보서비스·모사전송·무선호출 등과 같이 유선·무선·광선 및 기타의 전자적 방식에 의하여 모든 종류의 음향·문언·부호 또는 영상을 송신하거나 수신하는 것"을 말한다(제2조 제3호).

3. 통신비밀의 보호범위

통신의 비밀에 의하여 보호되는 대상은 통신의 내용이다. 통신의 내용이 사적인 것인지, 은밀한 것인지 또는 영업적인지, 정치적인지, 공적인 것인지 등은 중요하지 않다. 그리고 통신의 비밀은 통신의 내용뿐만 아니라 통신이용의 전반적 상황(통신형태, 통신의 당사자, 장소, 시간, 기간, 횟수 등), 나아가 획득한 정보의 사용과 그 전달을 포괄적으로 보호한다.[10]

따라서 가입자의 전기통신일시, 전기통신개시·종료시간, 발·착신 통신번호 등 상대방의 가입자번호, 사용도수, 컴퓨터통신 또는 인터넷의 사용자가 전기통신역무를 이용한 사실에 관한 컴퓨터통신 또는 인터넷의 로그기록자료, 정보통신망에 접속된 정보통신기기의 위치를 확인할 수 있는 발신기지국의 위치추적자료, 컴퓨터통신 또는 인터넷의 사용자가 정보통신망에 접속하기 위하여 사용하는 정보통신기기의 위치를 확인할 수 있는 접속지의 추적자료 등 통신비밀보호법 제2조 제11호가 정하고 있는 통신사실확인자료도 통신의 비밀 보호대상이 된다고 할 것이다.[11]

통신사실확인자료 이외에 이용자의 성명, 이용자의 주민등록번호, 이용자의 주소, 이용자의 전화번호, 이용자의 아이디(컴퓨터시스템이나 통신망의 정당한

---

10) 한수웅, 「헌법학」 제12판, 법문사, 2022, 715면; 황성기 교수도 통신내용 이외에도 통신의 구성요소가 될 수 있는 통신의 당사자에 관한 사항(당사자의 이름, 주소, 전화번호, 인터넷 서비스의 아이디 등), 착발신지, 통신일시, 통신횟수, 통신방법 등도 포함된다고 해석하고 있고(황성기, 앞의 글, 11면), 정종섭 교수도 통신의 비밀에 의하여 보호되는 대상은 통신의 내용에 국한되지 아니하고, 통신행위 그 자체(통신의 안전과 평온)와 수신인과 발신인의 성명·주소, 수신지와 발신지, 수신과 발신의 연월일, 통신의 수량·횟수·형태 등 통신에 관한 정보 일체가 포함된다고 보고 있다(정종섭, 앞의 책, 672면).
11) 황성기, "현행 통신비밀 보호법제의 헌법적 문제점", 「언론과 법」 제14권 제1호, 2015, 12면.

이용자임을 알아보기 위한 이용자 식별부호를 말한다), 이용자의 가입일 또는 해지일과 같이 「전기통신사업법」 제83조가 정하고 있는 통신자료에 대해서도 통신비밀의 보호대상에 포함시키는 것이 적절한지에 대해서는 논란이 있을 수 있다.[12]

---

12) 긍정 : 황성기, "현행 통신비밀 보호법제의 헌법적 문제점", 「언론과 법」 제14권 제1호, 2015, 12면.

제 3 장

통신제한조치

제3장

통신제한조치

제1절 통신제한조치의 의의

Ⅰ. 통신제한조치의 개념

제2조(정의) 이 법에서 사용하는 용어의 정의는 다음과 같다.

4. "당사자"라 함은 우편물의 발송인과 수취인, 전기통신의 송신인과 수신인을 말한다.

5. "내국인"이라 함은 대한민국의 통치권이 사실상 행사되고 있는 지역에 주소 또는 거소를 두고 있는 대한민국 국민을 말한다.

6. "검열"이라 함은 우편물에 대하여 당사자의 동의없이 이를 개봉하거나 기타의 방법으로 그 내용을 지득 또는 채록하거나 유치하는 것을 말한다.

7. "감청"이라 함은 전기통신에 대하여 당사자의 동의없이 전자장치·기계장치등을 사용하여 통신의 음향·문언·부호·영상을 청취·공독하여 그 내용을 지득 또는 채록하거나 전기통신의 송·수신을 방해하는 것을 말한다.

8. "감청설비"라 함은 대화 또는 전기통신의 감청에 사용될 수 있는 전자장치·기계장치 기타 설비를 말한다. 다만, 전기통신 기기·기구 또는 그 부품으로서 일반적으로 사용되는 것 및 청각교정을 위한 보청기 또는 이와 유사한 용도로 일반적으로 사용되는 것중에서, 대통령령이 정하는 것은 제외한다.

제3조(통신 및 대화비밀의 보호) ① 누구든지 이 법과 형사소송법 또는 군사법원법의 규정에 의하지 아니하고는 우편물의 검열·전기통신의 감청 또는 통신사실확인자

료의 제공을 하거나 공개되지 아니한 타인간의 대화를 녹음 또는 청취하지 못한다. 다만, 다음 각호의 경우에는 당해 법률이 정하는 바에 의한다.

1. 환부우편물등의 처리 : 우편법 제28조·제32조·제35조·제36조등의 규정에 의하여 폭발물등 우편금제품이 들어 있다고 의심되는 소포우편물(이와 유사한 우편물을 포함한다)을 개피하는 경우, 수취인에게 배달할 수 없거나 수취인이 수령을 거부한 우편물을 발송인에게 환부하는 경우, 발송인의 주소·성명이 누락된 우편물로서 수취인이 수취를 거부하여 환부하는 때에 그 주소·성명을 알기 위하여 개피하는 경우 또는 유가물이 든 환부불능우편물을 처리하는 경우
2. 수출입우편물에 대한 검사 : 관세법 제256조·제257조 등의 규정에 의한 신서외의 우편물에 대한 통관검사절차
3. 구속 또는 복역중인 사람에 대한 통신 : 형사소송법 제91조, 군사법원법 제131조,「형의 집행 및 수용자의 처우에 관한 법률」제41조·제43조·제44조 및「군에서의 형의 집행 및 군수용자의 처우에 관한 법률」제42조·제44조 및 제45조에 따른 구속 또는 복역중인 사람에 대한 통신의 관리
4. 파산선고를 받은 자에 대한 통신 :「채무자 회생 및 파산에 관한 법률」제484조의 규정에 의하여 파산선고를 받은 자에게 보내온 통신을 파산관재인이 수령하는 경우
5. 혼신제거등을 위한 전파감시 : 전파법 제49조 내지 제51조의 규정에 의한 혼신제거등 전파질서유지를 위한 전파감시의 경우

② 우편물의 검열 또는 전기통신의 감청(이하 "통신제한조치"라 한다)은 범죄수사 또는 국가안전보장을 위하여 보충적인 수단으로 이용되어야 하며, 국민의 통신비밀에 대한 침해가 최소한에 그치도록 노력하여야 한다.
③ 누구든지 단말기기 고유번호를 제공하거나 제공받아서는 아니된다. 다만, 이동전화단말기 제조업체 또는 이동통신사업자가 단말기의 개통처리 및 수리 등 정당한 업무의 이행을 위하여 제공하거나 제공받는 경우에는 그러하지 아니하다.

통신비밀보호법은 규율대상을 '대화'와 '통신'으로 나누고, '통신'을 다시 '우편물과 전기통신'으로 나누고 있다. 여기서 통신제한조치는 '우편물의 검열 또는 전기통신의 감청'을 의미한다(법 제3조 제2항). 통신비밀보호법 제3조 제1항은 "누구든지 … 우편물의 검열·전기통신의 감청 또는 통신사실확인자료의 제공을 하거나 공개되지 아니한 타인간의 대화를 녹음 또는 청취하지 못한다." 고 규정하여 '대화'와 '통신'을 모두 보호하고 있지만 '대화'는 통신비밀보호법

제14조 제1항에서 별도로 보호하는 형식을 취하고 있다. 그러나 통신비밀보호법 제14조 제2항은 '대화의 녹음 또는 청취'에 대해 통신제한조치의 대부분의 규정을 적용하도록 하여 실질적으로 통신제한조치와 동일하게 규제하고 있다.

1. 우편물의 검열

"우편물"이라 함은 우편법에 의한 통상우편물과 소포우편물을 말한다(법 제2조 제2호). '발송 전'이나 '도착 후'의 우편물은 우편법 소정의 우편물이 아니므로 수사상 필요한 경우 형사소송법의 일반원칙에 따라 압수 · 수색을 통해 확보해야 할 것이다.

이미 수취인의 우편함에 도달되어 수취인의 지배하에 있으나 아직 수취인이 개봉하기 전의 우편물의 경우는 어떤가? 후술하는 송 · 수신이 완료된 전기통신의 경우와 같이 통신제한조치가 아니라 형사소송법의 일반원칙에 따른 압수 · 수색영장으로 확보할 수 있다고 본다.

전자메일이나 문자메세지는 의사를 전달하는 수단으로 우편물에 유사한 기능을 하지만 이는 전기통신에 해당하는 것으로 본다. 따라서 전기통신의 감청에 해당하는지 여부가 문제되는데, 후술하는 바와 같이 송 · 수신이 완료된 전기통신은 통신제한조치의 대상이 아니므로 형사소송법의 압수 · 수색영장에 의해 확보해야 할 것이다.

"검열"이라 함은 우편물에 대하여 당사자의 동의없이 이를 개봉하거나 기타의 방법으로 그 내용을 지득 또는 채록하거나 유치하는 것을 말한다(법 제2조 제6호). 따라서 수사기관이 우편물을 적법하게 개봉 또는 기타의 방법으로 그 내용을 지득 · 채록 · 유치하기 위해서는 당사자 즉 우편물의 발송인과 수취인 모두의 동의가 있어야 하고, 만일 일방의 동의만 있는 경우는 검열에 해당하여 통신제한조치의 허가를 받아야 한다.

"개봉"은 봉함 기타 비밀장치를 해제하여 내용을 알 수 있는 상태에 이르게 하는 것을 의미한다. "기타의 방법"이란 편지를 개봉 이외의 방법, 즉 투시장치에 투시, 화학반응 이용, 컴퓨터를 활용하여 내용을 인식하는 행위 등 다양한 기술적 수단을 이용하여 내용을 알아내는 것을 말한다. 물론 우편엽서의 내용을 바로 열람하는 것도 포함한다.

그 내용을 "지득"한다는 것은 어떤 내용을 알게 되는 것을 의미하므로 우편물을 개봉하여 읽어 봐서 그 내용을 파악하게 되는 것을 말한다. 다만 우편물의 내용을 이해해야 되는 것은 아니고, 어떤 내용이 있는지 알게 되는 것으로 족하다고 본다. "채록"은 기계장치를 이용하여 녹화하는 것을 의미한다. 우편물을 개봉하여 디지털카메라로 내용을 촬영하는 것 등을 채록의 예로 들 수 있다. "유치"는 우편물을 검열하기 위하여 일시적으로 압수하여 보관하는 것을 의미한다. 우편물을 지득하거나 채록하기 위해서도 일시적으로 유치하는 것이 필요하기는 하지만, '유치'를 '지득'이나 '채록'과 동일 선상에서 별도로 규정하고 있다는 점에서 일시적 압수를 의미한다고 본다. 다만, 검열을 위한 일시적 압수를 넘어 계속적으로 압수할 필요성이 있을 때에는 별도의 압수 · 수색영장을 받아야 할 것이다.

2. 전기통신의 감청

가. 전기통신

통신비밀보호법상 "전기통신"은 '전화 · 전자우편 · 회원제정보서비스 · 모사전송 · 무선호출 등과 같이 유선 · 무선 · 광선 및 기타의 전자적 방식에 의하여 모든 종류의 음향 · 문언 · 부호 또는 영상을 송신하거나 수신하는 것'(법 제2조 제3호)을 말한다. 유선, 무선을 불문하고 전자적 방식에 의하여 음향 등을 송신하거나 수신하는 것이다. 광선은 무선의 일종이지만 빛을 이용한 통신이라는 점에서 전파를 이용하는 무선통신과는 구별되기 때문에 별도로 규정한 것으로 보인다.

전화는 유선전화나 휴대폰과 같은 무선전화 또는 무전기를 포함한다. 대법원은 "…… 무전기와 같은 무선전화기를 이용한 통화가 위 법에서 규정하고 있는 전기통신에 해당함은 전화통화의 성질 및 위 규정 내용에 비추어 명백하므로 이를 같은 법 제3조 제1항 소정의 '타인간의 대화'에 포함된다고 할 수 없다."라고 하고 있다.[1]

---

1) 대법원 2003. 11. 13. 선고 2001도6213 판결 "…… 통신비밀보호법에서는 그 규율의 대상

"전자우편"이라 함은 컴퓨터 통신망을 통해서 메시지를 전송하는 것 또는 전송된 메시지를 말한다(법 제2조 제9호). "회원제정보서비스"라 함은 특정의 회원이나 계약자에게 제공하는 정보서비스 또는 그와 같은 네트워크의 방식을 말한다(법 제2조 제10호). 결국 전기통신은 유선전화, 휴대전화, 인터넷메일, 문자메시지, 팩스, 화상회의 등 전자적 방식에 의하여 음향이나 문언, 부호 또는 영상을 송·수신하는 모든 것을 의미한다고 할 수 있다.

전기통신이 적법한 것에 국한되는지 여부가 문제된다. 예컨대 통신사용자가 불법하게 통신설비를 사용하는 경우에는 감청영장이 필요없는가 하는 점인데, 이 경우에도 감청영장이 필요하다고 해석된다.

또 긴급조난신호와 같은 '공개된' 전기통신의 경우에도 감청영장이 필요한지가 문제된다. 법 제3조 제1항 후단은 감청영장이 필요한 통신 및 대화비밀의 보호범위를 정함에 있어 타인간의 대화에 대해서는 '공개되지 아니한' 타인간의 대화에 한정하면서도 '전기통신'의 경우는 같은 항 전단에서 '공개되지 아니한'이라는 말이 없이 단순히 '전기통신의 감청'이라고 되어 있어서 공개된 전기통신의 경우도 감청을 위해 영장이 필요한가에 대해 논의가 있다.

여기에 대해서는 전기통신의 경우 일반 대화와 비교하여 당사자의 프라이버시에 대한 기대가 더 크므로, 더욱 엄격하게 보호할 필요성이 있으므로 법문을 존중하여 공개여부를 불문하고 보호대상으로 하여 감청영장이 필요하다는 견해와 전기통신은 통신의 개념을 전제로 하고 있는데, 통신은 비공개성을 전제로 하고 있으므로 공개된 의사소통은 감청의 대상이 될 수 없다는 견해가 있다. 생각컨대 누구라도 들을 수 있는 공개된 전기통신의 감청을 위해 굳이 감청영장이 필요하다고 할 이유는 없다고 본다.

헌법재판소도 2000헌바25 전원재판부 판결에서 "…… 감청의 대상인 전

을 통신과 대화로 분류하고 그 중 통신을 다시 우편물과 전기통신으로 나눈 다음 그 제2조 제3호로 '전기통신'이라 함은 유선·무선·광선 및 기타의 전자적 방식에 의하여 모든 종류의 음향·문언·부호 또는 영상을 송신하거나 수신하는 것을 말한다고 규정하고 있는바, 무전기와 같은 무선전화기를 이용한 통화가 위 법에서 규정하고 있는 전기통신에 해당함은 전화통화의 성질 및 위 규정 내용에 비추어 명백하므로 이를 같은 법 제3조 제1항 소정의 '타인간의 대화'에 포함된다고 할 수 없다."

기통신에 관하여 법 제2조 제3호는 위와 같이 '유선·무선·광선 및 기타의 전
자적 방식에 의하여 모든 종류의 음향·문언·부호 또는 영상을 송신하거나
수신하는 것'이라고만 정의하고 있어, 긴급조난신호와 같이 공개된 의사소통도
감청에 포함되는 것이 아닌가 하는 의문이 있을 수 있다. 그러나 감청이라는
것은 헌법 제18조에서 보장하고 있는 통신의 비밀에 대한 침해행위 중의 한
유형으로 이해하여야 할 것이며 감청의 대상으로서의 전기통신은 앞서 본 헌
법상의 '통신'개념을 전제로 하고 있다고 보아야 할 것이다. 통신비밀보호법은
'통신 및 대화의 비밀과 자유에 대한 제한은 그 대상을 한정하고 엄격한 법적
절차를 거치도록 함으로써 통신비밀을 보호하고 통신의 자유를 신장함을 목적
으로' 제정된 것으로서(법 제1조), 통신의 비밀을 보장하려는 헌법 제18조의 취
지를 구체적으로 실현하기 위한 입법적 수단이라 할 수 있기 때문이다. 이와
같이 이해할 때 전기통신은 '비공개를 전제로 하는 쌍방향적인 의사소통'이라
는 통신의 개념을 전제하고 있는 것이므로, 긴급조난신호와 같이 공개된 의사
소통은 감청의 대상이 될 수 없다고 보아야 할 것이다. 그 밖에도 감청은 당
사자의 동의 없이 이루어져야 한다는 점 때문에도 긴급조난신호의 청취가 감
청에 해당하기는 어렵다."라고 하고 있다.[2]

〈논점〉

비공개조치 후 송출한 인터넷개인방송은 통신비밀보호법의 보호대상이 되는 "전
기통신"에 해당하는가? '사적인 통신'만이 헌법 제18조의 보호를 받는 통신 개념에
속하므로, 유튜브와 같은 인터넷개인방송이 처음부터 '사적인 통신' 개념에 속할 수
있는가가 문제

➡ 대법원 2022. 10. 27. 선고 2022도9877 판결(인터넷개인방송을 비정상적인
방법으로 시청·녹화하는 것이 통신비밀보호법상의 감청에 해당되는지가 문제된
사건)

; 방송자가 인터넷을 도관 삼아 인터넷서비스제공업체 또는 온라인서비스제공자
인 인터넷개인방송 플랫폼업체의 서버를 이용하여 실시간 또는 녹화된 형태로 음
성, 영상물을 방송함으로써 불특정 혹은 다수인이 이를 수신·시청할 수 있게 하는

---

2) 헌법재판소 2001. 3. 21. 2000헌바25, 판례집 13-1, 652.

인터넷개인방송은 그 성격이나 통신비밀보호법 제2조 제3호, 제7호, 제3조 제1항, 제4조에 비추어 전기통신에 해당함은 명백하다.

 [판시사항] 인터넷개인방송의 방송자가 비밀번호를 설정하는 등으로 **비공개 조치를 취한 후 방송을 송출하는** 경우, 방송자로부터 허가를 받지 못한 사람은 당해 인터넷개인방송의 당사자가 아닌 '**제3자**'에 해당하는지 여부(적극) 및 이러한 제3자가 **비공개 조치가 된 인터넷개인방송을 비정상적인 방법으로** 시청·녹화하는 것은 통신비밀보호법상의 감청에 해당할 수 있는지 여부(적극) / 비공개 조치를 취한 후 방송을 송출하는 인터넷개인방송의 방송자가 제3자의 시청·녹화 사실을 알거나 알 수 있었음에도 방송을 중단하거나 제3자를 배제하지 않은 채 방송을 계속 진행하는 등 **허가받지 아니한 제3자의 시청·녹화를 사실상 승낙·용인한 것으로 볼 수 있는** 경우, 제3자가 방송 내용을 지득·채록하는 것이 통신비밀보호법에서 정한 **감청에 해당하는지 여부(소극)**

 [판결요지] 인터넷개인방송의 방송자가 비밀번호를 설정하는 등 그 수신 범위를 한정하는 비공개 조치를 취하지 않고 방송을 송출하는 경우, 누구든지 시청하는 것을 포괄적으로 허용하는 의사라고 볼 수 있으므로, 그 시청자는 인터넷개인방송의 당사자인 수신인에 해당하고, 이러한 시청자가 방송 내용을 지득·채록하는 것은 통신비밀보호법에서 정한 감청에 해당하지 않는다. **그러나 인터넷개인방송의 방송자가 비밀번호를 설정하는 등으로 비공개 조치를 취한 후 방송을 송출하는 경우에는**, 방송자로부터 허가를 받지 못한 사람은 당해 인터넷개인방송의 당사자가 아닌 '제3자'에 해당하고, **이러한 제3자가 비공개 조치가 된 인터넷개인방송을 비정상적인 방법으로 시청·녹화하는 것은** 통신비밀보호법상의 감청에 해당할 수 있다. **다만** 방송자가 이와 같은 제3자의 시청·녹화 사실을 알거나 알 수 있었음에도 방송을 중단하거나 그 제3자를 배제하지 않은 채 방송을 계속 진행하는 등 허가받지 아니한 제3자의 시청·녹화를 **사실상 승낙·용인한 것으로 볼 수 있는 경우**에는 불특정인 혹은 다수인을 직간접적인 대상으로 하는 인터넷개인방송의 일반적 특성상 그 제3자 역시 인터넷개인방송의 당사자에 포함될 수 있으므로, 이러한 제3자가 방송 내용을 지득·채록하는 것은 통신비밀보호법에서 정한 감청에 해당하지 않는다.

나. 감청(監聽)

우리 통신비밀보호법은 규율의 대상을 대화와 통신으로 나누고, 통신을 다시 우편물의 검열과 전기통신의 감청으로 나누어 규정하고 있다. 여기서 "감청(監聽)"이라 함은 "<u>전기통신에 대하여 당사자의 동의없이</u> 전자장치·기계장치 등을 사용하여 **통신의** 음향·문언·부호·영상을 청취(聽取)·공독(共讀)하여 **그 내용**을 <u>지득(知得) 또는 채록(探錄)</u>하거나 <u>전기통신의 송·수신을 방해</u>하는 것을 말한다."(법 제2조 제7호). 즉 감청은 그 대상이 전기통신에 대한 것이고, 그 속성으로 당사자의 동의가 없어야 하며, 그 수단으로 전자장치, 기계장치 등을 사용해야 하고, 그 내용으로 통신의 음향을 청취하여 그 내용을 지득하는 것이라고 할 수 있다.[3]

(1) 감청의 대상

우선 감청은 전기통신에 대한 것인데, 전기통신의 의미에 대해서는 앞에서 자세히 본 바와 같다. 전기통신은 헌법 제18조에서 보호하고 있는 통신 개념을 전제로 하고 있는 것으로, 통신이란 '비공개를 전제로 하는 쌍방향적인 의사소통'을 의미하며, '당사자간의 동의', '비공개성', '당사자의 특정성' 등을 개념적 요소로 한다.[4]

(2) 감청의 속성

감청은 제3자가 전기통신의 당사자인 송신인과 수신인의 동의를 받지 아니하고 전기통신의 내용을 녹음하는 등의 행위를 하는 것을 말한다. 즉 감청은 당사자의 동의 없이 제3자에 의해 이루어지는 것이므로 전기통신에 해당하는 전화통화 당사자의 일방이 상대방 모르게 통화내용을 녹음하는 것은 감청에 해당하지 않고, 녹음테이프가 증거로 제출되었다고 하더라도 위법하게 수집된 증거가 아니다.[5] 그러므로 협박전화 피해자가 협박하는 상대방의 동의없

---

3) 헌법재판소 2004. 11. 25. 2002헌바85, 판례집 16-2하, 345.

4) 헌법재판소 2001. 3. 21. 2000헌바25, 판례집 13-1, 652, 661-663.

5) 대법원 2008. 10. 23. 선고 2008도1237 판결 "통신비밀보호법 제3조 제1항이 금지하고 있는 '전기통신의 감청'이란 전기통신에 대하여 그 당사자인 송신인과 수신인이 아닌 제3자가 당사자의 동의를 받지 않고 전자장치 등을 이용하여 통신의 음향·문언·부호·영상을 청취·공독하여 그 내용을 지득 또는 채록하는 등의 행위를 하는 것을 의미하므로(대법원 2008. 1. 18. 선고 2006도1513 판결 참조), 전기통신에 해당하는 전화통화의 당사자 일방이 상대

이 전화를 녹음하는 것은 감청에 해당하지 않는다.[6]

여기서 관공서나 보험회사 등 일반회사의 콜센터에서 상담직원과 민원인 또는 고객이 통화중인 내용을 통화품질관리 또는 사후 분쟁방지를 위해 통화내용을 실시간으로 감청할 수 있는지 여부가 문제되는데, 이런 경우는 대화의 일방이 상대방의 동의 없이 대화 내용을 녹음하는 것이므로 감청에 해당되지 않는다.

또한 위와 같이 전기통신은 '비공개를 전제로 하는 쌍방향적인 의사소통'이라는 통신의 개념을 전제로 하는 것이므로 긴급조난신호와 같이 당사자의 동의가 추정되는 공개된 의사소통은 감청의 대상이 될 수 없다.

대법원은 렉카 회사가 무전기를 이용하여 한국도로공사의 상황실과 순찰차간의 무선전화통화를 청취한 사례에서 무전기를 설치함에 있어 한국도로공사의 정당한 계통을 밟은 결재가 있었던 것이 아닌 이상 전기통신의 당사자인 한국도로공사의 동의가 있었다고는 볼 수 없으므로 통신비밀보호법상의 감청에 해당한다고 판시하고 있다.[7]

제3자의 경우는 전화통화 당사자 일방의 동의를 받고 그 통화내용을 녹음하였다고 하더라도 다른 상대방의 동의가 없는 이상 감청에 해당한다.[8] 대법

방과의 통화내용을 녹음하는 것은 위 법조에 정한 '감청' 자체에 해당하지 아니한다. 원심은, 그 판시와 같은 여러 사정에 비추어, 이 사건 녹취시스템은 강원랜드가 자신의 업무인 골프장의 운영을 위해 자신의 예약전용 전화선에 설치·운영한 것으로서, 결국 강원랜드는 이 사건 전화통화와 무관한 제3자가 아니라 이 사건 전화통화의 당사자라고 봄이 상당하므로, 결국 이 사건 공소사실은 전화통화의 당사자 일방이 상대방 모르게 대화내용을 녹음한 경우에 해당하여 통신비밀보호법 제3조 제1항에 위반되지 아니한다는 이유로, 이 사건 공소사실에 대하여 무죄를 선고한 제1심판결을 그대로 유지하였는데 … 수긍할 수 있다."

6) 대법원 1997. 3. 28. 선고 97도240 판결 "피고인이 범행 후 피해자에게 전화를 걸어오자 피해자가 증거를 수집하려고 그 전화내용을 녹음한 경우, 그 녹음테이프가 피고인 모르게 녹음된 것이라 하여 이를 위법하게 수집된 증거라고 할 수 없다."

7) 대법원 2003. 11. 13. 선고 2001도6213 판결.

8) 대법원 2002. 10. 8. 선고 2002도123 판결 "구 통신비밀보호법(2001. 12. 29. 법률 제6546호로 개정되기 전의 것)에서는 그 규율의 대상을 통신과 대화로 분류하고 그 중 통신을 다시 우편물과 전기통신으로 나눈 다음 동법 제2조 제3호로 '전기통신'이라 함은 유선·무선·광선 및 기타의 전자적 방식에 의하여 모든 종류의 음향·문언·부호 또는 영상을 송신하거나 수신하는 것을 말한다고 규정하고 있는바, 전화통화가 위 법에서 규정하고 있는 전기통신에 해당함은 전화통화의 성질 및 위 규정 내용에 비추어 명백하므로 이를 동법 제3조 제1

원은 "제3자가 전화통화 당사자 중 일방만의 동의를 얻어 통화 내용을 녹음하는 행위는 통신비밀보호법상 '전기통신의 감청'에 해당하며, 불법감청에 의하여 녹음된 전화통화 내용은 증거능력이 없다."고 하면서 "수사기관이 A로부터 피고인의 마약류관리에 관한 법률 위반(향정) 범행에 대한 진술을 듣고 추가적인 증거를 확보할 목적으로, 구속수감되어 있던 A에게 그의 압수된 휴대전화를 제공하여 피고인과 통화하고 위 범행에 관한 통화 내용을 녹음하게 한 행위는 불법감청에 해당하므로, 그 녹음 자체는 물론 이를 근거로 작성된 녹취록 첨부 수사보고는 피고인의 증거동의에 상관없이 그 증거능력이 없다."고 판단하였다.[9]

항 소정의 '타인간의 대화'에 포함시킬 수는 없고, 나아가 동법 제2조 제7호가 규정한 '전기통신의 감청'은 그 전호의 '우편물의 검열' 규정과 아울러 고찰할 때 제3자가 전기통신의 당사자인 송신인과 수신인의 동의를 받지 아니하고 같은 호 소정의 각 행위를 하는 것만을 말한다고 풀이함이 상당하다고 할 것이므로, 전기통신에 해당하는 전화통화 당사자의 일방이 상대방 모르게 통화내용을 녹음(위 법에는 '채록'이라고 규정한다)하는 것은 여기의 감청에 해당하지 아니하지만(따라서 전화통화 당사자의 일방이 상대방 몰래 통화내용을 녹음하더라도, 대화 당사자 일방이 상대방 모르게 그 대화내용을 녹음한 경우와 마찬가지로 동법 제3조 제1항 위반이 되지 아니한다), 제3자의 경우는 설령 전화통화 당사자 일방의 동의를 받고 그 통화내용을 녹음하였다 하더라도 그 상대방의 동의가 없었던 이상, 사생활 및 통신의 불가침을 국민의 기본권의 하나로 선언하고 있는 헌법규정과 통신비밀의 보호와 통신의 자유신장을 목적으로 제정된 통신비밀보호법의 취지에 비추어 이는 동법 제3조 제1항 위반이 된다고 해석하여야 할 것이다(이 점은 제3자가 공개되지 아니한 타인간의 대화를 녹음한 경우에도 마찬가지이다)."

9) 대법원 2010. 10. 14. 선고 2010도9016 판결 "전기통신의 감청은 제3자가 전기통신의 당사자인 송신인과 수신인의 동의를 받지 아니하고 전기통신 내용을 녹음하는 등의 행위를 하는 것만을 말한다고 풀이함이 상당하다고 할 것이므로, 전기통신에 해당하는 전화통화 당사자의 일방이 상대방 모르게 통화 내용을 녹음하는 것은 여기의 감청에 해당하지 아니하지만, 제3자의 경우는 설령 전화통화 당사자 일방의 동의를 받고 그 통화 내용을 녹음하였다 하더라도 그 상대방의 동의가 없었던 이상, 이는 여기의 감청에 해당하여 법 제3조 제1항 위반이 되고(대법원 2002. 10. 8. 선고 2002도123 판결 참조), 이와 같이 법 제3조 제1항에 위반한 불법감청에 의하여 녹음된 전화통화의 내용은 법 제4조에 의하여 증거능력이 없다(대법원 2001. 10. 9. 선고 2001도3106 판결 등 참조). 그리고 사생활 및 통신의 불가침을 국민의 기본권의 하나로 선언하고 있는 헌법규정과 통신비밀의 보호와 통신의 자유 신장을 목적으로 제정된 통신비밀보호법의 취지에 비추어 볼 때 피고인이나 변호인이 이를 증거로 함에 동의하였다고 하더라도 달리 볼 것은 아니다(대법원 2009. 12. 24. 선고 2009도11401 판결 참조). 기록에 의하면, 공소외인은 2009. 9. 21.경 검찰에서 피고인의 이 사건 공소사실 범행을 진술하는 등 다른 마약사범에 대한 수사에 협조해 오던 중, 같은 달 29일경 필로폰을 투약한 혐의 등으로 구속되었는데, 구치소에 수감되어 있던 같은 해 11. 3.경

〈같은 취지 판결〉

대법원 2022. 10. 27. 선고 2022도9877 판결(인터넷개인방송을 비정상적인 방법으로 시청·녹화하는 것이 통신비밀보호법상의 감청에 해당되는지가 문제된 사건)

[판시사항] 제3자가 당사자 일방의 동의를 받고 통신의 음향·영상을 청취하거나 녹음하였다 하더라도 상대방의 동의가 없었던 경우, 통신비밀보호법 제3조 제1항 위반에 해당하는지 여부(적극) / 인터넷개인방송의 방송자가 비밀번호를 설정하는 등으로 비공개 조치를 취한 후 방송을 송출하는 경우, 방송자로부터 허가를 받지 못한 사람은 당해 인터넷개인방송의 당사자가 아닌 '제3자'에 해당하는지 여부(적극) 및 이러한 제3자가 비공개 조치가 된 인터넷개인방송을 비정상적인 방법으로 시청·녹화하는 것은 통신비밀보호법상의 감청에 해당할 수 있는지 여부(적극)

[판결요지] 전기통신의 감청은 제3자가 전기통신의 당사자인 송신인과 수신인의 동의를 받지 아니하고 통신비밀보호법 제2조 제7호 소정의 각 행위를 하는 것만을 말한다고 풀이함이 상당하다고 할 것이므로, 전기통신의 당사자의 일방이 상대방 모르게 통신의 음향·영상 등을 청취하거나 녹음하는 것은 여기의 감청에 해당하지 아니하지만, 제3자의 경우는 설령 당사자 일방의 동의를 받고 그 통신의 음향·영상을 청취하거나 녹음하였다 하더라도 그 상대방의 동의가 없었던 이상, 사생활 및

피고인의 이 사건 공소사실에 관한 증거를 확보할 목적으로 검찰로부터 자신의 압수된 휴대전화를 제공받아 구속수감 상황 등을 숨긴 채 피고인과 통화하고 그 내용을 녹음한 다음 그 휴대전화를 검찰에 제출한 사실, 이에 따라 작성된 이 사건 수사보고는 '공소외인이 2009. 11. 3. 오전 10:00경 피고인으로부터 걸려오는 전화를 자신이 직접 녹음한 후 이를 수사기관에 임의제출하였고, 이에 필로폰 관련 대화 내용을 붙임과 같이 녹취하였으며, 휴대전화에 내장된 녹음파일을 mp3파일로 변환시켜 붙임과 같이 첨부하였음을 보고한다'는 내용으로, 첨부된 녹취록에는 피고인이 이전에 공소외인에게 준 필로폰의 품질에는 아무런 문제가 없다는 피고인의 통화 내용이 포함되어 있는 사실을 알 수 있다. 위 인정 사실을 앞서 본 법리에 비추어 보면, 위와 같은 녹음행위는 수사기관이 공소외인으로부터 피고인의 이 사건 공소사실 범행에 대한 진술을 들은 다음 추가적인 증거를 확보할 목적으로 구속수감되어 있던 공소외인에게 그의 압수된 휴대전화를 제공하여 그로 하여금 피고인과 통화하고 피고인의 이 사건 공소사실 범행에 관한 통화 내용을 녹음하게 한 것이라 할 것이고, 이와 같이 수사기관이 구속수감된 자로 하여금 피고인의 범행에 관한 통화 내용을 녹음하게 한 행위는 수사기관 스스로가 주체가 되어 구속수감된 자의 동의만을 받고 상대방인 피고인의 동의가 없는 상태에서 그들의 통화 내용을 녹음한 것으로서 범죄수사를 위한 통신제한조치의 허가 등을 받지 아니한 불법감청에 해당한다고 보아야 할 것이므로, 그 녹음 자체는 물론이고 이를 근거로 작성된 이 사건 수사보고의 기재 내용과 첨부 녹취록 및 첨부 mp3파일도 모두 피고인과 변호인의 증거동의에 상관없이 증거능력이 없다고 할 것이다."

통신의 불가침을 국민의 기본권의 하나로 선언하고 있는 헌법규정과 통신비밀의 보호와 통신의 자유 신장을 목적으로 제정된 통신비밀보호법의 취지에 비추어 이는 통신비밀보호법 제3조 제1항 위반이 된다(대법원 2002. 10. 8. 선고 2002도123 판결 등 참조).

인터넷개인방송의 방송자가 비밀번호를 설정하는 등 그 수신 범위를 한정하는 비공개 조치를 취하지 않고 방송을 송출하는 경우, 누구든지 시청하는 것을 포괄적으로 허용하는 의사라고 볼 수 있으므로, 그 시청자는 인터넷개인방송의 당사자인 수신인에 해당하고, 이러한 시청자가 방송 내용을 지득·채록하는 것은 통신비밀보호법에서 정한 감청에 해당하지 않는다. 그러나 인터넷개인방송의 방송자가 비밀번호를 설정하는 등으로 비공개 조치를 취한 후 방송을 송출하는 경우에는, 방송자로부터 허가를 받지 못한 사람은 당해 인터넷개인방송의 당사자가 아닌 '제3자'에 해당하고, 이러한 제3자가 비공개 조치가 된 인터넷개인방송을 비정상적인 방법으로 시청·녹화하는 것은 통신비밀보호법상의 감청에 해당할 수 있다. 다만 방송자가 이와 같은 제3자의 시청·녹화 사실을 알거나 알 수 있었음에도 방송을 중단하거나 그 제3자를 배제하지 않은 채 방송을 계속 진행하는 등 허가받지 아니한 제3자의 시청·녹화를 사실상 승낙·용인한 것으로 볼 수 있는 경우에는 불특정인 혹은 다수인을 직간접적인 대상으로 하는 인터넷개인방송의 일반적 특성상 그 제3자 역시 인터넷개인방송의 당사자에 포함될 수 있으므로, 이러한 제3자가 방송 내용을 지득·채록하는 것은 통신비밀보호법에서 정한 감청에 해당하지 않는다.

대법원 2019. 3. 14. 선고 2015도1900 판결(A가 스피커폰으로 C와 통화하고 B가 옆에서 이를 녹음한 경우 통신비밀보호법상의 감청에 해당하는지 문제된 사건)

[판시사항] 제3자가 전화통화 당사자 중 일방만의 동의를 받고 통화 내용을 녹음한 행위가 '전기통신의 감청'에 해당하는지 여부(적극)

[판결요지] 전화통화는 C와 A 사이에 이루어진 것이므로 전화통화의 당사자는 C와 A이고, B는 위 전화통화에 있어서 제3자에 해당한다. 따라서 B가 전화통화 당사자 일방인 A의 동의를 받고 그 통화 내용을 녹음하였다고 하더라도 전화통화 상대방인 C의 동의가 없었던 이상 B가 이들 간의 전화통화 내용을 녹음한 행위는 통신비밀보호법 제3조 제1항에 위반한 '전기통신의 감청'에 해당하여 제4조에 의하여 그 녹음파일은 재판절차에서 증거로 사용할 수 없다.

　　물론 제3자가 원래부터 대화의 당사자로 참여하지 않은 상태에서 대화의 내용을 녹음하는 것이 금지되는 것이지 다수인이 함께 참여하는 화상회의 등에서 어느 한 사람이 녹음하는 것은 감청에 해당되지 않는다고 할 것이다. 또 수사기관이 유괴범과 피해자의 부모가 통화하는 것을 그 부모의 동의하에 중간에서 다른 전화로 듣거나 녹음하는 경우도 대화자 일방의 동의만을 얻은 것이므로 원칙적으로 증거로 사용할 수 없는데, 이런 경우 증거로 사용하기 위해서는 긴급통신제한조치의 요건을 충족시키고 사후적으로 통신제한조치 허가를 받아 놓아야 할 것이다.

(3) 감청의 수단

　　감청이 되기 위해서는 '전자장치·기계장치 등'을 이용해야 한다. 전자장치나 기계장치를 이용하지 않고 맨 귀로 듣는 것은 일단 감청에 해당되지 않는다. 그런데 전자장치와 기계장치가 무엇인지에 대해서는 법에 정의되어 있지 않다. 그래서 사전적 의미를 살펴보면, 전자장치는 '전자의 운동을 이용하는 전기 기기, 전류계, 전자계산기, 전자 현미경 따위로, 전자관이나 트랜지스터, 반도체를 응용한 기계 장치'[10]를 의미하는 것으로 볼 수 있고, 기계장치는 '기계를 설비하는 장치나 일'을 의미한다고 볼 수 있다. 전자장치나 기계장치는 송신지나 수신지 중 어느 지점에 설치되어도 무방하다.

　　통신비밀보호법 제2조 제8호는 "'감청설비'라 함은 대화 또는 전기통신의 감청에 사용될 수 있는 전자장치·기계장치 기타 설비를 말한다."고 규정하면서 "다만, 전기통신 기기·기구 또는 그 부품으로서 일반적으로 사용되는 것 및 청각교정을 위한 보청기 또는 이와 유사한 용도로 일반적으로 사용되는 것 중에서, 대통령령이 정하는 것은 제외한다."라고 하고 있고, 동법 시행령 제3조는 보청기 또는 이와 유사한 기기·기구 등은 감청설비에서 제외하고 있다.[11]

---

10) 네이버 백과사전.

11) 통신비밀보호법 시행령 제3조(감청설비 제외대상) 법 제2조 제8호 단서에 따라 감청설비에서 제외되는 것은 감청목적으로 제조된 기기·기구가 아닌 것으로서 다음 각 호의 어느 하나에 해당하는 것을 말한다.
　1. 「전기통신사업법」 제2조 제4호에 따른 사업용전기통신설비

그러면 단서 조항에 따라 감청설비에서 제외되는 것은 모두 전자장치나 기계장치에서 제외되는가. 그것은 아닐 것이다. 모든 전자장치나 기계장치를 감청설비에 포함한다고 할 수도 없을 것이고, 단서 조항 및 시행령에 따라 감청설비에서 제외되어 있다고 해서 모두 전자장치나 기계장치가 아닌 것도 아니므로 감청설비의 범위는 판례 등을 통해 축적해 나가야 할 것으로 본다.

헌법재판소는 "…… 전기통신에 대한 감청의 수단으로서의 '전자장치, 기계장치 등'이라는 표현도 기본적으로 '전기통신의 감청에 사용될 수 있는 전자장치, 기계장치 기타 설비'라는 같은 조 제8호의 '감청설비'에 대한 정의와 관련하여 이해될 수 있고, 이러한 '전자장치, 기계장치 등'이라는 표현이 지나치게 광범하다거나 무엇을 의미하는지 파악하기 어렵다고 할 수는 없다. 즉, 이 사건 법률조항들의 전기통신의 감청 개념이 법 제2조 제3호, 제7호에서 규정하고 있는 현대적 통신수단을 망라하는 것으로 이해된다고 해서, 그것만으로 지나치게 광범하다고 할 수는 없으며, 이 사건 법률조항들의 전기통신의 감청 개념은 위에서 본 바와 같이 그 대상, 수단, 속성, 방법 등과 관련하여 관련조문을 통해 충분히 구체화되어 표현되어 있다고 할 것이다."라고 하고 있다.12)

또 대법원은 원래 송·수신이 가능한 무전기를 송신이 가능하지 않도록 마이크를 떼어내고 비치한 경우, 구 통신비밀보호법 시행령 제3조 제8호에 규정된 감청설비 제외대상에 해당하지 않는다고 하고 있다.13)

---

2. 「전기통신사업법」 제64조에 따라 설치한 자가전기통신설비
3. 삭제
4. 「전파법」 제19조에 따라 개설한 무선국의 무선설비
5. 「전파법」 제58조의2에 따라 적합성평가를 받은 방송통신기자재등
6. 「전파법」 제49조 및 같은 법 제50조에 따른 전파감시업무에 사용되는 무선설비
7. 「전파법」 제58조에 따라 허가받은 통신용 전파응용설비
8. 「전기용품 안전관리법」 제2조 제1호에 따른 전기용품 중 오디오·비디오 응용기기(직류전류를 사용하는 것을 포함한다)
9. 보청기 또는 이와 유사한 기기·기구
10. 그 밖에 전기통신 및 전파관리에 일반적으로 사용되는 기기·기구
12) 헌법재판소 2004. 11. 25. 2002헌바85, 판례집 16-2하, 345.
13) 대법원 2003. 11. 13. 선고 2001도6213 판결 "통신비밀보호법 제2조 제8호는 '감청설비'라 함은 대화 또는 전기통신의 감청에 사용될 수 있는 전자장치·기계장치 기타 설비를 말하되, 다만 전기통신 기기·기구 또는 그 부품으로서 일반적으로 사용되는 것 중에서 대통령령이

(4) 감청의 내용

감청은 그 내용적 속성으로 '통신의 음향·문언·부호·영상을 청취·공독하여 그 내용을 지득 또는 채록하거나 전기통신의 송·수신을 방해하는 것'을 말한다. 통신에 관한 외형적 정보가 아니라 통신의 '내용'에 해당하는 전화의 음성이나 문자메시지, 동영상 자체를 청취하거나 보고 읽어서 그 내용을 알게 되거나 녹음, 녹화하는 것 또는 전기통신의 송·수신을 방해하는 것이다. 채록은 녹음, 녹화하는 것을 의미한다. 송·수신을 방해하는 행위는 잡음을 삽입하거나 혼선을 유발하여 듣지 못하게 하는 경우 또는 송·수신 자체를 차단하는 경우도 포함한다고 본다.

감청은 전기통신과 동시에 이루어질 것이 요구된다(동시성 또는 현재성). 따라서 송신(送信) 전의 팩스문건을 가져가는 것은 감청에 해당되지 않는다. 뿐만 아니라 송·수신이 완료된 전신이나 팩스를 가져가는 경우도 감청에 해당되지 않는다. 이런 경우는 형사소송법상의 일반적인 압수·수색의 방법으로 확보할 수 있을 것이다.

이와 관련하여 송·수신이 완료된 전자메일도 감청의 대상이 될 수 있는지에 대한 논의가 있다. 전자메일에 관해서는 통신비밀보호를 엄격하게 보호하기 위해서 감청의 규정을 적용해야 한다는 견해, 송신이 되었으나 수신하기 전에는 감청의 규정을 적용해야 한다는 견해 등이 있으나 '감청'은 전자적 방

정하는 것은 제외한다고 규정하고 있고, 구 통신비밀보호법 시행령 제3조는 위 법 규정에 의하여 감청설비에서 제외되는 것은 감청목적으로 제조된 기기·기구가 아닌 것으로서 다음 각 호의 1에 해당하는 것을 말한다고 하면서, 제8호에서 구 전파법 시행령(2000. 4. 1. 대통령령 제16775호로 전문 개정되기 전의 것) 제56조의2 제7호의 무선설비, 즉 선박 또는 항공기에 설치되는 항행안전용 수신전용무선기기와 우주무선통신업무 또는 전파천문업무를 행하는 수신전용무선기기 외의 수신전용무선기기 중 일반적으로 통신에 사용되는 기기를 들고 있는바, 이와 같은 규정에서 감청설비 제외대상으로 하고 있는 것은 수신전용 무선기기임을 전제로 하고 있음은 명백한데, 원심이 인정한 사실관계에 의하더라도 이 사건 무전기는 한국도로공사 상황실과 순찰차 간에 순찰상황 보고 등의 통신목적으로 사용된 송수신이 가능한 무전기라는 것이어서 당초에 수신전용 무선기기로 제작된 것이 아님을 알 수 있고, 비록 이 사건 무전기가 위 OO렉카 기사대기용 컨테이너박스 안에 설치될 당시 송신이 가능하지 않도록 마이크를 떼어버렸다고 하더라도 언제든지 다시 마이크를 부착하여 송신이 가능한 이상 달리 볼 것이 아니므로 이 사건 무전기는 수신전용 무선기기가 아니라고 할 것이어서 구 통신비밀보호법 시행령 제3조 제8호에 규정된 감청설비 제외대상에 해당한다고 할 수 없다."

식에 의하여 모든 종류의 음향·문언·부호 또는 영상을 송신하거나 수신하는 전기통신에 대하여 당사자의 동의 없이 전자장치·기계장치 등을 사용하여 통신의 음향·문언·부호·영상을 청취·공독하여 그 내용을 지득 또는 채록하거나 전기통신의 송·수신을 방해하는 것을 말한다는 규정(법 제2조 제3호, 제7호)에 비추어 보면, 송신하거나 수신하는 전기통신 행위를 감청의 대상으로 규정하고 있을 뿐 송·수신이 완료되어 보관 중인 전기통신 내용은 대상으로 규정하지 않고 있고, 일반적으로 감청은 다른 사람의 대화나 통신 내용을 몰래 엿듣는 행위를 의미하는 점 등을 고려하여 보면, 통신비밀보호법상 '감청'이란, 대상이 되는 전기통신의 송·수신과 동시에 이루어지는 경우만을 의미하고, 이미 수신이 완료된 전기통신의 내용을 지득하는 등의 행위는 포함되지 않는다고 본다.[14] 그러므로 전자메일을 수신한 결과가 담겨진 컴퓨터 본체를 가져가거나 컴퓨터에 저장되어있는 통신 내용을 가로채는 것은 감청이 아니다.

〈논점〉

　수사기관이 통신제한조치의 종류를 '전기통신의 감청'이라고 기재한 통신제한조치허가서에 의하여, 이미 수신이 완료되어 서버에 전자정보의 형태로 저장되어 있던 것을 추출하는 방식으로 대상자의 카카오톡 대화내용을 제공받은 경우, 통신제한조치의 집행은 적법한가? 그렇지 않다.

➡ **대법원 2016. 10. 13. 선고 2016도8137 판결** "통신제한조치허가서에 기재된 통신제한조치의 종류는 전기통신의 '감청'이므로, 수사기관으로부터 집행위탁을 받은 카카오는 통신비밀보호법이 정한 감청의 방식, 즉 전자장치 등을 사용하여 실시간으로 이 사건 대상자들이 카카오톡에서 송·수신하는 음향·문언·부호·영상을 청취·공독하여 그 내용을 지득 또는 채록하는 방식으로 통신제한조치를 집행하여야 하고 임의로 선택한 다른 방식으로 집행하여서는 안 된다고 할 것이다. 그런데도 카카오는 이 사건 통신제한조치허가서에 기재된 기간 동안, 이미 수신이 완료되어 전자정보의 형태로 서버에 저장되어 있던 것을 3~7일마다 정기적으로 추출하여 수사기관에 제공하는 방식으로 통신제한조치를 집행하였다(당시 카카오는 카카오톡

---

14) 대법원 2012. 10. 25. 선고 2012도4644 판결; 대법원 2012. 11. 29. 선고 2010도9007 판결; 대법원 2013. 11. 28. 선고 2010도12244 판결; 대법원 2016. 10. 13. 선고 2016도8137 판결 등.

대화를 실시간 감청할 수 있는 설비를 보유하고 있지 않았다).

이러한 카카오의 집행은 동시성 또는 현재성 요건을 충족하지 못해 통신비밀보호법이 정한 감청이라고 볼 수 없으므로 이 사건 통신제한조치허가서에 기재된 방식을 따르지 않은 것으로서 위법하다고 할 것이다. 따라서 이 사건 카카오톡 대화내용은 적법절차의 실질적 내용을 침해하는 것으로 위법하게 수집된 증거라 할 것이므로 유죄 인정의 증거로 삼을 수 없다.

[판시사항] [1] 통신비밀보호법에 규정된 통신제한조치 중 '전기통신의 감청'의 의미 및 이미 수신이 완료된 전기통신에 관하여 남아 있는 기록이나 내용을 열어보는 등의 행위가 이에 포함되는지 여부 (소극)

[2] 수사기관 또는 수사기관으로부터 집행을 위탁받은 통신기관 등이 통신제한조치를 집행할 때 준수하여야 할 사항 및 허가된 통신제한조치의 종류가 전기통신의 '감청'인 경우, 집행의 방식 / 수사기관으로부터 집행을 위탁받은 통신기관 등이 통신제한조치허가서에 기재된 사항을 준수하지 아니하고 통신제한조치를 집행하여 취득한 전기통신의 내용 등은 위법수집증거로서 증거능력이 부정되는지 여부 (적극)

[판결요지] [1] 통신비밀보호법에 규정된 '통신제한조치'는 '우편물의 검열 또는 전기통신의 감청'을 말하는 것으로(제3조 제2항), 여기서 '전기통신'은 전화 · 전자우편 · 모사전송 등과 같이 유선 · 무선 · 광선 및 기타의 전자적 방식에 의하여 모든 종류의 음향 · 문언 · 부호 또는 영상을 송신하거나 수신하는 것을 말하고(제2조 제3호), '감청'은 전기통신에 대하여 당사자의 동의 없이 전자장치 · 기계장치 등을 사용하여 통신의 음향 · 문언 · 부호 · 영상을 청취 · 공독하여 그 내용을 지득 또는 채록하거나 전기통신의 송 · 수신을 방해하는 것을 말한다고 규정되어 있다(제2조 제7호). 따라서 '전기통신의 감청'은 '감청'의 개념 규정에 비추어 전기통신이 이루어지고 있는 상황에서 실시간으로 전기통신의 내용을 지득 · 채록하는 경우와 통신의 송 · 수신을 직접적으로 방해하는 경우를 의미하는 것이지, 이미 수신이 완료된 전기통신에 관하여 남아 있는 기록이나 내용을 열어보는 등의 행위는 포함하지 않는다.

[2] 통신제한조치허가서에는 통신제한조치의 종류 · 목적 · 대상 · 범위 · 기간 및 집행장소와 방법을 특정하여 기재하여야 하고(통신비밀보호법 제6조 제6항), 수사기관은 허가서에 기재된 허가의 내용과 범위 및 집행방법 등을 준수하여 통신제한조치를 집행하여야 한다. 이때 수사기관은 통신기관 등에 통신제한조치허가서의 사본을 교부하고 집행을 위탁할 수 있으나(통신비밀보호법 제9조 제1항, 제2항), 그 경

우에도 집행의 위탁을 받은 통신기관 등은 수사기관이 직접 집행할 경우와 마찬가지로 허가서에 기재된 집행방법 등을 준수하여야 함은 당연하다. 따라서 허가된 통신제한조치의 종류가 전기통신의 '감청'인 경우, 수사기관 또는 수사기관으로부터 통신제한조치의 집행을 위탁받은 통신기관 등은 통신비밀보호법이 정한 감청의 방식으로 집행하여야 하고 그와 다른 방식으로 집행하여서는 아니 된다. 한편 수사기관이 통신기관 등에 통신제한조치의 집행을 위탁하는 경우에는 집행에 필요한 설비를 제공하여야 한다(통신비밀보호법 시행령 제21조 제3항).

그러므로 수사기관으로부터 통신제한조치의 집행을 위탁받은 통신기관 등이 집행에 필요한 설비가 없을 때에는 수사기관에 설비의 제공을 요청하여야 하고, 그러한 요청 없이 통신제한조치허가서에 기재된 사항을 준수하지 아니한 채 통신제한조치를 집행하였다면, 그러한 집행으로 취득한 전기통신의 내용 등은 헌법과 통신비밀보호법이 국민의 기본권인 통신의 비밀을 보장하기 위해 마련한 적법한 절차를 따르지 아니하고 수집한 증거에 해당하므로(형사소송법 제308조의2), 이는 유죄 인정의 증거로 할 수 없다.

즉, 송신한 후이면서 수신하기 전의 전자메일은 감청의 대상에 해당하지만, 전자메일이 수신자의 메일서버에 도달한 후 그 서버에 보관되어 언제든지 열람할 수 있는 상태에 있다면 송·수신이 완료된 것으로 보아야 한다. 여기에 대해서는 수신자가 도달한 전자메일을 열람하여야 송·수신이 완료된 것으로 볼 수 있다는 견해도 있으나 이러한 견해에 의하면, 메일서버 등에 대한 강제수사를 하는 경우에 수신인의 열람 여부에 따라 송·수신 완료 여부를 판단하여 일부는 감청의 대상으로, 일부는 압수·수색의 대상으로 각각 상이한 영장을 발부받아야 한다고 해석해야 하는데 이러한 절차의 집행은 비현실적이라는 것이 판례의 태도이다.[15]

또한 문자메시지도 전기통신에 해당하므로 수신하기 전의 문자메시지는 감청의 대상에 해당하지만, 문자메시지가 이미 수신자의 휴대폰에 도달·보관되어 언제든지 열람할 수 있는 상태에 있다면 문자메시지의 송·수신이 완료된 것으로 볼 수 있으므로 현재성이 없어 감청의 대상이 되지 않는다.[16] 따라

---

15) 서울고등법원 2010. 7. 1. 선고 2009노2695 판결.
16) 서울중앙지방법원 2012. 4. 5. 선고 2011노3910 판결 "[1] 통신비밀보호법 제2조 제7호, 제

서 송·수신이 완료된 문자메시지를 확보하기 위해서는 형사소송법상의 일반
원칙에 따른 압수·수색영장을 발부받아야 할 것이다.

　감청은 의도적, 적극적 행위에 국한되는가 아니면 전화통화 중 우연히 흘
러나오는 다른 대화내용을 듣게 되는 경우 등도 포함되는가가 문제된다. 생각
컨대 감청은 전기통신에 대하여 당사자의 동의없이 전자장치·기계장치 등을
사용하여 통신의 음향·문언·부호·영상을 청취·공독하여 그 내용을 지득 또
는 채록하거나 전기통신의 송·수신을 방해하는 것을 의미하는 것으로 의식
적, 적극적 행위를 전제로 한다고 할 수 있으므로 우연히 타인간의 송·수신
내용을 듣게 되는 경우는 감청에 해당되지 않는다고 보아야 할 것이다.

　헌법재판소도 공개된 긴급조난신호의 청취행위에 대한 통신비밀보호법
위반여부를 판단함에 있어 "…… 감청은 전기통신의 내용을 지득·채록하거나
전기통신의 송·수신을 방해하는 등 고의적·의도적 행위를 말하므로 예컨대
전화통화의 혼선으로 우연히 타인간의 통화내용을 듣거나 무선통신 수신기를
통해서 우연히 타인간의 송·수신 내용을 듣게 된 경우는 이에 해당하지 않는

3호의 각 규정을 종합하면, 위 법상 '감청'은 통신행위와 동시에 이루어지는 현재성이 요구
되므로, 송·수신이 완료된 전기통신의 내용을 지득·채록하는 것은 감청에 해당하지 않는
다. 또한 감청이란 '몰래 엿들음'을 의미한다는 사전적 정의에 비추어 살펴보면, 통신비밀보
호법 제2조 제7호에서 정의하고 있는 감청은 '몰래 엿듣는' 행위를 기본관념으로 하여 엿듣
는 대상은 '전기통신'으로 국한하고, 엿듣는 수단으로는 '전자장치, 기계장치 등' 일정한 장
치를 사용하는 것으로 한정하며, 엿듣는 구체적 내용을 '통신의 음향을 청취하여 내용을 지
득하는 것'으로 표현하고 있다. 이러한 법리는 통신비밀보호법 제2조 제3호에서 정한 전기
통신에 해당하는 '문자메시지'에도 그대로 적용되므로, 수신하기 전의 문자메시지는 감청의
대상에 해당하지만, 문자메시지가 이미 수신자의 휴대폰에 도달·보관되어 언제든지 열람
할 수 있는 상태에 있다면 문자메시지의 송·수신이 완료된 것으로 볼 수 있으므로 현재성
이 없어 감청의 대상이 되지 않는다. [2] 피고인이 회사 컴퓨터 서버를 통해 고객들의 휴대
폰으로 문자메시지 등을 전달하거나 전달받는 영업을 하던 중 컴퓨터 서버에 저장되어 있
던 문자메시지 28,811건에 대한 파일을 열람하여 내용을 지득함으로써 전기통신을 감청하
였다고 하여 통신비밀보호법 위반으로 기소된 사안에서, 피고인이 열람한 문자메시지는 문
자메시지가 발송된 서버에 저장·보관되어 있던 것으로 송신자가 송신한 이후 수신자가 수
신할 수 있는 상태에 있어 통신비밀보호법상 송·수신이 완료된 전기통신에 해당하여 감청
의 대상이 아니므로, 피고인의 행위가 통신비밀보호법 제3조 제1항, 제2조 제7호에서 정한
감청을 구성하지 아니한다는 이유로, 이와 달리 보아 유죄를 인정한 제1심판결에 법리오해
의 위법이 있다고 하여 직권파기하고 무죄를 선고한 사례"; 이후, 대법원 2012. 10. 25. 선
고 2012도4644 판결은 이러한 원심의 조치가 정당하다고 하여 상고를 기각하였다.

다고 봄이 상당하다."라고 하고 있다.[17]

[참고] 미국 연방대법원의 Katz v. United States, 389 U.S. 347 (1967) 판결

전화에 대한 감청은 통신의 비밀 등 개인의 사생활에 대한 침해를 가져올 수밖에 없다. 미국은 이러한 침해가능성을 고려하여 전화감청에 대한 위법성을 판단할 때에 불합리한 압수·수색금지 및 영장주의를 규정하고 있는 수정헌법 제4조를 심판기준으로 삼고 있다.

1960년대 이전까지 미국에서는 재산권 침해 여부를 기준(property-based rule)으로 수정헌법 제4조의 영장주의 위반 여부가 판단되었다. 이에 따르면 영장없이 전화도청을 하였다 할지라도 재산권의 핵심인 자신의 사적 영역을 침범당하지 않을 권리가 침해되지 않는 한, 합리적인 프라이버시의 기대에 대한 침해는 없고 수정헌법 제4조의 위반이 아니다. 이러한 관점에 기초한 대표적인 도청 사례가 1928년의 Olmstead v. United States, 277 U.S. 438 사건이다. 이 사건은 연방수사관이 피고인의 집과 사무실로 연결되는 길가 전신주의 전화선에 도청장치를 연결하여 전화를 도청한 사건이다. 미연방대법원은 이러한 도청이 피고인의 재산권(property right)을 침해한 것이 아니기 때문에 수정헌법 제4조의 수색에 해당하지 않고, 따라서 영장주의 위배가 아니라고 하였다.

그러나 과학기술이 고도로 발달하면서 개인의 주거지에 대한 물리적인 침입이 있었는가 여부를 기준으로 수정헌법 제4조의 위반여부를 판단하는, 재산권에 기초한 접근방식(property-based approach)은 부적절하게 되었고, 미연방대법원은 Katz 사건에서 개인의 프라이버시를 보호하는 수정헌법 제4조의 해석에 관한 새로운 관점을 분명히 했다.

1. 사건의 개요

Katz 사건에서 FBI는 불법내기도박(illegal betting)을 수사하기 위해서 용의자인 Katz가 매일 아침 사용하는 공중전화박스의 지붕 위에 마이크를 달아놓았다. 이 마이크는 FBI가 감청하는 장소까지 유선으로 연결되었다. Katz가 공중전화박스에서 전화를 걸 때 FBI는 마이크를 켜고 대화내용을 녹음하였다. 그리고 Katz가 전화로 베팅하는 내용이 담긴 녹음테이프가 법정에 제출되었다.

---

17) 헌법재판소 2001. 3. 21. 2000헌바25, 판례집 13-1, 652.

2. 판시 내용

하급심에서는 종래의 재산권에 기초한 관점에 따라서 공중전화박스 내에 물리적인 침입은 없었기 때문에 수정헌법 제4조의 위반이 아니라고 하였다. 그러나 미연방대법원은 이와 다른 관점을 취하며 "만약 어떤 사람이 공중전화박스에 들어가서 문을 닫고 전화요금을 지불한 후 사용하기 시작하면 송화기를 통해서 하는 말은 외부로 중계되지 않을 것을 보장받는 것이다. 따라서 공중전화박스 내에서 통화를 하는 사람은 수정헌법 제4조의 보호를 받으며, 문이 닫힌 공중전화박스 내의 대화를 도청한 수사관의 행위는 수정헌법 제4조의 수색(search)에 해당한다."고 판단하였다.

3. 인터넷회선 감청(패킷감청)의 허용 여부

가. 인터넷회선 감청의 개념

인터넷회선 감청이란 인터넷 통신업체의 협조를 얻어 인터넷망에 연결된 다수의 회선 중 감청대상자가 사용하는 인터넷회선(IP)을 특정하여 이를 통해 송·수신중인 패킷을 중간에서 실시간으로 감청하는 것을 말한다. 즉 송신자에서 수신자로 전달되는 패킷을 인터넷 회선망에서 실시간으로 확보, 재구성해 내용을 지득하는 것을 말한다.

인터넷을 통한 정보전달 방법은 아래 [그림]과 같이, 해당 파일의 데이터

[그림] 패킷(packet)의 모형

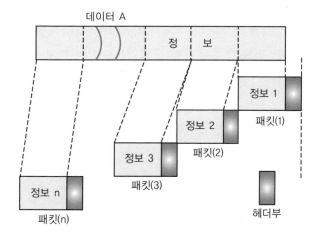

를 형식화된 블록에 해당하는 패킷(packet)이라는 단위로 잘게 쪼개어 인터넷 회선을 통하여 전기신호 형태로 보내면, 이를 받아 보는 컴퓨터가 해당 패킷을 재구성해서 하나의 데이터로 만들어 가독상태로 화면에 구현하게 된다.

패킷(packet)은 소화물을 뜻하는 'package'와 덩어리를 뜻하는 'bucket'의 합성어로서, 파일을 분할해서 전송하지만 수신하는 곳에서는 원래의 파일로 다시 재조립하여 화면에 구현하게 된다는 측면에서 패킷이라고 부르는 것이다. 그런데 이 패킷은 기본적인 프로토콜 정보인 출발지 주소 및 목적지 주소를 담고 있는 헤더(Header)부와 소스어플리케이션에 대한 정보 및 메시지 내용을 담고 있는 데이터영역으로 나누어져 있다.

인터넷회선 감청에는 SPI(Shallow Packet Inspection) 기술과 DPI(Deep Packet Inspection) 기술이 있다. SPI 기술은 주로 네트워크 방화벽 시스템을 위해 개발된 기술로 헤더(Header)나 프로토콜 헤더(Protocol Header) 부분만 검사할 수 있는데 비해, DPI 기술은 Data 영역까지 검사할 수 있는 기술이다. 우편물에 비유하자면, SPI 기술은 우편물 겉봉의 주소 등을 살펴보는 것처럼 헤더부의 내용을 살펴보는 것이고, DPI 기술은 우편물 겉봉을 뜯어 내용물을 살피는 것처럼 데이터 영역까지 살펴보는 기술을 말한다.[18]

DPI 감청은 피(被)감청자가 사용하는 인터넷 회선에다 감청용 회선을 브릿지(Bridge)하고, 거기에 노트북을 연결한 후 DPI 프로그램을 가동하는 것으로 시작된다. 이때 인터넷회선 감청을 하는 방법에는 두 가지 방식이 있다고 한다. 하나는 패킷 자체를 포괄적으로 압수한 후 감청기관의 컴퓨터상에서 DPI하여(포괄적 수색) 필요한 데이터를 구체적으로 압수하고 패킷을 가던 길로 보내는 방법이고, 다른 하나는 패킷 원본과 동일한 복사본을 만들어 원본은 가던 길로 보내고, 복사본을 수사정보기관의 메모리 등으로 옮겨서 내용을 파악하는 방법이다.[19]

---

18) 오길영, "인터넷 감청과 DPI(Deep Packet Inspection)", 「민주법학」 제41호, 민주주의법학연구회, 2009. 12., 413-414면.
19) 오동석, "패킷감청의 헌법적 문제점", 패킷감청의 문제점과 개선방안에 대한 토론회 자료집, 2010. 2. 10., 17면.

나. 인터넷회선 감청의 절차

수사정보기관이 통신제한조치 허가서[20]를 발부받은 후 해당 인터넷 통신업체에 방문하여 신분증과 허가서를 제시하면, 통신업체는 인터넷회선 감청 대상자의 인적사항 및 수사관의 신원을 확인한 후 감청 준비를 한다. 대상자가 유동IP를 사용하는 경우, 통신업체는 감청 대상자가 사용하는 PC의 인터넷회선에 대해서만 감청이 이루어질 수 있도록 IP특정 조치를 취하여 인터넷통신 데이터를 추출하고, 통신업체에서 대상자의 인터넷통신 데이터를 추출하여 수사기관에 제공하면 수사기관은 통신업체가 추출하는 패킷을 감청장비를 통해 재조합하여 대상자의 범죄 관련 통신내용을 지득하는 방법으로 감청을 집행한다.

이때 패킷에 암호가 걸려있다면 재조합이 불가능하여 내용을 파악할 수 없다. 따라서 일부에서 인터넷회선 감청을 통해 대상자의 컴퓨터 화면과 똑같은 화면을 감시할 수 있는 것처럼 주장하고 있는 것은 과장된 것이라 하겠다.

다. 인터넷회선 감청의 문제점과 허용 여부

인터넷회선 감청을 이용하면 인터넷을 통해서 이루어지는 대부분의 행위들 즉 대상자가 인터넷에 접속한 시간과 주소, 메일과 메신저의 발송 내역 및 내용, 웹페이지의 주소 목록과 이동경로, 인터넷 전화, 인터넷쇼핑 내역 및 인터넷뱅킹 등 금융거래 내역 등이 범죄사실과의 관련성 여부와 관계없이 포괄적으로 수사정보기관에 노출될 우려가 있는 점이 문제점으로 지적되고 있다.

이와 같은 인터넷회선 감청에 대해 인터넷회선 감청도 통신비밀보호법상의 전기통신 감청 규정에 의하여 당연히 허용된다는 견해와 인터넷회선 감청은 위헌·위법이므로 허용해서는 안 된다는 주장이 대립하고 있다.

인터넷회선 감청이 위헌·위법이라는 견해는 먼저, 인터넷회선 감청은 헌법의 기본원칙으로서의 권력분립원칙에 위배된다고 한다. 국가작용의 측면에서 권력분립의 원칙은 집행행위에 대하여 개별성 및 구체성을 엄격하게 요하

---

20) 수사기관의 허가서 신청 및 법원의 감청 허가서에는 '인터넷 (전용)회선에 대한 전기통신의 감청'이라고 표시함.

기 때문이다. 두 번째로 인터넷회선 감청은 헌법 제37조 제2항으로부터 도출되는 과잉금지원칙에 위배된다고 한다. 범죄수사의 목적이 정당하더라도 인터넷회선 감청은 불특정인에 대한 포괄적인 감청이기 때문에 그 수단으로 적정하지 않다. 세 번째로 수사정보기관의 인터넷회선 감청은 감청의 성질상 당사자에게 통지되지 않음은 물론 구체적이고 명확하지 않기 때문에 헌법상의 적법절차에 위배된다고 한다. 네 번째는 인터넷회선 감청은 헌법의 연좌제 금지원칙에 반할 수 있다는 입장이다. 패킷감청은 그 대상자와 인터넷회선을 함께 사용한다는 이유로 불특정 사람들의 통신의 자유를 침해할 수 있기 때문이다. 이는 영장주의 원칙을 위배할 가능성도 야기한다. 영장주의 원칙상 압수할 물건과 수색할 장소 및 물건 등을 특정하여야 하는데(일반영장 금지), 인터넷회선 감청은 일정기간 특정회선을 감청대상으로 하므로 감청대상자의 통신내용을 포괄적으로 감청할 뿐만 아니라 인터넷회선을 사용하는 다른 사람의 통신내용도 감청할 수 있기 때문이다. 마지막으로 인터넷회선 감청은 "통신감청은 최소한·보충적으로 이루어져야 한다."는 통신비밀보호법 제3조 제2항의 감청의 범위를 벗어났다는 것을 근거로 인터넷회선 감청은 위헌·위법한 감청이라고 주장한다.[21]

인터넷회선 감청이 합헌이라는 견해는 현행 통신비밀보호법은 감청 대상이 되는 전기통신의 범위 및 방식에 대해 특별히 제한을 두고 있지 않으므로 인터넷회선 감청 또한 당연히 허용되는 수사방법이라고 한다. 그리고 최근 인터넷 기술의 발전에 따라 인터넷을 활용한 통신, 이메일, 인터넷카페, 블로그, 미니홈피, 금전거래 등이 활발하게 이루어지고 있는데 이런 최신 인터넷 기술을 활용한 범죄에 대처하기 위해 인터넷회선 감청이 불가피하며 특히 발달된 인터넷 기술을 활용하여 장기간에 걸쳐 국내외를 넘나들며 범하는 안보범죄의 경우 인터넷회선 감청이 이루어지지 않으면 수사가 불가능하다고 한다. 또 범죄자들이 수사기관의 추적을 피하기 위해 통신 즉시 관련 내용을 삭제하는 등

---

21) 오동석, "패킷감청의 헌법적 문제점", 패킷감청의 문제점과 개선방안에 대한 토론회 자료집, 2010. 2. 10., 21-23면; 박광민·이성대, "신종 통신매체에 대한 통신제한조치의 문제점과 개선방안", 「법학논총」 제35집 제2호, 전남대학교 법학연구소, 2015, 292면.

증거인멸을 시도하는 경우도 빈번하여 사후적 증거수집 방법만으로는 인터넷
사용 범죄자들에게 효율적으로 대처할 수 없다. 마지막으로 현재 일부 이메일
에 대해서는 포털업체 등 통신사가 대상자 계정으로 송·수신되는 메일을 즉
시 수사기관에 재전송해 주는 일명 '포워딩(Forwarding)'방식으로 감청하고 있
으나 최근 안보사범들이 우리나라의 수사권이 미치지 않는 외국계 메일로 소
위 사이버망명을 하여 감청집행이 불가능하기 때문에 이런 상황에 대처하기
위해서라도 인터넷회선 감청이 필요하다고 주장한다.[22]

　생각건대 인터넷회선 감청도 통신비밀보호법에서 규정하고 있는 전기통
신 감청의 일종으로 해당 법의 감청요건에 따라 허용되는 것은 당연하다 할
것이다. 현행법상 통신제한조치는 그 요건이 인신구속에 비견할 만큼 강화되
어 있고 실제 매우 제한적, 보충적으로 운영되고 있다. 또한 현실적으로도 범
죄자나 자유민주주의 파괴세력은 발달된 통신기술을 활용하여 범죄를 범하는
데, 수사정보기관은 발달된 통신기술의 활용상황을 파악할 방법을 봉쇄한다는
것은 지나치게 범죄친화적 태도로 논리적 타당성이 없다고 할 것이다.[23]

　대법원도 패킷감청의 위법성 여부에 대하여 "…… 통신비밀보호법 제2조
제3호에 의하면 '전기통신'이라 함은 전화·전자우편·회원제정보서비스·모사
전송·무선호출 등과 같이 유선·무선·광선 및 기타의 전자적 방식에 의하여
모든 종류의 음향·문언·부호 또는 영상을 송신하거나 수신하는 것을 말한다.
그리고 같은 법 제5조 제1항에 의하면 국가보안법 위반죄 등 일정한 범죄를
계획 또는 실행하고 있거나 실행하였다고 의심할 만한 충분한 이유가 있고 다
른 방법으로는 그 범죄의 실행을 저지하거나 범인의 체포 또는 증거의 수집이
어려운 경우 법원으로부터 허가를 받아 전기통신의 감청 등 통신제한조치를
할 수 있다.

　인터넷 통신망을 통한 송·수신은 같은 법 제2조 제3호에서 정한 '전기통
신'에 해당하므로 인터넷 통신망을 통하여 흐르는 전기신호 형태의 패킷

---

22) 권양섭, "인터넷 패킷감청의 허용가능성에 관한 고찰", 「법학연구」 제39집, 2010, 188면 이하.
23) 같은 취지로, 박광민·이성대, "신종 통신매체에 대한 통신제한조치의 문제점과 개선방안",
　　「법학논총」 제35집 제2호, 전남대학교 법학연구소, 2015, 298면.

(packet)을 중간에 확보하여 그 내용을 지득하는 이른바 '패킷 감청'도 같은 법 제5조 제1항에서 정한 요건을 갖추는 경우 다른 특별한 사정이 없는 한 허용된다고 할 것이고, 이는 패킷 감청의 특성상 수사목적과 무관한 통신내용이나 제3자의 통신내용도 감청될 우려가 있다는 것만으로 달리 볼 것이 아니다."라고 하여 패킷감청이 허용된다고 하고 있다.[24]

헌법재판소는 인터넷회선 감청에 대한 헌법소원에서, 인터넷회선 감청의 필요성은 인정하나 구(舊) 통신비밀보호법(1993. 12. 27. 법률 제4650호로 제정된 것) 제5조 제2항이 정하고 있는 인터넷회선 감청은 수사기관의 권한 남용 통제절차를 마련하고 있지 않으므로 과잉금지원칙에 위배된다고 하였다. 즉 "오늘날 인터넷 사용이 일상화됨에 따라 국가 및 공공의 안전, 국민의 재산이나 생명·신체의 안전을 위협하는 범행의 저지나 이미 저질러진 범죄수사에 필요한 경우 인터넷 통신망을 이용하는 전기통신에 대한 감청을 허용할 필요가 있으므로 통신비밀보호법(1993. 12. 27. 법률 제4650호로 제정된 것) 제5조 제2항 중 '인터넷회선을 통하여 송·수신하는 전기통신'에 관한 부분은 입법목적의 정당성과 수단의 적합성이 인정된다."고 하였다. 그러나 인터넷회선 감청의 특성상 다른 통신제한조치에 비하여 수사기관이 취득하는 자료가 매우 방대함에도 불구하고 그 집행 단계나 집행 이후에 수사기관의 권한 남용을 통제하고 관련 기본권의 침해를 최소화하기 위한 절차를 마련하지 않은 것은 침해의 최소성 요건과 법익 균형성 요건을 충족하지 않아 과잉금지원칙에 위반된다고 하였다. 다만, 단순위헌결정을 하면 수사기관이 인터넷회선 감청을 통한 수사를 행할 수 있는 법률적 근거가 사라져 범행의 실행 저지가 긴급히 요구되거나 국민의 생명·신체·재산의 안전을 위협하는 중대 범죄의 수사에 있어 법적 공백이 발생할 우려가 있고, 인터넷회선 감청으로 취득하는 자료에 대한 사후적 통제방법의 구체적 개선안 마련방안은 입법자의 재량에 속하는 까닭에, 단순 위헌결정이 아닌 개정시한(2020. 3. 31.)까지 잠정적용을 명하는 헌법불합치결정을 선고하였다.[25]

---

24) 대법원 2012. 10. 11. 선고 2012도7455 판결.
25) 헌법재판소 2018. 8. 30. 2016헌마263, 판례집 30－2, 481.

　　헌법재판소의 잠정적용 헌법불합치결정 이후 국회는 인터넷회선 감청으로 취득한 자료에 대해서는 집행 종료 후 범죄수사나 소추 등에 사용하거나 사용을 위하여 보관하고자 하는 때에는 보관 등이 필요한 전기통신을 선별하여 법원으로부터 보관 등의 승인을 받도록 하고, 승인 청구를 하지 아니한 전기통신 등은 폐기하도록 통제절차를 마련하였다.[26)]

　　최근 인터넷을 이용하여 다양한 일상생활을 영위하고 있는데, 인터넷회선 감청을 통해 범죄사실과 관련성이 의심스러운 개인의 사생활 관련 내용을 수

---

26) 통신비밀보호법 제12조의2(범죄수사를 위하여 인터넷 회선에 대한 통신제한조치로 취득한 자료의 관리) ① 검사는 인터넷 회선을 통하여 송신·수신하는 전기통신을 대상으로 제6조 또는 제8조(제5조 제1항의 요건에 해당하는 사람에 대한 긴급통신제한조치에 한정한다)에 따른 통신제한조치를 집행한 경우 그 전기통신을 제12조 제1호에 따라 사용하거나 사용을 위하여 보관(이하 이 조에서 "보관등"이라 한다)하고자 하는 때에는 집행종료일부터 14일 이내에 보관등이 필요한 전기통신을 선별하여 통신제한조치를 허가한 법원에 보관등의 승인을 청구하여야 한다.
② 사법경찰관은 인터넷 회선을 통하여 송신·수신하는 전기통신을 대상으로 제6조 또는 제8조(제5조 제1항의 요건에 해당하는 사람에 대한 긴급통신제한조치에 한정한다)에 따른 통신제한조치를 집행한 경우 그 전기통신의 보관등을 하고자 하는 때에는 집행종료일부터 14일 이내에 보관등이 필요한 전기통신을 선별하여 검사에게 보관등의 승인을 신청하고, 검사는 신청일부터 7일 이내에 통신제한조치를 허가한 법원에 그 승인을 청구할 수 있다.
③ 제1항 및 제2항에 따른 승인청구는 통신제한조치의 집행 경위, 취득한 결과의 요지, 보관등이 필요한 이유를 기재한 서면으로 하여야 하며, 다음 각 호의 서류를 첨부하여야 한다.
1. 청구이유에 대한 소명자료
2. 보관등이 필요한 전기통신의 목록
3. 보관등이 필요한 전기통신. 다만, 일정 용량의 파일 단위로 분할하는 등 적절한 방법으로 정보저장매체에 저장·봉인하여 제출하여야 한다.
④ 법원은 청구가 이유 있다고 인정하는 경우에는 보관등을 승인하고 이를 증명하는 서류(이하 이 조에서 "승인서"라 한다)를 발부하며, 청구가 이유 없다고 인정하는 경우에는 청구를 기각하고 이를 청구인에게 통지한다.
⑤ 검사 또는 사법경찰관은 제1항에 따른 청구나 제2항에 따른 신청을 하지 아니하는 경우에는 집행종료일부터 14일(검사가 사법경찰관의 신청을 기각한 경우에는 그 날부터 7일) 이내에 통신제한조치로 취득한 전기통신을 폐기하여야 하고, 법원에 승인청구를 한 경우(취득한 전기통신의 일부에 대해서만 청구한 경우를 포함한다)에는 제4항에 따라 법원으로부터 승인서를 발부받거나 청구기각의 통지를 받은 날부터 7일 이내에 승인을 받지 못한 전기통신을 폐기하여야 한다.
⑥ 검사 또는 사법경찰관은 제5항에 따라 통신제한조치로 취득한 전기통신을 폐기한 때에는 폐기의 이유와 범위 및 일시 등을 기재한 폐기결과보고서를 작성하여 피의자의 수사기록 또는 피내사자의 내사사건기록에 첨부하고, 폐기일부터 7일 이내에 통신제한조치를 허가한 법원에 송부하여야 한다.

사정보기관이 포괄적으로 지득할 수 있는 가능성이 있는 것도 사실이므로 인터넷회선 감청은 다른 통신제한조치보다 실무적으로 신중하게 운영할 필요는 있다고 할 것이다.

4. 휴대전화 감청의 허용 여부와 문제점

1990년대 중반 이후 디지털 휴대전화가 상용화되고, 인터넷 통신이 급격히 발달하면서 통신기술의 발달은 통신매체를 비롯한 통신환경의 변화를 가져왔다. 1997. 12.을 기준으로 2,040여만 회선에 달했던 유선전화의 가입자 수[27]는 2023. 2. 기준으로 약 1,100만 회선으로 줄어든 반면,[28] 휴대전화의 가입자 수는 약 5,600만 회선에 이른다. 태블릿 PC, 무선 데이터 모뎀, M2M 회선 등을 포함하면 약 7,700만 회선에 이른다.[29] 이렇게 변화된 통신환경은 첨단기술의 해외유출범죄, 사이버범죄 등 신종범죄에 이용되었고, 이를 수사하기 위하여 앞의 인터넷회선 감청을 비롯하여 휴대전화 감청과 같은 새로운 수사기법이 등장하였다.

2000년대 초반만 해도 휴대전화 감청이 기술적으로 가능한가에 대하여 논란이 있었으나 전(前) 국가정보원장 신○, 임○○ 판결[30]에서 볼 수 있듯이 휴대전화의 감청 자체가 불가능한 것은 아니다. 그러나 휴대전화 감청을 허용할 것인가에 대해서는 견해가 대립하고 있다. 감청을 허용하자는 견해는 신종범죄 수사 등 그 필요성을 근거로 휴대전화 감청을 찬성하고 있고, 휴대전화의 감청을 반대하는 견해는 과도한 기본권 침해 가능성을 이유로 한다.

통신비밀보호법 제2조 제3호는 '전기통신'을 전화·전자우편·회원제정보 서비스·모사전송·무선호출 등과 같이 유선·무선·광선 및 기타의 전자적 방식에 의하여 모든 종류의 음향·문언·부호 또는 영상을 송신하거나 수신하는

---

27) 류동훈, "휴대전화 감청과 통신비밀보호법에 관한 시론 ―비교법적 고찰을 중심으로―", 「IT 와 法연구」 제26집, 2023. 2., 90면.

28) 유선 통신서비스 중 초고속인터넷과 인터넷전화 회선 수를 제외한 시내전화 회선 수를 가리킴(과학기술정보통신부, "(2023년 2월말 기준) 유선통신서비스 가입자 현황", 2023. 4. 참조).

29) 과학기술정보통신부, "(2023년 2월말 기준) 무선통신서비스 가입 현황", 2023. 4. 참조.

30) 서울중앙지방법원 2006. 7. 14. 선고 2005고합1132 판결.

것이라고 정의하면서 유선통신과 무선통신을 구분하고 있지 않으므로 휴대전화를 비롯한 각종의 스마트기기를 이용한 무선통신도 동법상의 전기통신에 포함되어 감청의 대상이 된다는 것은 논란의 여지가 없을 것이다.

그러나 인터넷 통신의 발달로 인하여 음성통화뿐만 아니라 SNS, 모바일 메신저, 사진을 비롯한 파일의 전송 등이 휴대전화를 통하여 이루어지므로 휴대전화의 감청은 유선전화에 비하여 사생활의 은밀한 부분에 대한 침해가 더욱 클 수 있다. 따라서 수사기관에 의한 오·남용의 가능성을 차단하고 불필요한 기본권 침해를 방지할 수 있는 대책마련이 전제되어야 한다.[31]

범죄수사를 위한 유선전화 감청의 경우에는 검사가 법원의 영장을 발부받아 전기통신사업자에게 제시하면, 전기통신사업자가 교환기에서 감청대상 전화회선을 따서 전용선으로 수사기관에 연결해 주고 수사기관은 통화내용을 녹음하는 식으로 이루어진다.[32] 이와 같이 유선전화는 전화국이 개별 전화선의 연결 협조만 하면 별다른 장비를 사용하지 않아도 감청이 가능하다.

휴대전화의 감청도 기본적으로 유선구간에서 이루어진다. 휴대전화는 단말기에서 기지국까지만 무선 신호일 뿐 기지국 사이의 통신은 선로로 연결되기에 선로에 감청장치를 연결하면 통화내용을 청취할 수 있다. 그러나 가입자가 빠른 속도로 이동하면서 가까운 기지국을 통해서 무선으로 통화를 하는 경우에는 감청대상 통화의 신호를 가려내기 위한 별도의 장치가 필요하다. 각각의 전기통신사업자들이 감청설비를 개발해 휴대전화에 대한 감청이 가능해지도록 해야 하기 때문에 전기통신사업자의 협조 없이 수사기관이 기지국을 통하여 특정 가입자의 무선통화를 감청하는 것은 현실적으로 불가능하다.

이처럼 휴대전화의 경우 전기통신사업자의 협조가 필요하기 때문에 2005. 5. 26. 법률 제7503호 개정을 통해 전기통신사업자의 협조의무에 관한 규정을 신설하였다(동법 제15조의2). 그러나 여러 전기통신사업자 중 그 누구도 수사기관의 통신제한조치 요청에 응하기 위하여 일부러 비용을 들여 감청장비를 구

---

31) 같은 취지로, 박광민·이성대, "신종 통신매체에 대한 통신제한조치의 문제점과 개선방안", 「법학논총」 제35집 제2호, 전남대학교 법학연구소, 2015, 295면.
32) 김성천, "「통신비밀보호법」에 대한 입법평가", 「입법평가」 제9호, 2015. 10., 178면.

비하는 일은 하고 있지 않다. 만약 전기통신사업자 가운데 어느 하나가 감청장비를 제작해 수사기관의 협조 요청에 응하게 되면, 상당수의 고객이 경쟁사업자 쪽으로 급격하게 빠져나갈 것이기 때문이다.[33]

현행법상으로는 전기통신사업자의 기술적 협조를 강제할 방법이 없다. 통신비밀보호법 제15조의2 제1항에 협조의무가 규정되어 있지만, 이에 응하지 않을 경우에 가해질 불이익에 대해서는 아무것도 정해져 있지 않기에, 휴대전화 감청을 위해서는 감청설비를 설치하는 등 전기통신사업자의 기술적 협조가 필수적임에도 이를 강제할 근거가 없는 것이다.[34]

살피건대, 무분별한 휴대전화의 감청으로부터 통신의 자유와 사생활 비밀을 보호하기 위하여 이를 규제할 방안에 대한 모색과 전기통신사업자의 감청협조의무의 이행을 원활히 받을 수 있는 방법, 감청협조에 필요한 감청설비 구비를 요구할 수 있는 방법을 중심으로 지속적인 논의가 필요하다.

Ⅱ. 통신제한조치와 공개되지 아니한 타인간의 대화의 녹음 및 청취

> **제14조(타인의 대화비밀 침해금지)** ① 누구든지 공개되지 아니한 타인간의 대화를 녹음하거나 전자장치 또는 기계적 수단을 이용하여 청취할 수 없다.

---

33) 이를 단편적으로 보여주는 사례가 있다. 2014. 6. 경찰이 묵비권을 행사하고 있는 피의자에 대한 수사를 위하여 압수·수색영장을 발부받은 후, 다음카카오로부터 피의자의 모바일 메신저 내용을 제공받자, 다음카카오 서비스 대체재로 독일의 텔레그램이라는 서비스를 가입하는 사이버망명이 큰 관심을 얻었다. 다음카카오 사태 이후, 독일의 텔레그램이라는 메신저의 국내 가입자수가 4만 명 수준에서 한 달 만에 172만 명으로 늘었다(한겨레, "'카톡할게' 문자 보내는 당신, '버디버디'를 기억하는가", 2015. 6. 7., <자료출처 https://www.hani.co.kr/arti/ economy/it/694610.html> 최종방문 2023. 9. 30.).

34) 류동훈, "휴대전화 감청과 통신비밀보호법에 관한 시론 -비교법적 고찰을 중심으로-", 「IT와 法연구」 제26집, 2023. 2., 91면; 그렇다고 수사정보기관이 감청에 직접 나서기도 어려운 상황이다. 우리 수사기관은 과거 2005년 8월 불법 도청에 대한 대(對)국민 사과를 한 이후 감청절차의 투명성 문제로 독자적인 감청 시도는 물론이고, 기술 개발이나 장비의 도입을 추진하지 않고 있다(미래한국, 2015. 6. 4. "간첩의 휴대전화 감청 못하는 국정원, 정보기관 맞나?" <자료출처 https://www.futurekorea.co.kr/news/articleView.html?idxno=27940 최종방문 2023. 9. 30.>).

② 제4조 내지 제8조, 제9조 제1항 전단 및 제3항, 제9조의2, 제11조 제1항·제3
항·제4항 및 제12조의 규정은 제1항의 규정에 의한 녹음 또는 청취에 관하여 이
를 적용한다.

1. 규정 형식

통신비밀보호법 제3조 제1항은 공개되지 아니한 타인간의 대화에 대한 녹
음 또는 청취 금지를 우편물의 검열 및 전기통신의 감청과 함께 금지되는 행
위 유형으로 규정하고 있다. 그런데 통신비밀보호법 제3조 제2항에서 우편물
의 검열과 전기통신의 감청만을 통신제한조치로 규정하면서 공개되지 아니한
타인간의 대화의 녹음 및 청취금지는 동법 제14조 제1항에서 별도로 규정하
고, 같은 조 제2항에서 통신제한조치의 대부분을 '적용'한다고 규정하고 있다.

이와 같이 우편물 및 전기통신에 대한 통신제한조치와 대화감청을 구별하
여 규정한 이유는 대화감청이 통신제한조치와는 다른 특수성이 있기 때문으로
이해된다. 즉 통신제한조치의 경우에는 집행 방법과 집행 장소가 단순하나 대
화감청의 경우는 이를 정형화하기 어렵다. 따라서 긴급감청의 허용요건에 있
어서도 통신제한조치와 대화감청의 고려사항이 서로 다르다고 할 수 있다.

물론 통신제한조치와 대화감청이 완전히 다른 성질의 것은 아니어서 '준
용'이 아니라 집행방법이나 성질상 허용되는 한도에서 관련 규정 일부를 '적
용'하도록 한 것으로 보인다.

2. 규정의 의의

가. '공개되지 아니한 타인간의 대화'의 의미

우선 통신비밀보호법에서 보호되는 타인간의 대화는 '공개되지 아니한' 대
화이다. 대화가 공개되었느냐 여부의 판단기준은 일응 일반 공중이 대화의 내
용을 알도록 허용되었을 경우는 공개되었다고 할 수 있을 것이다. 그런데 대
화 중에는 모든 공중에게 공개가 무방하다고 하는 대화도 있지만 특정 범위의
사람에게만 공개되는 것으로 생각하는 대화도 있을 수 있는 등 대화가 공개된
것인지 여부는 화자들의 사생활의 보호에 대한 기대와 그 기대를 정당화시킬

수 있는 객관적 사정의 존재 여부 등을 종합적으로 고려하여야 할 것이다. 그런 객관적 사정으로는 화자의 수, 발언 장소, 발언 의도와 발언 내용 등이 기준이 될 것이다. 또 화자의 의사도 고려해야 할 것이다. 따라서 같은 내용의 대화라고 하더라도 조용한 커피숍에서 나누는 대화와 불특정 다수인이 청취할 수 있는 전철 안에서의 대화는 달리 판단해야 할 수도 있을 것이다.

대법원 역시 교회 사무실에서 A, B, C 세 사람이 게임하면서 대화한 내용을 D가 휴대전화로 녹음하여 E에게 카카오톡으로 전송한 사례에서 "'공개되지 않았다.'는 것은 반드시 비밀과 동일한 의미는 아니고, 구체적으로 공개된 것인지는 발언자의 의사와 기대, 대화의 내용과 목적, 상대방의 수, 장소의 성격과 규모, 출입의 통제 정도, 청중의 자격 제한 등 객관적인 상황을 종합적으로 고려하여 판단해야 한다."고 판시하면서 D에게 유죄를 인정한 원심 판결에 대한 상고를 기각하였다.[35]

대화감청의 규율 대상은 '타인 간'의 대화이다. 따라서 대화의 일방 당사자가 대화 내용을 녹음하더라도 통신비밀보호법상의 규율 대상이 아니다. 타인 간의 대화이냐의 여부는 상황에 따라 판단하여야 할 것이다. 대법원은 음식점 내부에 감시용 카메라와 도청마이크 등을 설치하여 타인간의 대화를 녹음하려 시도하거나 청취한 사안에서, 위 음식점 내에서 이루어진 타인간의 대화는 통신비밀보호법 제3조 제1항의 '공개되지 아니한 타인간의 대화'에 해당한다고 하였다.[36]

대화에 참여한 자가 수인인 경우에 그 중 1인이 대화내용을 녹음하더라도 타인간의 대화가 아니므로 통신비밀보호법의 규율 대상이 아니다. 그런데 이 경우에 어느 특정인이 대화의 참여자인지 여부는 화자 본인과 다른 사람들의 의사를 고려하여 판단해야 할 것이다. 대법원은 "…… 통신비밀보호법 제3조 제1항이 '공개되지 아니한 타인간의 대화를 녹음 또는 청취하지 못한다'라고 정한 것은, 대화에 원래부터 참여하지 않는 제3자가 그 대화를 하는 타인들 간의 발언을 녹음해서는 아니된다는 취지이다. 3인 간의 대화에 있어서 그 중

---

35) 대법원 2022. 8. 31. 선고 2020도1007 판결.
36) 대법원 2007. 12. 27. 선고 2007도9053 판결.

한 사람이 그 대화를 녹음하는 경우에 다른 두 사람의 발언은 그 녹음자에 대한 관계에서 '타인 간의 대화'라고 할 수 없으므로, 이와 같은 녹음행위가 통신비밀보호법 제3조 제1항에 위배된다고 볼 수는 없다."라고 판시하였다.[37)]

대화감청의 규율 대상은 '대화'이다. 원래 대화는 화자들이 서로 의사소통을 하는 것을 의미한다. 대화는 말하는 사람의 말하는 행위와 듣는 사람의 듣는 행위로 이루어져 있고, 각각의 행위가 모두 대화에 해당한다. 그러므로 화자들이 모두 발언을 해야 하는 것은 아니고, 한 사람이 다른 사람에게 일방적으로 말하고 다른 사람은 조용하게 듣고 있는 경우에도 역시 보호해야 하는 대화에 해당한다. 또한 공중전화 부스에서 전화하는 것을 녹음하는 것도 일방의 발언이지만 대화에 해당한다. 따라서 법원의 허가를 받지 아니할 경우 증거능력이 없어서 유죄의 증거로 사용할 수 없고, 통신비밀보호법의 규정에 의하여 처벌될 수 있다. 그러나 한 사람의 독백은 대화가 아니므로 이 법의 규율 대상이 아니다.

그리고 통신비밀보호법 제1조, 제3조 제1항 본문, 제4조, 제14조 제1항, 제2항의 문언, 내용, 체계와 입법 취지 등에 비추어 보면, 통신비밀보호법에서 보호하는 타인 간의 '대화'는 원칙적으로 현장에 있는 당사자들이 육성으로 말을 주고받는 의사소통행위를 가리킨다. 따라서 사람의 육성이 아닌 사물에서 발생하는 음향은 타인 간의 '대화'에 해당하지 않는다. 또한 사람의 목소리라고 하더라도 상대방에게 의사를 전달하는 말이 아닌 단순한 비명소리나 탄식 등은 타인과 의사소통을 하기 위한 것이 아니라면 특별한 사정이 없는 한 타인 간의 '대화'에 해당한다고 볼 수 없다.[38)]

---

37) 대법원 2006. 10. 12. 선고 2006도4981 판결.
38) 대법원 2017. 3. 15. 선고 2016도19843 판결(사물에서 발생하는 음향이나 비명소리가 통신비밀보호법에서 보호하는 타인 간의 '대화'에 해당하는지 문제된 사건) "기록에 의하면, 공소외인은 평소 친분이 있던 피해자와 휴대전화로 통화를 마친 후 전화가 끊기지 않은 상태에서 1~2분간 위와 같은 소리를 들었다고 진술하였음을 알 수 있고, 통화를 마칠 무렵 몸싸움을 연상시키는 소리가 들려 전화를 끊지 않았던 것으로 보인다. 위에서 본 법리에 비추어 보면, 공소외인이 들었다는 '우당탕' 소리는 사물에서 발생하는 음향일 뿐 사람의 목소리가 아니므로 통신비밀보호법에서 말하는 타인 간의 '대화'에 해당하지 않는다. '악' 소리도 사람의 목소리이기는 하나 단순한 비명소리에 지나지 않아 그것만으로 상대방에게 의사를 전달하는 말이라고 보기는 어려워 특별한 사정이 없는 한 타인 간의 '대화'에 해당한다고

대화는 통상 구두 언어를 통하여 이루어지지만 수화와 같이 몸의 움직임을 통하여 의사소통하는 경우에도 대화에 포함된다고 할 것이다.

이때의 대화는 원칙적으로 장소적으로 근접한 장소에서 의사소통하는 것을 의미한다. 그러므로 격지자간에 전화나 무선호출기 등을 통하여 이루어지는 대화를 탐지장치를 이용하여 엿듣는 행위는 일응 전기통신의 감청에 해당할 것이다. 물론 전화선에 감청설비를 설치하는 것이 아니라 거실에 탐지장치를 설치하여 놓고 전화통화의 내용을 엿듣는 행위는 본조에 해당할 것이다.

나. '녹음 또는 청취'의 의미

'녹음'은 타인간의 대화내용을 녹음장치를 이용하여 기록하는 것을 의미한다. 녹음의 사전적 의미는 테이프나 판 또는 영화 필름 따위에 소리를 기록하거나 또는 그렇게 기록한 소리를 말하는 것인데, 여기서 말하는 녹음은 통신제한조치에 있어 채록과 유사한 의미라고 보아야 한다. '청취'는 타인간의 대화 내용을 귀로 듣는 것을 의미한다.

그런데 녹음에 녹화가 포함될 수 있는지 의문이 들 수 있다. 수화와 같이 몸의 동작에 의한 대화의 경우는 녹화 금지가 의미있는 보호이기 때문이다. 규정의 문리해석에 충실하다면 녹화의 경우는 포함되지 않는다고 할 것이나, 대화의 비밀과 자유를 보호하려는 통신비밀보호법의 입법 목적에 비추어 여기서의 녹음은 포괄적으로 대화내용을 기록하는 의미로 이해하여 녹화도 포함된다고 할 것이다. 만일 그렇게 해석하지 않을 경우 청각장애인과 같이 수화를 사용하는 사람들은 통신비밀보호법에 의한 대화의 비밀을 보호받지 못한다는 이상한 결론에 도달하게 되기 때문이다.

녹음과 청취는 적극적, 고의적인 행위에 의하여 이루어져야 한다. 따라서 '적법한 녹음 과정'에 타인간의 대화가 우연히 녹음된 경우, 적법한 청취 중에 우연히 타인간의 대화를 듣게 된 경우는 포함되지 않는다고 하여야 한다. 그래서 적법한 통화나 녹음 중에 타인간의 대화를 우연히 듣게 되는 경우 바로 청취를 중단해야 하는지가 문제될 수 있다. 전철 안에서 옆 좌석에 앉아 있는

볼 수 없다."

사람들이 매우 흥미있는 대화를 하는 경우, 듣지 않아야 할 의무를 부과하기
어려운 것처럼 전화통화 전후에 전화기에서 흘러나오는 흥미있는 내용의 대화
를 듣지 않아야 할 의무를 부과하기는 쉽지 않아 보인다.

　　고등법원 판례 중에 수사기관에 나와서 조사받던 피고인이 녹음장치를 이
용하여 조사과정을 몰래 녹음하였는데 녹음 중에 자신의 사건을 조사하는 경
찰관 이외에 다른 경찰관의 대화내용이나 통화내용이 포함되어 있는 경우에
녹음의 범의를 인정할 수 없다고 한 사례가 있다.[39]

---

39) 서울고등법원 2009. 5. 13. 선고 2008노3261, 2009초기27, 92, 93, 99, 101~115, 118~127,
　　129~149, 152~166, 169~197, 199~273, 275~329, 335 판결 …… 통신비밀보호법 제3조
　　제1항이 "공개되지 아니한 타인간의 대화를 녹음 또는 청취하지 못한다."라고 정한 것은,
　　대화에 원래부터 참여하지 않는 제3자가 그 대화를 하는 타인들 간의 발언을 녹음해서는
　　아니 된다는 취지이므로, 3인 간의 대화에 있어서 그 중 한 사람이 그 대화를 녹음하는 경
　　우에 다른 두 사람의 발언은 그 녹음자에 대한 관계에서 '타인간의 대화'라고 할 수 없어 이
　　와 같은 녹음행위가 통신비밀보호법 제3조 제1항에 위배된다고 볼 수 없고(대법원 2006.
　　10. 12. 선고 2006도4981 판결 등 참조), 이러한 이치는 4인 이상의 수인 간의 대화에 있어
　　서도 마찬가지이다.
　　　…… 수사보고(녹취록 첨부)(2007형제115121호 증거기록 19권 5753면)의 기재에 의하
　　면, 피고인 13이 녹음한 내용은, 대부분 피고인 13이 공소외 2, 4, 5와 함께 경찰관 공소외
　　1, 3, 6으로부터 조사를 받으면서 서로 나눈 대화내용이고, 경찰관 공소외 6이 조사 도중에
　　성명 불상자에게 "그게 어디지? 버스회사가"라고 말하고 성명 불상자가 "서오릉에 있어요."
　　라고 말한 부분(위 증거기록 19권 5787면)과 위 조사에 참여하지 않은 것으로 보이는 경찰
　　관 공소외 7이 누군가와 전화통화를 하는 내용 및 그에 대하여 경찰관 공소외 7과 경찰관
　　공소외 8이 간단히 주고받은 대화내용(위 증거기록 19권 5804면)이 포함되어 있다.
　　　위에서 본 법리에 따라 위 녹음내용을 보면, 피고인 13이 공소외 2, 4, 5와 함께 경찰관
　　공소외 1, 3, 6으로부터 조사를 받으면서 서로 나눈 대화 내용은 녹음자인 피고인 13에 대
　　한 관계에서 '타인간의 대화'에 해당한다고 할 수 없다.
　　　그리고, 피고인 5가, 피고인 13이 교육받은 대로 답변하는지를 감시함과 동시에 수사 진
　　행 과정을 녹취하여 처벌을 면할 대책을 마련할 목적으로 피고인 13으로 하여금 조사내용
　　을 녹음하도록 한 점을 고려하면, 위 녹음내용 중 경찰관 공소외 6이 조사 도중에 성명 불
　　상자에게 "그게 어디지? 버스회사가"라고 말하고 성명 불상자가 "서오릉에 있어요."라고 말
　　한 부분과 위 조사에는 직접 참여하지 않은 것으로 보이는 동료 경찰관 공소외 7이 다른 사
　　람과 전화통화를 하는 내용 및 그에 대하여 경찰관 공소외 7과 공소외 8이 간단히 주고받
　　은 대화내용은 가까운 거리로 인하여 모두 우연히 녹음된 것일 뿐, 피고인 13 등이 조사받
　　을 중간에 이러한 타인간의 대화가 있고, 그것이 녹음될 것까지 미리 예상하고 있었다고는
　　도저히 보이지 아니하므로, 피고인 5, 13에게 위와 같은 대화내용을 불법적으로 녹음하려는
　　범의가 있었다고 보기 어렵다. 또한 피고인 13이 공소외 2, 4, 5와 함께 경찰관 공소외 1,
　　3, 6으로부터 조사를 받은 당시의 상황이나 장소 등에 비추어 보면, 위 경찰관 공소외 6이
　　조사 도중에 부근의 다른 사람인 성명 불상자에게 잠깐 동안 "그게 어디지? 버스회사가"라

〈비교판례〉

대법원 2016. 5. 12. 선고 2013도15616 판결(통화상대방이 끊지 않아 통화연결 상태에 있는 휴대폰을 이용하여 다른 사람들의 대화를 청취·녹음하는 행위)

[사건의 개요] A가 휴대폰의 녹음기능을 작동시킨 상태로 B와 통화를 마치고 상대방이 먼저 전화 끊기를 기다리던 중, 평소 친분이 있는 C가 B에게 D를 소개하는 목소리가 휴대폰을 통해 들려오고, B 또한 실수로 통화종료버튼을 누르지 않자 자신의 휴대폰을 이용하여 대화를 몰래 청취하면서 녹음한 사건

[판시사항] 대화에 원래부터 참여하지 않는 제3자가 일반 공중이 알 수 있도록 공개되지 아니한 타인간의 발언을 녹음하거나 전자장치 또는 기계적 수단을 이용하여 청취하는 것이 같은 법 제3조 제1항에 위반되는지 여부(적극)

[판결요지] A는 이 사건 대화에 원래부터 참여하지 아니한 제3자이므로, 통화연결 상태에 있는 휴대폰을 이용하여 이 사건 대화를 청취·녹음하는 행위는 작위에 의한 구 통신비밀보호법 제3조의 위반행위로서 같은 법 제16조 제1항 제1호에 의하여 처벌된다고 판단한 원심판결은 정당하다고 판시하였다.

대화감청 영장을 발부받은 경우 이를 집행하기 위해 다른 사람의 주거에 들어가는 것이 허용되는가. 대화감청 영장은 공개되지 아니한 타인간의 대화를 녹음하거나 청취하는 것을 허가하는 것일 뿐 타인의 주거까지 들어가는 것을 정당화시켜주는 것은 아니므로 타인의 주거에 들어갈 필요가 있는 경우는 주거에 들어가는 부분에 관해 별도의 적법 요건을 갖추어야 할 것이다.

Ⅲ. 통신제한조치의 특례

통신비밀보호법 제3조 제1항 단서는 특정한 경우에는 통신비밀보호법상의 통신제한조치의 요건이나 절차를 준수하지 않더라도 별도의 법률에 의해

고 말하고 성명 불상자가 "서오릉에 있어요."라고 말한 부분은 피고인 13에 대한 관계에서 '공개되지 아니한' 타인간의 대화에 해당한다고 단정하기도 어렵다."

우편물을 검열하거나 통신의 내용을 지득할 수 있도록 하고 있다. 그런 예외적인 경우로 법은 5가지를 들고 있다.

첫째, 「우편법」에 의한 환부우편물 등의 처리를 위한 경우로서, 폭발물 등 우편금제품이 들어 있다고 의심되는 소포우편물(이와 유사한 우편물을 포함)을 개피하는 경우, 수취인에게 배달할 수 없거나 수취인이 수령을 거부한 우편물을 발송인에게 환부하는 경우, 발송인의 주소·성명이 누락된 우편물로서 수취인이 수취를 거부하여 환부하는 때에 그 주소·성명을 알기 위하여 개피하는 경우 또는 유가물이 든 환부불능우편물을 처리하는 경우이다.

둘째, 「관세법」 제256조·제257조 등의 규정에 의하여 신서외의 수출입우편물에 대해 통관검사를 하는 경우이다. 셋째는 「형사소송법」 제91조, 「군사법원법」 제131조, 「형의 집행 및 수용자의 처우에 관한 법률」 제41조·제43조·제44조 및 「군에서의 형의 집행 및 군수용자의 처우에 관한 법률」 제42조·제44조 및 제45조에 따라 구속 또는 복역중인 사람에 대한 통신의 관리를 위한 경우이고, 넷째는 「채무자 회생 및 파산에 관한 법률」 제484조의 규정에 의하여 파산선고를 받은 자에게 보내온 통신을 파산관재인이 수령하는 경우로서 파산선고를 받은 자에 대한 통신의 경우, 다섯째는 「전파법」에 의한 혼신제거 등 전파질서유지를 위한 전파 감시의 경우로서, 해당 법에서 정한 요건에 따라 우편물이나 통신의 내용을 지득할 수 있을 것이다.

Ⅳ. 통신제한조치와 증거사용

1. 위법한 통신제한조치에 의한 자료의 증거사용 금지

제4조(불법검열에 의한 우편물의 내용과 불법감청에 의한 전기통신내용의 증거사용 금지)
　제3조의 규정에 위반하여, 불법검열에 의하여 취득한 우편물이나 그 내용 및 불법감청에 의하여 지득 또는 채록된 전기통신의 내용은 재판 또는 징계절차에서 증거로 사용할 수 없다.

가. 규정의 의의 및 취지

법 제4조는 불법 검열에 의하여 취득한 우편물이나 그 내용 및 불법 감청에 의하여 지득 또는 녹음된 전기통신의 내용을 재판 또는 징계절차에서 증거로 사용하지 못하도록 하고 있다. 이러한 규정은 통신제한조치 규정을 위반해서 취득한 내용물을 재판이나 징계절차에서 증거로 사용하는 것을 엄격하게 제한함으로써 통신의 비밀과 자유를 보호하려는 통신비밀보호법의 입법 목적을 달성하고, 헌법 제18조에서 규정하는 통신의 비밀을 실효적으로 보호하려는 취지라고 이해된다.

나. 증거능력 부인

법 제4조는 누구든지 적법한 통신제한조치나, 적법한 대화감청 절차를 거치지 않고 취득한 내용을 재판이나 징계절차의 증거로 사용할 수 없도록 하였다. "… 증거로 사용하지 못한다."는 규정의 의미에 대해 논의가 있을 수 있으나 증거능력을 부인하는 규정으로 이해된다. 증거능력이란 증거가 엄격한 증명의 자료로 사용될 수 있는 법률상의 자격을 말한다.[40] 따라서 적법한 통신제한조치를 취하지 아니하고 취득한 자료는 증거능력이 없으므로 이를 피고인을 유죄로 판단하기 위한 증거로 사용할 수 없다.

또 법 제3조의 규정을 위반하여 취득한 자료에 대해 상대방이 증거로 함에 동의한 경우는 증거능력이 부여된다고 할 것인가. 위법하게 수집된 증거로서 통신의 비밀을 보호하려는 규정의 취지에 비추어 설사 상대방이 증거로 사용하는 것에 동의하더라도 증거능력을 인정할 수 없다고 본다. 판례도 같은 태도이다.[41]

---

40) 이재상 외 2인, 「형사소송법」 제14판, 박영사, 2022, 597면.

41) 대법원 2010. 10. 14. 선고 2010도9016 판결 "… 이와 같이 법 제3조 제1항에 위반한 불법 감청에 의하여 녹음된 전화통화의 내용은 법 제4조에 의하여 증거능력이 없다(대법원 2001. 10. 9. 선고 2001도3106 판결 등 참조). 그리고 사생활 및 통신의 불가침을 국민의 기본권의 하나로 선언하고 있는 헌법규정과 통신비밀의 보호와 통신의 자유 신장을 목적으로 제정된 통신비밀보호법의 취지에 비추어 볼 때 피고인이나 변호인이 이를 증거로 함에 동의하였다고 하더라도 달리 볼 것은 아니다(대법원 2009. 12. 24. 선고 2009도11401 판결 참조)."; 대법원 2019. 3. 14. 선고 2015도1900 판결 등.

　법 제3조는 '누구든지'라고 되어 있으므로 국가기관뿐만 아니라 사인도 불법검열이나 불법감청에 의하여 취득한 전기통신의 내용을 재판 또는 징계절차에서 증거로 사용할 수 없다. 사인이 간통현장을 불법으로 감청한 결과를 증거로 제출할 경우 증거능력이 인정되지 않아 유죄입증의 증거로 사용할 수 없다. 판례도 사인이 통신제한조치 허가 없이 녹음하여 제출한 녹음테이프에 대해 "…… 통신비밀보호법은 누구든지 이 법과 형사소송법 또는 군사법원법의 규정에 의하지 아니하고는 우편물의 검열 또는 전기통신의 감청을 하거나 공개되지 아니한 타인간의 대화를 녹음 또는 청취하지 못하고(제3조 본문), 이에 위반하여 불법검열에 의하여 취득한 우편물이나 그 내용 및 불법감청에 의하여 지득 또는 채록된 전기통신의 내용은 재판 또는 징계절차에서 증거로 사용할 수 없고(제4조), 누구든지 공개되지 아니한 타인간의 대화를 녹음하거나 전자장치 또는 기계적 수단을 이용하여 청취할 수 없고(제14조 제1항), 이에 의한 녹음 또는 청취에 관하여 위 제4조의 규정을 적용한다(제14조 제2항)고 각 규정하고 있는바, 녹음테이프 검증조서의 기재 중 피고인과 공소외인 간의 대화를 녹음한 부분은 공개되지 아니한 타인간의 대화를 녹음한 것이므로 위 법 제14조 제2항 및 제4조의 규정에 의하여 그 증거능력이 없고, 피고인들 간의 전화통화를 녹음한 부분은 피고인의 동의없이 불법감청한 것이므로 위 법 제4조에 의하여 그 증거능력이 없다."라고 하고 있다.[42]

　법문에는 "불법검열에 의하여 취득한 우편물이나 그 내용 및 불법감청에 의하여 지득 또는 채록된 전기통신의 내용"이라고 하여 우편물의 검열과 전기통신의 감청 이외에 공개되지 아니한 타인간의 대화를 녹음 또는 청취한 경우는 포함되지 않는 것이 아닌가 하는 의문이 있을 수 있으나 당연히 포함된다고 본다. 따라서 법원의 허가 등 정당한 절차를 취하지 아니하고 공개되지 아니한 타인간의 대화를 녹음 또는 청취한 결과는 재판 또는 징계절차에서 증거로 사용하지 못한다.

　그런데 법 제3조의 "청취"가 법 제16조를 적용함에 있어서는 전자장치 또는 기계적 수단을 사용하는 경우로 제한되어야 한다는 것은 서술한 바와 같은

---

42) 대법원 2001. 10. 9. 선고 2001도3106 판결.

데 본조의 적용에서는 어떤가. 즉, 기구를 사용하지 않고 타인의 대화를 몰래 귀로 청취하여 지득한 내용을 재판이나 징계절차에서 증인으로 출석하여 증언하는 경우는 어떤가 하는 점인데, 대화감청의 경우 전자장치나 기계적 수단을 사용하는 경우가 아닌 경우는 통신제한조치에 관한 규정을 적용하지 않는 규정의 취지에 비추어 이런 경우 증인적격 자체를 부인하는 것은 타당하지 않다고 할 것이다.

위법수집증거에 관해 종래 우리나라 판례는 진술증거에 대해서는 원칙적으로 위법수집증거배제법칙을 적용하여 증거능력을 부인하여 왔으나 비진술증거에 대해서는 압수절차가 위법하다 하더라도 물건 자체의 성질, 형상에 변경을 가져오는 것이 아니어서 증거가치에는 변함이 없다는 소위 형상불변론에 입각하여 판결해 오다가 대법원 2007. 11. 15. 선고 2007도3061 전원합의체 판결43)(이른바 '제주도지사 사건')에서 종래의 형상불변론을 탈피하여 진술증거

---

43) 대법원 2007. 11. 15. 선고 2007도3061 전원합의체 판결 "[다수의견] (가) 기본적 인권 보장을 위하여 압수수색에 관한 적법절차와 영장주의의 근간을 선언한 헌법과 이를 이어받아 실체적 진실 규명과 개인의 권리보호 이념을 조화롭게 실현할 수 있도록 압수수색절차에 관한 구체적 기준을 마련하고 있는 형사소송법의 규범력은 확고히 유지되어야 한다. 그러므로 헌법과 형사소송법이 정한 절차에 따르지 아니하고 수집한 증거는 기본적 인권 보장을 위해 마련된 적법한 절차에 따르지 않은 것으로서 원칙적으로 유죄 인정의 증거로 삼을 수 없다. 수사기관의 위법한 압수수색을 억제하고 재발을 방지하는 가장 효과적이고 확실한 대응책은 이를 통하여 수집한 증거는 물론 이를 기초로 하여 획득한 2차적 증거를 유죄 인정의 증거로 삼을 수 없도록 하는 것이다.
　(나) 다만, 법이 정한 절차에 따르지 아니하고 수집한 압수물의 증거능력 인정 여부를 최종적으로 판단함에 있어서는, 실체적 진실 규명을 통한 정당한 형벌권의 실현도 헌법과 형사소송법이 형사소송 절차를 통하여 달성하려는 중요한 목표이자 이념이므로, 형식적으로 보아 정해진 절차에 따르지 아니하고 수집한 증거라는 이유만을 내세워 획일적으로 그 증거의 증거능력을 부정하는 것 역시 헌법과 형사소송법이 형사소송에 관한 절차 조항을 마련한 취지에 맞는다고 볼 수 없다. 따라서 수사기관의 증거 수집 과정에서 이루어진 절차 위반행위와 관련된 모든 사정 즉, 절차 조항의 취지와 그 위반의 내용 및 정도, 구체적인 위반 경위와 회피가능성, 절차 조항이 보호하고자 하는 권리 또는 법익의 성질과 침해 정도 및 피고인과의 관련성, 절차 위반행위와 증거수집 사이의 인과관계 등 관련성의 정도, 수사기관의 인식과 의도 등을 전체적·종합적으로 살펴볼 때, 수사기관의 절차 위반행위가 적법절차의 실질적인 내용을 침해하는 경우에 해당하지 아니하고, 오히려 그 증거의 증거능력을 배제하는 것이 헌법과 형사소송법이 형사소송에 관한 절차 조항을 마련하여 적법절차의 원칙과 실체적 진실 규명의 조화를 도모하고 이를 통하여 형사 사법 정의를 실현하려 한 취지에 반하는 결과를 초래하는 것으로 평가되는 예외적인 경우라면, 법원은 그 증거를 유

와 같이 원칙적으로 증거능력을 인정하지 않게 되었다.

　형사소송법은 제308조의2에 "적법한 절차에 따르지 아니하고 수집한 증거는 증거로 할 수 없다."고 하여 진술증거나 비진술증거를 불문하고 위법하게 수집된 증거의 증거능력을 박탈하는 규정을 두고 있다.[44] 그런데 위 전원합의체 판결은 위법수집증거에 대해 형상불변론을 탈피하여 원칙적으로 증거능력을 부인하면서도 "…… 따라서 수사기관의 증거 수집 과정에서 이루어진 절차 위반행위와 관련된 모든 사정 즉, 절차 조항의 취지와 그 위반의 내용 및 정도, 구체적인 위반 경위와 회피가능성, 절차 조항이 보호하고자 하는 권리 또는 법익의 성질과 침해 정도 및 피고인과의 관련성, 절차 위반행위와 증거수집 사이의 인과관계 등 관련성의 정도, 수사기관의 인식과 의도 등을 전체적·종합적으로 살펴볼 때, 수사기관의 절차 위반행위가 적법절차의 실질적인 내용을 침해하는 경우에 해당하지 아니하고, 오히려 그 증거의 증거능력을 배제하는 것이 헌법과 형사소송법이 형사소송에 관한 절차 조항을 마련하여 적법절차의 원칙과 실체적 진실 규명의 조화를 도모하고 이를 통하여 형사 사법 정의를 실현하려 한 취지에 반하는 결과를 초래하는 것으로 평가되는 예외

　　죄 인정의 증거로 사용할 수 있다고 보아야 한다. 이는 적법한 절차에 따르지 아니하고 수집한 증거를 기초로 하여 획득한 2차적 증거의 경우에도 마찬가지여서, 절차에 따르지 아니한 증거 수집과 2차적 증거 수집 사이 인과관계의 희석 또는 단절 여부를 중심으로 2차적 증거 수집과 관련된 모든 사정을 전체적·종합적으로 고려하여 예외적인 경우에는 유죄 인정의 증거로 사용할 수 있다.

　　[대법관 양승태, 김능환, 안대희의 별개의견] 법이 정한 절차에 따르지 아니하고 수집한 압수물의 증거능력 유무를 판단함에 있어서는 적법절차의 요청과 실체적 진실규명의 요청을 조화시키는 균형이 유지되어야 한다. 그런데 다수의견이 제시하는 기준은 그 취지가 분명하지 아니할 뿐 아니라, 지나치게 엄격한 기준으로 위법수집증거의 배제원칙을 선언함으로써 자칫 실체적 진실 규명을 통한 형벌권의 적정한 행사라는 형사 사법의 또다른 목표의 달성을 불가능하게 하거나 지나치게 어렵게 만들 우려가 있다. 그러므로 수집절차에 위법이 있는 압수물의 증거능력은, 법원이 그 증거수집 절차와 관련된 모든 사정 즉, 절차조항의 취지와 그 위반의 내용 및 정도, 구체적인 위반 경위와 회피가능성, 절차 조항이 보호하고자 하는 권리 또는 법익의 성질과 침해 정도, 수사기관의 인식과 의도 등을 전체적·종합적으로 고려하여 볼 때 그 증거수집 절차의 위법사유가 영장주의의 정신과 취지를 몰각하는 것으로서 그 증거의 증거능력을 부정해야 할 만큼 중대한 것이라고 인정될 경우에는 그 증거능력을 부정하여야 하고, 그 위법 사유가 이 정도에 이르지 아니하는 경우에는 그 압수물의 증거능력을 부정하여서는 아니 된다."

44) 2007. 6. 1. 개정, 2008. 1. 1. 시행.

적인 경우라면, 법원은 그 증거를 유죄 인정의 증거로 사용할 수 있다고 보아야 한다."라고 하여 예외적으로 위법수집증거이지만 증거능력을 인정할 수 있는 여지를 열어 놓고 있다.

따라서 형사소송법에 위법수집증거를 배제하는 조항이 규정되었고, 통신비밀보호법에 명백히 증거능력이 없다고 규정되어 있지만, 통신제한조치 과정에서의 사소한 규정 위반으로 증거능력을 인정하지 않는 것이 오히려 형사사법 정의를 실현하려는 취지에 반하는 결과를 초래하는 경우라고 하면 적극적으로 증거능력 인정을 주장할 수 있을 것이다.

법 제3조의 규정을 위반하여 취득한 통신제한조치 결과를 탄핵증거로 사용할 수 있는가. 이를 허용한다면 위법수집증거의 증거능력을 부인하여 적법절차를 보장하려는 본래의 의도가 몰각되는 결과를 가져오기 때문에 탄핵증거로도 사용할 수 없다고 보아야 할 것이다.

2. 통신제한조치로 취득한 자료의 사용제한

> **제12조(통신제한조치로 취득한 자료의 사용제한)** 제9조의 규정에 의한 통신제한조치의 집행으로 인하여 취득된 우편물 또는 그 내용과 전기통신의 내용은 다음 각호의 경우외에는 사용할 수 없다.
> 1. 통신제한조치의 목적이 된 제5조 제1항에 규정된 범죄나 이와 관련되는 범죄를 수사·소추하거나 그 범죄를 예방하기 위하여 사용하는 경우
> 2. 제1호의 범죄로 인한 징계절차에 사용하는 경우
> 3. 통신의 당사자가 제기하는 손해배상소송에서 사용하는 경우
> 4. 기타 다른 법률의 규정에 의하여 사용하는 경우

가. 규정의 의의 및 취지

법 제12조에서는 통신제한조치의 집행으로 인하여 취득한 내용물은 통신제한조치의 목적이 된 법 제5조 제1항에 규정된 범죄나 이와 관련되는 범죄를 수사하거나 소추 또는 그 범죄를 예방하기 위하여 사용하는 경우 등으로 용도를 제한하고 있다.

통신제한조치를 통해 취득한 내용을 무제한 사용하도록 할 경우 통신의

비밀을 침해할 우려가 있으므로 이러한 자료에 대한 사용을 엄격하게 제한함으로써 통신의 비밀과 자유를 보호하려는 통신비밀보호법의 입법 목적을 달성하고, 헌법 제18조에서 규정하는 통신의 비밀을 실효적으로 보호하려는 취지라고 이해된다.

나. 증거사용 범위

(1) 통신제한조치의 결과는 통신제한조치의 목적이 된 법 제5조 제1항에 규정된 범죄나 이와 관련되는 범죄를 수사·소추하는 데 사용될 수 있다. 즉 법 제5조 1항에 규정된 범죄의 수사·소추에 사용될 수 있을 뿐만 아니라 법 제5조 제1항 범죄는 아니지만 이와 관련되는 범죄를 수사·소추하기 위해 사용될 수 있다.[45] 예컨대 피의자 A의 체포·감금 혐의로 통신제한조치 허가를 받아 집행한 결과를 피의자 A의 업무방해혐의가 체포·감금과 관련이 있는 한 업무방해혐의로 소추하는데 사용될 수 있다.[46] 그리고 가령, A 피의자에 대한 간첩혐의 범죄사실로 통신제한조치를 집행한 결과를, 1) A 피의자의 사기죄를 수사·재판하는 경우, 2) A 피의자의 강도죄를 수사·재판하는 경우, 3) A의 국가보안법위반 사건을 수사·재판하는 경우, 4) B, C의 간통죄를 수사·재판

---

45) 대법원 1996. 12. 23. 선고 96도2354 판결 "······ 통신비밀보호법 제9조의 규정에 의한 통신제한조치의 집행으로 인하여 취득된 전기통신의 내용은 같은 법 제12조 제1호 소정의 범죄나 이와 관련되는 범죄를 수사·소추하기 위하여 사용할 수 있는 것이다. 원심은, 검사 작성의 피고인들에 대한 각 피의자신문조서는 피고인들이 제1심 법정에서 그 진정성립을 인정하고 있을 뿐만 아니라 기록에 나타난 제반 사정에 비추어 보더라도 그 진술의 임의성을 의심할 만한 사유를 발견할 수 없어 그 진술의 임의성을 인정할 수 있고, 제1심 법정에 현출된 피고인들에 대한 신문과정에서의 감청결과는 적법하게 통신제한조치허가서를 받아서 감청한 내용이어서 그 증거능력이 있다고 판단하였는바, 기록과 위에서 본 법리에 비추어 보면, 원심의 위 조치는 모두 옳다고 여겨지고, 나아가 피고인들이 검찰에서의 조사 당시에 변호인의 조력을 받을 권리를 침해당하였다는 소론 주장은 이를 인정할 자료가 없으므로, 원심판결에 소론이 지적하는 바와 같은 위법이 없으며, 소론이 내세우는 대법원 판결은 이 사건의 경우와 달라 이 사건에 원용하기에 적절하지 아니하다. 따라서 이 점에 관한 피고인들의 논지는 모두 이유 없다."

46) 이와 관련하여, 대한변호사협회는 "통신제한조치를 청구할 때는 감청대상 범죄를 체포 및 감금의 죄로 기재해 놓고는 실제로는 업무방해죄로 구속기소하는 등 통신비밀보호법이 규정하고 있는 감청대상 범죄를 편법으로 이용하였다."고 비판한 바가 있다(대한변호사협회, 「인권보고서」 제14집, 1999, 254 – 255면).

하는 경우, 5) B의 뇌물죄를 수사·재판하는 경우에 사용할 수 있다고 했을 때, 1), 4)의 경우는 통신제한조치의 목적이 된 범죄와 관련성이 없다 할 것이므로 당해 범죄의 수사·재판에는 사용될 수 없다.

그러나 법 제5조 제1항에 규정된 범죄가 아니거나, 법 제5조 제1항의 범죄와 관련되는 범죄를 수사·소추하기 위한 것이 아니라면 통신제한조치 허가로 취득한 결과를 증거로 사용할 수 없다.

여기서 '관련'이 있는지 여부는 법 제5조 제1항의 범죄와 일반적인 속성이 비슷한 범죄라는 의미가 아니라 법 제5조 제1항의 범죄를 범하는 것과 직·간접적으로 관련있는 범죄를 범하는 것을 의미한다고 본다.

(2) 법 제12조는 통신제한조치의 대상자가 된 자에 대해서만 적용되는지 아니면 통신제한조치 대상자가 아닌 자 사이에서 이루어진 전기통신에 대한 감청 결과도 증거로 사용할 수 있는지가 문제된다. 예컨대 A 피의자의 범죄혐의에 대해 통신제한조치 허가를 받아 집행하면서 B와 C 사이의 통화내용을 감청하였고, 그 결과를 B나 C의 범죄를 기소하면서 증거로 사용할 수 있는가 하는 점이다. 원래 증거는 누구의 범죄혐의와 관련하여 취득했는지에 따라 성질이 달라지는 것이 아니므로 A 피의자의 범죄혐의와 관련한 통신제한조치 집행결과를 B나 C의 범죄혐의를 입증하는 증거로 사용할 수 있다는 견해가 있을 수 있으나 법에 "… 통신제한조치의 목적이 된 …"이라고 규정되어 있고, 통신비밀을 실효성 있게 보호하려는 규정의 취지에 비추어 A 피의자를 기소할 때만 사용될 수 있다고 보아야 한다.

판례도 "…… A의 국가보안법 위반죄에 대한 증거의 수집을 위하여 발부된 통신제한조치 허가서에 의하여 피고인과 B 사이 또는 피고인과 C 사이의 통화내용을 감청하여 작성한 녹취서는 위 통신제한조치의 목적이 된 A의 국가보안법 위반죄나 그와 관련된 범죄를 위하여 사용되어야 한다."[47]고 하고

---

47) 대법원 2002. 10. 22. 선고 2000도5461 판결 "…… 구 통신비밀보호법(1993. 12. 27. 법률 제4650호로 제정되어 2001. 12. 29. 법률 제6546호로 개정되기 전의 것) 제12조는 통신제한조치의 집행으로 인하여 취득된 우편물 또는 그 내용과 전기통신의 내용은 통신제한조치의 목적이 된 같은 법 제5조 제1항에 규정된 범죄나 이와 관련된 범죄를 수사·소추하거나 그

있다.

다만, 법 제5조 제1항 범죄와 관련 있는 범죄를 수사·소추하는 데는 사용할 수 있으므로 B와 C사이의 감청결과가 A에 대한 범죄와 관련있는 범죄인 경우는 이를 A에 대한 증거로 사용할 수 있다.

(3) 통신제한조치 결과는 법 제5조 제1항 범죄나 이와 관련된 범죄의 예방을 위해서도 사용할 수 있으며, 법 제5조 제1항 범죄나 이와 관련된 범죄의 수사·소추 또는 범죄 예방과 관련한 징계절차에서도 사용될 수 있다. 또한 통신의 당사자가 제기하는 손해배상소송이나 기타 다른 법률의 규정에 의하여 사용이 허용될 때 사용될 수 있다.

제2절 통신제한조치의 요건과 절차

Ⅰ. 범죄수사를 위한 통신제한조치

1. 범죄수사를 위한 통신제한조치의 허가요건

> **제5조(범죄수사를 위한 통신제한조치의 허가요건)** ① 통신제한조치는 다음 각호의 범죄를 계획 또는 실행하고 있거나 실행하였다고 의심할만한 충분한 이유가 있고 다른 방법으로는 그 범죄의 실행을 저지하거나 범인의 체포 또는 증거의 수집이 어려운 경우에 한하여 허가할 수 있다.
> 1. 형법 제2편중 제1장 내란의 죄, 제2장 외환의 죄 중 제92조 내지 제101조의 죄, 제4장 국교에 관한 죄 중 제107조, 제108조, 제111조 내지 제113조의 죄, 제5장

범죄를 예방하기 위하여 사용하는 경우 등 이외에는 사용할 수 없도록 규정하고 있다. 기록에 의하면 원심이 유지한 제1심은 공소외 1에 대한 통신제한조치허가서에 근거하여 피고인과 공소외 2 사이 또는 피고인과 공소외 3 사이의 통화내용을 녹취한 녹취서가 포함된 수사보고서등본을 이 사건 공소사실에 대한 증거로 열거하고 있으나, 위 통신제한조치허가서는 공소외 1의 국가보안법위반죄에 대한 증거의 수집을 위하여 발부된 것이므로, 위 통신제한조치허가서에 의하여 피고인과 공소외 2 사이 또는 피고인과 공소외 3 사이의 통화내용을 감청하여 작성한 녹취서는 위 통신제한조치의 목적이 된 공소외 1의 국가보안법위반죄나 그와 관련된 범죄를 위하여 사용되어야 할 것이다."

공안을 해하는 죄 중 제114조, 제115조의 죄, 제6장 폭발물에 관한 죄, 제7장 공무원의 직무에 관한 죄 중 제127조, 제129조 내지 제133조의 죄, 제9장 도주와 범인은닉의 죄, 제13장 방화와 실화의 죄 중 제164조 내지 제167조·제172조 내지 제173조·제174조 및 제175조의 죄, 제17장 아편에 관한 죄, 제18장 통화에 관한 죄, 제19장 유가증권, 우표와 인지에 관한 죄 중 제214조 내지 제217조, 제223조(제214조 내지 제217조의 미수범에 한한다) 및 제224조(제214조 및 제215조의 예비·음모에 한한다), 제24장 살인의 죄, 제29장 체포와 감금의 죄, 제30장 협박의 죄 중 제283조제1항, 제284조, 제285조(제283조제1항, 제284조의 상습범에 한한다), 제286조[제283조제1항, 제284조, 제285조(제283조제1항, 제284조의 상습범에 한한다)의 미수범에 한한다]의 죄, 제31장 약취(略取), 유인(誘引) 및 인신매매의 죄, 제32장 강간과 추행의 죄 중 제297조 내지 제301조의2, 제305조의 죄, 제34장 신용, 업무와 경매에 관한 죄 중 제315조의 죄, 제37장 권리행사를 방해하는 죄 중 제324조의2 내지 제324조의4·제324조의5(제324조의2 내지 제324조의4의 미수범에 한한다)의 죄, 제38장 절도와 강도의 죄 중 제329조 내지 제331조, 제332조(제329조 내지 제331조의 상습범에 한한다), 제333조 내지 제341조, 제342조[제329조 내지 제331조, 제332조(제329조 내지 제331조의 상습범에 한한다), 제333조 내지 제341조의 미수범에 한한다]의 죄, 제39장 사기와 공갈의 죄 중 제350조, 제350조의2, 제351조(제350조, 제350조의2의 상습범에 한정한다), 제352조(제350조, 제350조의2의 미수범에 한정한다)의 죄, 제41장 장물에 관한 죄 중 제363조의 죄

2. 군형법 제2편 중 제1장 반란의 죄, 제2장 이적의 죄, 제3장 지휘권 남용의 죄, 제4장 지휘관의 항복과 도피의 죄, 제5장 수소이탈의 죄, 제7장 군무태만의 죄 중 제42조의 죄, 제8장 항명의 죄, 제9장 폭행·협박·상해와 살인의 죄, 제11장 군용물에 관한 죄, 제12장 위령의 죄 중 제78조·제80조·제81조의 죄

3. 국가보안법에 규정된 범죄

4. 군사기밀보호법에 규정된 범죄

5. 「군사기지 및 군사시설 보호법」에 규정된 범죄

6. 마약류관리에관한법률에 규정된 범죄 중 제58조 내지 제62조의 죄

7. 폭력행위등처벌에관한법률에 규정된 범죄 중 제4조 및 제5조의 죄

8. 「총포·도검·화약류 등의 안전관리에 관한 법률」에 규정된 범죄 중 제70조 및 제71조 제1호 내지 제3호의 죄

9. 「특정범죄 가중처벌 등에 관한 법률」에 규정된 범죄 중 제2조 내지 제8조, 제11조, 제12조의 죄

10. 특정경제범죄가중처벌등에관한법률에 규정된 범죄 중 제3조 내지 제9조의 죄
11. 제1호와 제2호의 죄에 대한 가중처벌을 규정하는 법률에 위반하는 범죄
12. 「국제상거래에 있어서 외국공무원에 대한 뇌물방지법」에 규정된 범죄 중 제3조 및 제4조의 죄
② 통신제한조치는 제1항의 요건에 해당하는 자가 발송·수취하거나 송·수신하는 특정한 우편물이나 전기통신 또는 그 해당자가 일정한 기간에 걸쳐 발송·수취하거나 송·수신하는 우편물이나 전기통신을 대상으로 허가될 수 있다.

가. 통신제한조치 대상범죄

모든 범죄에 대해서 통신제한조치를 할 수 있는 것은 아니다. 당하는 사람 입장에서는 통신제한조치를 당하는 줄도 모르고 일정 기간 동안 평상시 통화내용 등을 전부 감청당하기 때문에 통신비밀의 자유에 대한 제한이 매우 크다. 이와 같은 피해를 고려하여 대부분의 국가가 감청대상 범죄의 범위를 제한하고 있다. 그 제한의 방법에는 1) 법정형이 일정한 형량을 초과하는 범죄에 대해서만 감청을 허용하는 방식(법정형 제한방식)과 2) 감청대상 범죄를 열거하는 방식(열거형 제한방식) 등 두 가지가 있다.

[참고] 감청대상범죄의 범위를 제한하는 방식에 관한 외국 입법례

법정형 제한방식은 주요 선진국 가운데 프랑스와 영국이 채택하고 있다. 프랑스의 「전기·전자통신의 비밀에 관한 법률」(Loi n° 91-646 du 10 juillet 1991 relative au secret des correspondances émises par la voie des communications électroniques)은 2년 이상의 징역에 처할 범죄를 저지른 자에 대한 정보가 필요한 경우 예심판사(le juge d'instruction)가 감청대상자의 전기통신을 감청·녹음 및 전사(l'interception, l'enregistrement et la transcription)하도록 지시할 수 있다고 규정하고 있고(동법 제100조), 영국의 「수사권규율법」(Regulation of Investigatory Powers Act 2000) 제5조 제3항은 범죄수사를 위한 감청의 경우 모든 중죄를 감청대상으로 규정하고 있다(참고로, 영국은 「중죄법」(Serious Crime Act 2007 schedule 1)이라는 별도의 입법을 통해 중죄의 유형을 규정하고 있다.).
반면에 미국과 독일, 일본은 열거형 제한방식을 채택하고 있다. 미국의 「종합범죄방지 및 가로안전법」(Title Ⅲ of The Omnibus Crime Control and Safe Streets Act

of 1968; Wiretap Act)[48] 제2516조는 합법적으로 감청의 승인을 받을 수 있는 범죄 유형을 열거하고 있고, 독일의 「서신, 우편 및 전기통신 비밀 제한에 관한 법률」 (Gesetz zur Beschränkung des Brief−, Post− und Fernmeldegeheimnisses; Artikel 10−Gesetz − G 10) 역시 §3에서 합법적으로 통신 감시 · 기록 또는 우편물 개봉 · 검사가 가능한 반역죄 등의 범죄를 열거하고 있다. 일본 역시 「범죄수사를 위한 통신방수에 관한 법률」 제3조에서 약물관련 범죄, 총기관련 범죄, 집단 밀항의 죄, 조직적 살인 등 대상범죄를 열거하고 있다.

우리나라는 이 가운데 열거형 제한방식을 취하고 있다. 통신제한조치의 대상범죄는 2001. 12. 29. 제6546호 개정법률(시행 2002. 3. 30.)에 의해 대대적으로 정비된 이후 큰 변화 없이 오늘에 이르고 있다. 특이사항을 보면 다음과 같다.

1) 국가적 법익에 관한 죄 중에 형법 제3장 국기에 관한 죄(제105조, 제106조), 제4장 중 외국의 국기, 국장 모독죄(제109조), 제5장 공안을 해하는 죄 중 다중불해산(제116조), 전시공수계약불이행(제117조), 공무원자격사칭(제118조), 제7장 공무원의 직무에 관한 죄 중 직무유기(제122조), 직권남용(제123조), 불법체포 · 감금(제124조), 폭행 · 가혹행위(제125조), 피의사실 공표(제126조), 선거방해(제128조) 등이 제외되었다(통신비밀보호법 제5조 제1항 제1호).

2) 사회적 법익에 관한 죄 중에는 형법 제13장 방화와 실화의 죄 중 과실폭발성물건파열(제173조의2) 등, 제14장 일수와 수리에 관한 죄, 제15장 교통방해의 죄, 제16장 먹는 물에 관한 죄, 제19장 유가증권, 우표와 인지에 관한

---

48) 이 법은 18 U.S.C. §§ 2510−22에 해당하는 법률로, 「통신비밀보호법」(the Electronic Communications Privacy Act (ECPA)(Pub. L. 99−508; 10/21/86)), 「법 집행에 대한 통신지원법」(the Communications Assistance to Law Enforcement Act (CALEA)(Pub. L. 103−414; 10/24/94)), 「1996년 테러방지 및 효과적인 사형법」(Antiterrorism and Effective Death Penalty Act of 1996 ("Antiterrorism Act") (Pub. L. 104−132; 4/24/96)), 「미국 애국자법」(USA PATRIOT Act (Pub. L. 107−56; 10/26/01)), 「2006년 추가 재승인 개정 미국 애국자법」(USA PATRIOT Additional Reauthorization Amendments Act of 2006 (Pub. L. 109−178; (3/9/06)), 「2008년 개정 해외정보감시법」(FISA (Foreign Intelligence Surveillance Act) Amendments Act of 2008 (Pub. L.110−261; 7/10/2008)), 「해외정보감시법 일몰연장법」(FISA Sunsets Extension Act (Pub. L. 112−3; 2/25/11)), 「2011년 일몰연장 애국자법」(PATRIOT Sunsets Extension Act of 2011 (Pub. L. 112−14; 5/26/11))에 의하여 증보개정되었다.

죄 중 인지·우표의 위조 등(제218조), 위조 인지·우표 등의 취득(제219조), 소인말소(제221조), 인지·우표유사물의 제조 등(제222조), 제20장 문서에 관한 죄, 제21장 인장에 관한 죄, 제22장 성풍속에 관한 죄, 제23장 도박과 복표에 관한 죄가 제외되었다(통신비밀보호법 제5조 제1항 제1호).

　3) 개인적 법익에 관한 죄 중에는 형법 제25장 상해와 폭행의 죄, 제26장 과실치사상의 죄, 제27장 낙태의 죄, 제28장 유기와 학대의 죄, 제30장 협박의 죄 중 존속협박(제283조 제2항), 제32장 강간과 추행의 죄 중 위계 또는 위력에 의한 미성년자 등에 대한 간음(제302조), 업무상위력 등에 의한 간음(제303조), 제33장 명예에 관한 죄, 제34장 신용, 업무와 경매에 관한 죄 중 신용훼손(제313조), 업무방해(제314조), 제35장 비밀침해의 죄, 제36장 주거침입의 죄, 제37장 권리행사를 방해하는 죄 중 권리행사방해(제323조), 강요(제324조), 점유강취(제325조), 중권리행사방해(제326조) 및 강제집행면탈죄(제327조) 등이 제외되었다(통신비밀보호법 제5조 제1항 제1호).

　4) 재산범죄 중에는 형법 제39장 사기와 공갈의 죄 중 사기 등(제347조 내지 제349조), 제40장 횡령과 배임의 죄 등이 제외되어 있고, 공갈만 포함되어 있다. 그리고 제41장 장물의 죄 중 장물의 취득, 알선 등(제362조), 제42장 손괴의 죄 등이 제외되었다. 그러나 사기 금액 등이 일정 한도를 넘어서「특정경제범죄 가중처벌 등에 관한 법률」위반이 될 경우는 모두 포함된다. 또「특정경제범죄 가중처벌 등에 관한 법률」상의 알선수재, 배임증재·수재 등의 죄가 포함되었다(통신비밀보호법 제5조 제1항 제1호, 제10호).

　5)「국가보안법」,「군사기밀보호법」,「군사기지 및 군사시설보호법」에 규정된 범죄는 모두 포함되었다(통신비밀보호법 제5조 제1항 제3호 내지 제5호).

　6)「마약류 관리에 관한 법률」에 규정된 범죄 중 장부 미기재 등 행정벌의 성격이 강한 범죄를 대상범죄에서 제외하였다(통신비밀보호법 제5조 제1항 제6호).

　7)「폭력행위 등 처벌에 관한 법률」의 규정에 의한 조직폭력사건의 경우 증거수집 및 조직계보의 파악이 용이하지 아니하므로 동법에 규정된 단체 등의 구성·활동(법 제4조), 단체 등의 이용·지원에 관한 죄(법 제5조)만 대상범

죄에 포함되었다(통신비밀보호법 제5조 제1항 제7호).

8) 총기류의 밀수입 및 유통의 증가로 총기류에 의한 치안상황이 악화되고 있으므로 총기류 등의 유통사범에 대한 효과적인 단속을 위하여「총포·도검·화약류 등의 안전관리에 관한 법률」에 규정된 범죄 중 일부를 대상범죄에 포함(법 제5조 제1항 제8호) 시킨 것 등이 주의할 사항이다.

나. 통신제한조치 허가요건

통신제한조치는 1) 대상 범죄를 2) 계획 또는 실행하고 있거나 실행하였다고 의심할 만한 충분한 이유가 있고, 3) 다른 방법으로는 그 범죄의 실행을 저지하거나 범인의 체포 또는 증거의 수집이 어려운 경우에 한하여 허가할 수 있다(법 제5조 제1항).

통신제한조치는 구속사유인 "피고인이 죄를 범하였다고 의심할 만한 상당한 이유가 있고, 증거를 인멸할 염려가 있는 때", 체포영장의 요건인 "피의자가 죄를 범하였다고 의심할 만한 상당한 이유가 있고, 정당한 이유없이 제200조의 규정에 의한 출석요구에 응하지 아니하거나 응하지 아니할 우려가 있는 때", 압수·수색의 요건인 "범죄수사에 필요한 때에는 피의자가 죄를 범하였다고 의심할 만한 정황이 있고 해당 사건과 관계가 있다고 인정할 수 있는 것" 등 다른 강제처분과 비교하여 요건이 상당히 강화되어 있다.

종래 통신제한조치를 일종의 압수·수색으로 보았고, 압수·수색과 비슷하게 운영되어 온 측면이 있었으나 통신제한조치가 통신의 비밀보호라는 헌법상의 기본권을 침해하는 것이라는 점, 성질상 대상자뿐만 아니라 제3자의 통신의 비밀도 침해될 우려가 있다는 점, 각종 IT기술의 발달로 통신비밀보호의 중요성이 매우 커졌다는 점 등에 비추어 인신 구속과 비슷하거나 오히려 엄정하게 운영되어야 할 것이다.

(1) 범죄혐의

통신비밀보호법은 통신제한조치 허가 요건으로 "범죄를 계획 또는 실행하고 있거나 실행하였다고 의심할 만한 충분한 이유가 있고"라고 규정하여 '범죄혐의'를 요하는지에 대해서는 명백히 규정하고 있지 않다. 그러나 통신비밀보호법 시행령 제4조 제1항은 통신제한조치 허가청구서에 법 제6조 제4항에 따른 사항 외에 혐의사실의 요지를 기재하도록 규정하여 일정한 범죄혐의사실을 전제로 통신제한조치를 취할 수 있다는 것을 분명히 하였다. 현행 실무에서도 수사기관에서 통신제한조치 허가를 청구할 때 혐의사실 요지를 기재하고 있다.

이때 범죄혐의사실은 혐의자가 범한 것으로 의심되는 대상 범죄의 대략의 구성요건 해당사실을 의미한다. 그런데 통신제한조치는 제3자의 기본권 침해의 우려가 있는 강제수사 방법이므로 가능하면 범죄혐의사실이 중대한 범죄 위주로 운영할 필요가 있다고 본다. 그러므로 대상 범죄에 해당한다고 하더라도 비교적 경미한 범죄인 경우에는 자제하는 것이 바람직하다 할 것이다.49)

⑵ 충분한 사유

통신제한조치는 대상 범죄를 계획 또는 실행하고 있거나 실행하였다고 의심할 만한 충분한 사유가 있어야 한다. '계획'은 범죄를 실행하려고 준비하는 행위를 말한다. 대부분 예비·음모와 겹칠 것으로 보이나 예비·음모를 '계획'하는 것도 문리적으로 '계획'에 해당하여 통신제한조치가 가능하다 할 것이므로 개념적으로는 차이가 있다고 본다. 법문에 '계획'을 범죄를 현재 '실행하고 있거나' 과거에 '실행하였다고'와 동일 선상에서 규정하고 있는 것을 보면 여기서의 '계획'은 범죄를 미래에 실행하려고 하는 것을 의미한다고 할 것이다.

통신제한조치는 구속보다도 요건을 엄격하게 운영할 필요가 있다고 하는데, 범죄를 단순히 '계획'만 하더라도 통신제한조치를 할 수 있다는 것은 의문이 있을 수 있다. 예비·음모를 처벌하는 범죄의 경우는 계획이 대부분 예비·음모에 해당할 것이므로 문제가 없을 것이나 예비·음모를 처벌하는 조항이

---

49) 일본 최고재판소에서는 '대상범죄의 중대성'과 '보충성의 원칙'을 통신감청의 합헌성을 판단하는 기준으로 삼고 있고 통신방수법의 목적을 규정하는 제1조에서는 수인의 공모에 의한 조직적인 범죄를 대상으로 하고 있음을 밝히고 있다(이흔재, "일본의 휴대전화에 대한 통신감청과 위치정보추적수사", 법률신문 2020. 1. 13., <자료출처 https://www.lawtimes.co.kr/news/ 158669?serial=158669 최종방문 2023. 11. 20.>).

없는 범죄의 경우는 문제이다. 그러나 통신제한조치의 특성상 계획단계부터 증거수집이 필요하여 인정한 만큼 '계획'의 단계에서도 통신제한조치를 인정하되 다만 충분한 사유가 있는지를 엄격하게 판단하면 될 것으로 보인다.

범죄를 '실행하고 있거나'는 범죄구성요건 해당 사실을 행하기 시작하여 아직 끝나지 않고 현재 계속중인 경우를 말하고, 범죄를 '실행하였다고'는 범죄구성요건 해당 사실을 과거에 이미 행한 경우를 의미한다.

'충분한 사유'는 대상 범죄를 계획 또는 실행하고 있거나 실행하였을 고도의 개연성을 의미한다. '충분한 사유'가 압수·수색 요건인 '범죄수사에 필요한 때에는 피의자가 죄를 범하였다고 의심할 만한 정황이 있고 해당 사건과 관계가 있다고 인정할 수 있는 것'보다는 엄격한 요건이라는 것은 당연한데, 인신구속 사유인 '상당한 이유'와 어떤 차이가 있을까. 통신제한조치는 통신비밀보호라는 헌법상의 기본권을 정면에서 제한하는 것이고, 혐의자 이외의 제3자의 통신비밀까지 제한하는 강제처분이어서 후술하는 바와 같이 다른 강제수사 수단이 없는 경우에 보충적으로만 행사되어야 한다는 원칙에 비추어 '충분한 사유'는 '상당한 이유'보다는 엄격하게 해석되어야 한다고 본다. 그렇다면 '충분한 사유'가 있다고 하려면 범죄혐의가 수사기관의 주관적 혐의만으로 불충분하고, 범죄를 계획 또는 실행하고 있거나 실행하였다고 인정할 만한 고도의 개연성이 있는 객관적, 합리적 근거가 필요하다고 할 것이다.

(3) 보충성

통신제한조치는 다른 방법으로는 그 범죄의 실행을 저지하거나 범인의 체포 또는 증거의 수집이 어려운 경우에 한하여 할 수 있다. 이는 형사소송법상의 압수·수색에는 요구되지 않는 요건으로 통신제한조치가 기본권 침해 가능성이 매우 높다는 점을 감안한 조치이다. 그러므로 일반 압수·수색영장으로 증거를 수집할 수 있거나 다른 방법으로 범죄의 실행을 저지 또는 범인을 체포할 수 있으면 그 방법을 선택해야 하고 통신제한조치라는 방법을 선택해서는 안 된다.

구체적으로 보충성의 요건을 어떻게 충족시킬 것인가 하는 것이 문제되는

데, 증거수집 목적의 통신제한조치라면 일반 압수·수색영장을 이미 청구한 적이 있는지, 범죄의 성질상 통신제한조치의 방법 외에 증거수집이 곤란한지 등이 고려사항일 것이므로 수사기관으로서는 이런 조치들을 먼저 하거나 하지 못했다면 하지 못한 사유를 소명하는 것이 필요할 것이다. 또 범인의 체포가 목적이라면 범인의 체포를 위하여 체포영장을 청구한 적이 있는지, 통신사실 확인자료에 의해 체포를 시도한 적이 있는지 등이 고려사항일 것이다.

결국 수사기관 입장에서는 통신제한조치를 활용하기 위해서는 다른 강제 수사 수단을 사용하였다는 사실을 기록에 남기거나 또는 다른 강제수사 수단을 실제로 사용한 적은 없지만 통신제한조치만이 범죄 실행을 저지하거나 범인의 체포 또는 증거수집을 할 수 있는 실효성 있는 강제수사 수단이라는 것을 소명할 필요가 있다 할 것이다.

(4) 최소화의 요구

통신제한조치는 통신비밀 보호에 대한 중대한 제한이 된다는 의미에서, 통신제한조치의 목적을 이미 달성하였거나 통신제한조치를 계속할 실익이 없는 경우에는 신속하게 통신제한조치를 종료하여야 한다. 따라서 통신제한조치의 대상을 가능하면 제한하고, 기간도 단기로 할 필요가 있다.

법 제6조 제7항도 통신제한조치의 기간은 2개월을 초과하지 못하고, 그 기간 중 통신제한조치의 목적이 달성되었을 경우에는 즉시 종료하여야 한다고 규정하고 있다. 또한 통신비밀보호법 시행령 제2조는 "검사(군검사를 포함한다. 이하 같다), 사법경찰관(군사법경찰관을 포함한다. 이하 같다) 또는 정보수사기관의 장은 범죄수사나 국가안보를 위하여 우편물의 검열이나 전기통신의 감청(이하 "통신제한조치"라 한다)을 하는 경우 또는 공개되지 아니한 타인간의 대화를 녹음·청취함에 있어서 통신제한조치 또는 대화의 녹음·청취가 특히 필요하고 「통신비밀보호법」(이하 "법"이라 한다)에서 정한 요건을 모두 갖춘 경우에만 통신제한조치나 대화의 녹음·청취를 하여야 하며, 법에 따른 허가를 받거나 승인을 얻어 통신제한조치를 하거나 대화를 녹음·청취한 경우에도 이를 계속할 필요성이 없다고 판단되는 경우에는 즉시 이를 중단함으로써 국민의

통신비밀에 대한 침해가 최소한에 그치도록 하여야 한다."고 규정하여 최소화
의 원칙을 요구하고 있다.

[참고] 통신제한조치에 관한 외국의 입법례

통신제한조치는 감청대상자 이외에 제3자의 통신과 사생활의 비밀도 침해할 가능
성이 크므로, 침해가능성을 최소화 할 수 있는 개선방안을 모색하기 위하여 외국의
입법례를 참조하는 것도 좋은 방법이라 할 것이다.

<미국> 미국의 통신비밀보호법(Electronic Communications Privacy Act of
1986: ECPA)은 통신제한조치 허가의 요건으로 '해당범죄관련 정보취득의 개연성'과
'피감청기기와 피의자와의 관련성'을 규정하여 불필요한 감청을 제한하고자 하였
다.[50]

18 U.S. Code § 2518 — Procedure for interception of wire, oral, or electronic
communications

(3) Upon such application the judge may enter an ex parte order, as
requested or as modified, authorizing or approving interception of wire, oral, or
electronic communications within the territorial jurisdiction of the court in which
the judge is sitting (and outside that jurisdiction but within the United States in
the case of a mobile interception device authorized by a Federal court within
such jurisdiction), if the judge determines on the basis of the facts submitted by
the applicant that—

(a) there is probable cause for belief that an individual is committing, has
committed, or is about to commit a particular offense enumerated in section
2516 of this chapter;

(b) **there is probable cause for belief that particular communications
concerning that offense will be obtained through such interception;**

(c) normal investigative procedures have been tried and have failed or
reasonably appear to be unlikely to succeed if tried or to be too dangerous;

(d) except as provided in subsection (11), **there is probable cause for belief
that the facilities** from which, or the place where, the wire, oral, or electronic

---

50) 박광민·이성대, "신종 통신매체에 대한 통신제한조치의 문제점과 개선방안",「법학논총」
제35집 제2호, 전남대학교 법학연구소, 2015, 293면.

communications are to be intercepted **are being used, or are about to be used, in connection with the commission of such offense, or are leased to, listed in the name of, or commonly used by such person.**

2. 범죄수사를 위한 통신제한조치의 허가절차

제6조(범죄수사를 위한 통신제한조치의 허가절차) ① 검사(군검사를 포함한다. 이하 같다)는 제5조 제1항의 요건이 구비된 경우에는 법원(군사법원을 포함한다. 이하 같다)에 대하여 각 피의자별 또는 각 피내사자별로 통신제한조치를 허가하여 줄 것을 청구할 수 있다.

② 사법경찰관(군사법경찰관을 포함한다. 이하 같다)은 제5조 제1항의 요건이 구비된 경우에는 검사에 대하여 각 피의자별 또는 각 피내사자별로 통신제한조치에 대한 허가를 신청하고, 검사는 법원에 대하여 그 허가를 청구할 수 있다.

③ 제1항 및 제2항의 통신제한조치 청구사건의 관할법원은 그 통신제한조치를 받을 통신당사자의 쌍방 또는 일방의 주소지·소재지, 범죄지 또는 통신당사자와 공범관계에 있는 자의 주소지·소재지를 관할하는 지방법원 또는 지원(보통군사법원을 포함한다)으로 한다.

④ 제1항 및 제2항의 통신제한조치청구는 필요한 통신제한조치의 종류·그 목적·대상·범위·기간·집행장소·방법 및 당해 통신제한조치가 제5조 제1항의 허가요건을 충족하는 사유등의 청구이유를 기재한 서면(이하 "청구서"라 한다)으로 하여야 하며, 청구이유에 대한 소명자료를 첨부하여야 한다. 이 경우 동일한 범죄사실에 대하여 그 피의자 또는 피내사자에 대하여 통신제한조치의 허가를 청구하였거나 허가받은 사실이 있는 때에는 다시 통신제한조치를 청구하는 취지 및 이유를 기재하여야 한다.

⑤ 법원은 청구가 이유 있다고 인정하는 경우에는 각 피의자별 또는 각 피내사자별로 통신제한조치를 허가하고, 이를 증명하는 서류(이하 "허가서"라 한다)를 청구인에게 발부한다.

⑥ 제5항의 허가서에는 통신제한조치의 종류·그 목적·대상·범위·기간 및 집행장소와 방법을 특정하여 기재하여야 한다.

⑦ 통신제한조치의 기간은 2개월을 초과하지 못하고, 그 기간 중 통신제한조치의 목적이 달성되었을 경우에는 즉시 종료하여야 한다. 다만, 제5조 제1항의 허가요건이 존속하는 경우에는 소명자료를 첨부하여 제1항 또는 제2항에 따라 2개월의 범

위에서 통신제한조치기간의 연장을 청구할 수 있다.

⑧ 검사 또는 사법경찰관이 제7항 단서에 따라 통신제한조치의 연장을 청구하는 경우에 통신제한조치의 총 연장기간은 1년을 초과할 수 없다. 다만, 다음 각 호의 어느 하나에 해당하는 범죄의 경우에는 통신제한조치의 총 연장기간이 3년을 초과할 수 없다.

1. 「형법」제2편 중 제1장 내란의 죄, 제2장 외환의 죄 중 제92조부터 제101조까지의 죄, 제4장 국교에 관한 죄 중 제107조, 제108조, 제111조부터 제113조까지의 죄, 제5장 공안을 해하는 죄 중 제114조, 제115조의 죄 및 제6장 폭발물에 관한 죄
2. 「군형법」제2편 중 제1장 반란의 죄, 제2장 이적의 죄, 제11장 군용물에 관한 죄 및 제12장 위령의 죄 중 제78조 · 제80조 · 제81조의 죄
3. 「국가보안법」에 규정된 죄
4. 「군사기밀보호법」에 규정된 죄
5. 「군사기지 및 군사시설보호법」에 규정된 죄

⑨ 법원은 제1항 · 제2항 및 제7항 단서에 따른 청구가 이유없다고 인정하는 경우에는 청구를 기각하고 이를 청구인에게 통지한다.

가. 통신제한조치의 대상자

(1) 피의자 또는 피내사자

통신제한조치는 피의자별 또는 피내사자별로 청구하여야 한다. 범죄를 범한 것으로 의심받고 있는 수사대상자가 된 피의자가 통신제한조치의 대상자가 되는 것은 의문이 없으나 아직 수사단계에 이르지 아니한 내사단계의 피내사자에 대해 통신제한조치를 할 수 있는지에 의문이 있을 수 있다. 그러나 법은 피의자뿐만 아니라 피내사자도 통신제한조치의 대상자가 된다는 것을 명백히 하였다(법 제6조 제1항).

(2) 피의자 · 피내사자와 관련성이 있는 자

피의자나 피내사자 이외의 자는 통신제한조치의 대상자가 될 수 없는가. 통신제한조치는 우편물의 경우는 발송인과 수취인, 전기통신의 경우는 송신인과 수신인, 대화의 경우는 화자와 청자의 존재를 전제로 하는 것이므로 혐의자가 발송 또는 수취하는 우편물이나 송신 또는 수신하는 전기통신을 대상으

로 허가한다는 것은 결국 상대방이 수취 또는 발송하는 우편물이나 수신 또는 송신하는 전기통신을 대상으로 하는 것으로 혐의자 이외의 자도 대상으로 한다고 할 수 있다. 또 통신제한조치가 혐의자의 인적사항을 파악하거나 증거수집을 목적으로 하는데 혐의자와 긴밀한 관계를 맺고 있는 인물에 대해 통신제한조치를 취할 수 없다고 하면 통신제한조치의 목적 달성이 매우 제한적일 것이다. 이런 이유로 외국의 입법례는 혐의자 이외의 자도 통신제한조치의 대상자로 인정하고 있다. 따라서 피의자 또는 피내사자 이외의 자도 통신제한조치의 대상자로 인정하는 것이 타당하다. 다만 혐의자가 아닌 자에 대한 통신제한조치는 어디까지나 예외적으로 인정되는 것이므로 혐의자와 관련성을 소명하고 관련 자료를 첨부하여야 할 것이며, 통신제한조치의 허가요건을 고려하는데도 엄격하게 해석할 필요가 있다.

그런데 혐의자와 어느 정도 관련성이 있을 때 통신제한조치의 필요성이 있는 관련성이 있다고 할 것인가가 문제된다. 피의자 또는 피내사자와 혈연적 또는 사실적으로 밀접한 관련성이 있어서 피의자나 피내사자의 범행에 직·간접으로 가담하거나 범행 후 도주 과정에 개입하여 사실상 도와주거나 혹은 증거인멸을 도와줄 것으로 예상되는 직접적 관계가 있어야 한다고 본다. 예컨대 살인사건 혐의자의 부모나 혹은 내연관계에 있는 사람은 일응 혐의자와 직접적 관련성이 있는 자로 볼 수 있을 것이다.

여기서 혐의자와 간접적으로 관련성이 있는 제3자의 경우는 어떤가. 혐의자와 간접적으로 관련성이 있는 제3자는 원칙적으로 통신제한조치의 대상자가 될 수 없지만, 혐의자와 관련 있는 자와 또 다른 관련성을 객관적으로 인정할 수 있을 때는 제3자도 제한적으로 통신제한조치의 대상자가 될 수 있다고 본다. 예컨대 살인혐의자의 내연녀와 긴밀하게 통화하는 그녀의 언니 등의 경우 예외적으로 통신제한조치의 대상자가 될 수 있을 것이다. 다만 이런 경우 제3자는 범인도피 혹은 증거인멸 등의 혐의로 피내사자의 지위에서 통신제한조치의 대상자가 될 수도 있다고 본다.

이와 같이 혐의자나 혐의사실과의 관련성을 가진 혐의자 외의 자를 대상으로 통신제한조치를 청구할 때는 관련성을 소명할 수 있는 자료를 첨부해야 할 것이다. 친족 관계로 인한 경우는 친족 관계를 입증할 수 있는 자료, 동거나 애인 관계 등인 경우에는 그런 관계를 소명할 수 있는 자료를 첨부해야 한다. 또한 동업관계나 직장 동료인 경우는 단순한 관계를 넘어 특별한 관계에 있음을 소명할 수 있는 자료를 첨부해야 할 것이다.

실무상으로도 '통신제한조치의 대상과 범위'란에 통신제한조치 대상자와 그 대상이 되는 통신수단의 가입자 또는 설치장소와의 관계, 감청 대상인 통신제한조치 대상자와 그 당사자들의 관계를 표시하고 있고, 관련성을 소명할 수 있는 자료를 기록에 첨부하고 있다.

통신제한조치의 대상자 명의가 밝혀지지 않은 경우는 어떤가. 이 경우에도 감청을 하려는 통신제한조치의 종류나 대상이 분명하게 특정되거나 대화감청을 하려는 경우 시설이나 장소가 대상자와 관련하여 명백히 특정되는 경우에는 통신제한조치가 가능하다고 할 것이다. 또 통신제한조치 허가를 받은 대상자가 가명이나 차명을 사용하여 통신제한조치허가를 받은 대상자의 명의와 상이한 경우는 실제의 당사자를 기준으로 집행한다.

나. 관할법원

통신제한조치 청구는 그 통신제한조치를 받을 통신당사자의 쌍방 또는 일방의 주소지·소재지, 범죄지 또는 통신당사자와 공범관계에 있는 자의 주소지·소재지를 관할하는 지방법원 또는 지원(군사법원을 포함한다)에 해야 한다(법 제6조 제3항).

그러므로 정보수사기관에서 검찰에 통신제한조치 신청이 들어온 경우는 검사는 관할이 있는지 검토하여 통신제한조치 영장을 청구하여야 할 것이다. 또 검찰이 직접 수사사건에 관해 통신제한조치를 청구하는 경우에도 수사하는 검찰청의 검사가 서명하거나 관할법원에 대응하는 검찰청 검사의 서명을 받던지 접수는 관할법원에 해야 할 것이다.

[참고] 수사목적 감청의 승인 방식에 대한 외국입법례

　외국의 입법례 가운데 한국의 「통신비밀보호법」과 같이, 수사목적의 감청을 집행할 때 법원에서 발부하는 영장을 요구하는 국가는 미국과 프랑스, 일본이 있다. 미국의 「종합범죄방지 및 가로안전법」(Title Ⅲ of The Omnibus Crime Control and Safe Streets Act of 1968; Wiretap Act)은 제2516조에서, 프랑스 「전기ㆍ전자통신의 비밀에 관한 법률」(Loi n° 91−646 du 10 juillet 1991 relative au secret des correspondances émises par la voie des communications électroniques)은 제100조에서 이를 정하고 있다. 그리고 일본 「범죄수사를 위한 통신방수에 관한 법률」은 제5조에서 판사가 감청 영장을 발한다고 규정하고 있다.
　이와 달리 독일의 「서신, 우편 및 전기통신 비밀 제한에 관한 법률」(Gesetz zur Beschränkung des Brief−, Post− und Fernmeldegeheimnisses; Artikel 10− Gesetz − G 10) §10와 영국의 「수사권규율법」(Regulation of Investigatory Powers Act 2000) 제5조는 모두 장관이 감청을 허용하도록 규정하고 있다.

〈표〉 감청조치 허가권자 비교

국가	허가권자	근거규정
미국	판사	「종합범죄방지 및 가로안전법」 제2516조
프랑스	판사	「전기ㆍ전자통신의 비밀에 관한 법률」 제100조
독일	장관	「서신, 우편 및 전기통신 비밀 제한에 관한 법률」 제10조
영국	장관	「수사권규율법」 제5조
일본	판사	「범죄수사를 위한 통신방수에 관한 법률」 제5조

　다. 청구의 방식
　통신제한조치 청구는 필요한 통신제한조치의 종류ㆍ그 목적ㆍ대상ㆍ범위ㆍ기간ㆍ집행장소ㆍ방법을 특정하여 기재하여야 한다(법 제6조 제4항).

　⑴ 통신제한조치의 종류와 방법
　㈎ '통신제한조치 종류' 기재란에는 '우편물의 검열', '전기통신의 감청', '대화감청' 중 하나 또는 그 이상을 특정하여 기재하고, 그 소명자료를 첨부하

여야 한다. 통신제한조치의 종류로 허가받지 아니한 통신제한조치의 종류를 선택하여 집행하는 것은 불법 감청에 해당되고, 그 결과는 증거능력을 인정받기 어려울 것이다. 통신제한조치의 종류로 기재되지 아니한 통신제한조치의 종류를 '통신제한조치의 대상과 범위' 기재란에 기재한 후 통신제한조치를 취한 경우는 어떠한가. 예컨대 통신제한조치 허가서상의 '통신제한조치의 종류' 란에는 '전기통신의 감청'만을 기재하고서, '통신제한조치의 대상과 범위'란에 전화감청 이외에 '대화감청'이 기재되어 있는 경우이다. 같은 통신제한조치 허가서의 기재란만 다르게 기재한 것에 불과하므로 대화녹음도 할 수 있다고 볼 여지도 있으나, 통신비밀보호법이 엄격하게 적용되어야 한다는 측면에서 보면 대화녹음이나 청취를 하기 위해서는 따로 통신제한조치 허가를 받아야 할 것으로 보인다. 판례는 통신제한조치 대상자 A에 대해, 통신제한조치 종류는 전화감청만을 기재하여 허가받았는데, 통신제한조치 허가서상의 대상과 범위에서 대상자 B에 대한 전화감청 이외에 대화감청 및 우편물의 검열을 기재한 사례에서, 통신제한조치는 통신비밀 및 대화비밀의 제한을 가져오는 것이므로 엄정하게 해석하여야 하는바, 통신제한조치의 대상과 범위에 우편물 검열 및 대화녹음이 포함되었다고 하여 대화녹음·청취 부분에 대하여까지 허가되었다고 보기 어렵고, 가사 대화녹음·청취 부분까지 허가받은 것으로 본다 할지라도 그 허가 내용은 통신제한조치 대상자인 A와 B와의 대화를 녹음하거나 청취할 수 있을 뿐 대상자 B가 다른 제3자와 대화하는 것을 녹음·청취할 수 있도록 허가된 것은 아니라고 판시하며, 대상자 B가 대상자 A가 아닌 제3자와 대화하는 과정을 녹음한 녹음테이프의 증거증력을 부인하였다.[51]

---

51) 대법원 1999. 9. 3. 선고 99도2317 판결 "… 원심판결 이유에 의하면, 원심은 이 사건 대화녹음의 근거가 된 것은 부산지방법원이 1996. 4. 30. 발부한 통신제한조치허가 제48호 및 그 연장결정과 같은 법원이 1996. 11. 6. 발부한 통신제한조치허가 제129호라 할 것인데, 위 통신제한조치허가 제48호는 통신제한조치대상자를 '공소외 1'로, 통신제한조치의 종류를 '전기통신 감청 및 우편물 검열'로 하여 허가된 후 수차 기간이 연장되어 오다가 1997. 2. 3. 기간이 연장되면서 당초 허가내용에는 없던 '대화녹음'이 추가되어 그 대상자로 '공소외 2', 범위로 '공소외 2 등 관련자에 대한 국가보안법위반관련 토론시 대화내용 녹음'이 추가되었고 그 후 수회 더 연장결정이 이루어진 사실, 한편 통신제한조치허가 제129호에는 통신제한조치대상자로 '공소외 3', 통신제한조치의 종류로 '전기통신 감청', 기간은 '1996. 11. 9.부터 1997. 2. 8.까지'로 기재되어 있으나, 통신제한조치의 대상과 범위란에는 전화감청

(나) '통신제한조치 방법' 기재란에는 통신제한조치를 어떤 방법으로 할 것인지 특정하여 기재하고, 소명자료를 첨부하여야 한다. 우편물 검열의 경우에 단순히 대상자의 우편물 검열이라고 기재해도 불법은 아니나 통신제한조치를 엄격하게 운용해야 할 필요성이 있다는 측면에서 '우편물의 개봉', '우편물의 유치', '우편물의 개봉 및 유치' 등과 같이 구체적으로 기재하는 것이 바람직하다. 전기통신의 감청의 경우에는 '대상전화를 전화국에서 연결하여 자동녹음' 등과 같이 통신제한조치의 방법을 기재해야 한다.

(2) 통신제한조치의 대상과 범위

'통신제한조치의 대상과 범위' 기재란에는 통신제한조치 허가청구를 통해 하고자 하는 통신제한조치의 대상과 범위를 특정하여 기재하여야 하며, 그 소명자료를 첨부하여야 한다.

그런데 어느 정도 기재하여야 특정하여 기재되었다고 할 것인가. 우편물 검열의 경우에는 대상자가 발송한 것이거나 대상자가 수신인인 것을 검열하고자 하는 경우 우체국이나 발신인, 수신인을 모두 특정하여 기재할 필요는 없고, 대상자를 특정하기만 하면 우편물 보관장소 등은 다소 포괄적으로 기재해도 가능하다고 할 것이다.

전기통신의 감청 중, '전화'의 경우에는 '통신제한조치 대상자 홍길동의 사무실에 설치된 전화번호 123-4567의 유선전화', '통신제한조치 대상자가 자주 방문하는 그의 내연녀 김갑순의 거주지에 설치된 전화번호 234-5678의 유선전화' 등과 같이 기재하고, '모사전송'의 경우에는 '대상자 ㅇㅇㅇ의 주거지 ㅇㅇㅇㅇ에 설치되어 있는 000-0000 팩시밀리'와 같이 기재하고, '전자우편'의 경우에는 '대상자 ㅇㅇㅇ의 ㅇㅇㅇㅇ@ㅇㅇㅇㅇ.ㅇㅇㅇ.ㅇㅇ의 전자문서' 등과 같이 기재하

외에 우편물 검열 및 위 공소외 1에 대한 1997. 2. 3.자 연장결정서상의 대화녹음과 같은 내용의 대화녹음이 기재되어 있는 사실을 인정한 후 통신비밀보호법에 의한 통신제한조치 등은 통신 및 대화의 비밀과 자유에 대한 제한을 가져오는 것으로 엄격히 해석되어야 한다고 전제하고, 제한조치의 대상자로 공소외 3, 제한되는 통신의 종류로 전기통신 감청만이 기재된 이상 위 통신제한조치허가 제129호에 의하여 공소외 2가 공소외 3 아닌 피고인 1, 3, 4, 9 등과 대화하는 것까지 녹음하도록 허가된 것은 아니라 할 것이고 …"

고, '대화감청'의 경우에는 'oo에서 oo월 oo일 00:00부터 00:00까지 대상자와 ooo, △△△사이에 나누는 대화' 등과 같이 기재한다.

주의할 점은 그 대상이 되는 통신수단의 가입자 또는 설치장소와의 관계, 통신제한조치 대상자와 그 당사자들의 관계를 구체적으로 기재하여야 한다.

(3) 통신제한조치 기간 및 집행장소

'통신제한조치 기간 및 집행'란에는 '기간: oooo. oo. oo.부터 oooo. oo. oo.까지, 집행장소: 서울중앙지방검찰청 oooo호실'과 같이 특정하여 기재하여야 한다. 통신제한조치의 기간은 2월을 초과하지 못하고, 그 기간 중 통신제한조치의 목적이 달성되었을 경우에는 즉시 종료하여야 한다(법 제6조 제7항).

통신제한조치 기간과 관련하여 법 제5조 제1항의 허가요건이 존속하는 경우에는 제1항 또는 제2항의 절차에 따라 소명자료를 첨부하여 2개월의 범위 안에서 통신제한조치기간의 연장을 청구할 수 있다. 통신제한조치의 기간연장을 위해서는 최초의 허가요건이 계속 존속하여야 하므로, 기간연장허가를 청구할 때에는 반드시 기간의 연장이 필요한 이유와 연장기간을 기재하고, 그 소명자료를 첨부하여야 한다(동법 시행령 제5조).

이와 같이 통신제한조치의 기간연장은 원래의 통신제한조치 허가요건이 존속하는 경우에 그 기간만을 연장하는 것이므로 통신제한조치의 종류·그 목적·대상·범위·집행장소·방법 등은 원래의 통신제한조치와 동일할 것이 요구된다. 따라서 통신제한조치 기간연장을 하면서 원래의 통신제한조치의 대상과 범위를 초과할 경우 그 부분은 증거능력이 부인된다고 할 것이다.

판례도 최초 통신제한조치 허가 신청시 통신제한조치 대상자를 A로, 통신제한조치의 종류를 '전기통신 감청 및 우편물 검열'로 하여 허가된 후 기간연장을 하면서 당초 허가내용에는 없던 '대화녹음'이 추가되었고, 그 대상자로 B가 추가되었고, 통신제한조치 범위에 B와 관련자들의 대화내용이 추가로 기재된 사례에서 "…… 통신제한조치에 대한 기간연장결정은 원 허가의 내용에 대하여 단지 기간을 연장하는 것일 뿐 원 허가의 대상과 범위를 초과할 수 없다."고 전제하고, "원래 통신제한조치허가서에 의하여 허가된 통신제한조치는

'전기통신 감청 및 우편물 검열'뿐이어서 그 후 연장결정서에 당초 허가 내용에 없던 대화녹음이 기재되어 있다 하더라도 이는 대화녹음의 적법한 근거가 되지 못한다."고 판단하고, 위 대화녹음 부분에 관한 각 녹음테이프 및 녹취서의 증거능력을 배척하였다.[52]

한편 통신제한조치 기간 연장과 관련하여 총연장기간 또는 총연장횟수의 제한을 두고 있지 않아 통신비밀 보호에 관한 기본권을 침해하고 있다는 비판이 일부 제기되어 왔고, 법원에서도 기간연장 사유에 대한 소명자료를 엄정하게 판단해야 한다는 의견이 있었다. 그러던 중 2010. 12. 28. 헌법재판소에서

---

[52] 대법원 1999. 9. 3. 선고 99도2317 판결 "원심판결 이유에 의하면, 원심은 이 사건 대화녹음의 근거가 된 것은 부산지방법원이 1996. 4. 30. 발부한 통신제한조치허가 제48호 및 그 연장결정과 같은 법원이 1996. 11. 6. 발부한 통신제한조치허가 제129호라 할 것인데, 위 통신제한조치허가 제48호는 통신제한조치대상자를 '공소외 1'로, 통신제한조치의 종류를 '전기통신 감청 및 우편물 검열'로 하여 허가된 후 수차 기간이 연장되어 오다가 1997. 2. 3. 기간이 연장되면서 당초 허가내용에는 없던 '대화녹음'이 추가되어 그 대상자로 '공소외 2', 범위로 '공소외 2 등 관련자에 대한 국가보안법위반관련 토론시 대화내용 녹음'이 추가되었고 그 후 수회 더 연장결정이 이루어진 사실, 한편 통신제한조치허가 제129호에는 통신제한조치대상자로 '공소외 3', 통신제한조치의 종류로 '전기통신 감청', 기간은 '1996. 11. 9.부터 1997. 2. 8.까지'로 기재되어 있으나, 통신제한조치의 대상과 범위란에는 전화감청 외에 우편물 검열 및 위 공소외 1에 대한 1997. 2. 3.자 연장결정서상의 대화녹음과 같은 내용의 대화녹음이 기재되어 있는 사실을 인정한 후 통신비밀보호법에 의한 통신제한조치 등은 통신 및 대화의 비밀과 자유에 대한 제한을 가져오는 것으로 엄격히 해석되어야 한다고 전제하고, 제한조치의 대상자로 공소외 3, 제한되는 통신의 종류로 전기통신 감청만이 기재된 이상 위 통신제한조치허가 제129호에 의하여 공소외 2가 공소외 3 아닌 피고인 1, 3, 4, 9 등과 대화하는 것까지 녹음하도록 허가된 것은 아니라 할 것이고, 통신제한조치에 대한 기간연장결정은 원 허가의 내용에 대하여 단지 기간을 연장하는 것일 뿐 원 허가의 대상과 범위를 초과할 수 없다 할 것인데, 통신제한조치허가서 제48호에 의하여 허가된 통신제한조치는 '전기통신 감청 및 우편물 검열'뿐이어서 그 후 연장결정서에 당초 허가 내용에 없던 대화녹음이 기재되어 있다 하더라도 이는 대화녹음의 적법한 근거가 되지 못한다고 판단하고, 위 대화녹음 부분에 관한 각 녹음테이프 및 녹취서(이하 '녹음테이프 등'이라고 한다)의 증거능력을 배척한 다음 피고인 1, 3, 4, 9에 대한 반국가단체 찬양·고무·동조의 점에 대한 공소사실에 대하여 무죄를 선고하였다.

기록에 의하여 살펴보면 원심의 이러한 사실인정 및 판단은 정당한 것으로 인정되고(특히 반국가단체 찬양·고무·동조의 예비적 공소사실에 관한 녹음은 모두 위 제129호의 허가기간 이후에 이루어진 것이다. 검사는 위 통신제한조치허가 제48호의 연장결정시 위 제129호의 연장결정도 함께 이루어진 것이라고 하나 기록에 의하면 위 연장결정은 위 제48호에 대하여 이루어진 것임이 명백하다.) 거기에 녹음테이프 등의 증거능력에 관한 법리를 오해한 위법이 있다고 할 수 없다."

이에 관한 결정이 내려졌다. 헌법재판소 전원재판부는 "횟수의 제한 없이 통신제한조치의 연장을 가능하게 하는 이 사건 법률조항이 과잉금지원칙에 위반하여 통신의 비밀을 침해하는지 여부"를 판단하면서 "통신제한조치기간의 연장을 허가함에 있어 총연장기간 또는 총연장횟수의 제한을 두고 그 최소한의 연장기간동안 범죄혐의를 입증하지 못하는 경우 통신제한조치를 중단하게 한다고 하여도, 여전히 통신제한조치를 해야 할 필요가 있으면 법원에 새로운 통신제한조치의 허가를 청구할 수 있으므로 이로써 수사목적을 달성하는데 충분하다. 또한 법원이 실제 통신제한조치의 기간연장절차의 남용을 통제하는데 한계가 있는 이상 통신제한조치 기간연장에 사법적 통제절차가 있다는 사정만으로는 그 남용으로 인하여 개인의 통신의 비밀이 과도하게 제한되는 것을 막을 수 없다. 그럼에도 통신제한조치기간을 연장함에 있어 법운용자의 남용을 막을 수 있는 최소한의 한계를 설정하지 않은 이 사건 법률조항은 침해의 최소성원칙에 위반한다. 나아가 통신제한조치가 내려진 피의자나 피내사자는 자신이 감청을 당하고 있다는 사실을 모르는 기본권제한의 특성상 방어권을 행사하기 어려운 상태에 있으므로 통신제한조치기간의 연장을 허가함에 있어 총연장기간 또는 총연장횟수의 제한이 없을 경우 수사와 전혀 관계없는 개인의 내밀한 사생활의 비밀이 침해당할 우려도 심히 크기 때문에 기본권 제한의 법익균형성 요건도 갖추지 못하였다. 따라서 이 사건 법률조항은 헌법에 위반된다 할 것이다."라고 결정하였고, 수사목적상 필요한 정당한 통신제한조치의 연장허가도 가능하지 않게 되는 법적 공백상태를 방지하기 위하여 잠정적용 헌법불합치 결정을 선고하였다.[53]

헌법재판소의 결정 이후 2019. 12. 31. 개정된 통신비밀보호법은 검사 또는 사법경찰관이 통신제한조치의 연장을 청구하는 경우에 통신제한조치의 총연장기간은 1년을 초과할 수 없도록 규정하였다. 다만, 「형법」 제2편 중 제1장 내란의 죄 등 일정한 국가적 법익침해 범죄의 경우에는 통신제한조치의 총연장기간이 3년을 초과할 수 없도록 하였다(법 제6조 제8항).

참고로, 일본의 「범죄수사를 위한 통신방수에 관한 법률」은 검사 또는 사

---

53) 헌법재판소 2010. 12. 28. 2009헌가30, 판례집 22 - 2하, 545.

법경찰원으로부터 감청영장청구를 받은 판사는 청구가 이유가 있다고 인정할 때에는 10일 이내의 기간을 정하여 감청영장을 발부하도록 규정하고 있으며 (제5조), 지방법원 판사는 필요하다고 인정할 때에는 10일 이내의 기간을 정하여 감청할 수 있는 기간을 연장할 수 있도록 하고 있다. 그러나 감청기간은 총 30일을 초과할 수 없다(제7조).

Ⅱ. 국가안보를 위한 통신제한조치

제7조 (국가안보를 위한 통신제한조치) ① 대통령령이 정하는 정보수사기관의 장(이하 "정보수사기관의 장"이라 한다)은 국가안전보장에 대한 상당한 위험이 예상되는 경우 또는 「국민보호와 공공안전을 위한 테러방지법」 제2조 제6호의 대테러활동에 필요한 경우에 한하여 그 위해를 방지하기 위하여 이에 관한 정보수집이 특히 필요한 때에는 다음 각호의 구분에 따라 통신제한조치를 할 수 있다.

1. 통신의 일방 또는 쌍방당사자가 내국인인 때에는 고등법원 수석부장판사의 허가를 받아야 한다. 다만, 군용전기통신법 제2조의 규정에 의한 군용전기통신(작전수행을 위한 전기통신에 한한다)에 대하여는 그러하지 아니하다.

2. 대한민국에 적대하는 국가, 반국가활동의 혐의가 있는 외국의 기관·단체와 외국인, 대한민국의 통치권이 사실상 미치지 아니하는 한반도내의 집단이나 외국에 소재하는 그 산하단체의 구성원의 통신인 때 및 제1항 제1호 단서의 경우에는 서면으로 대통령의 승인을 얻어야 한다.

② 제1항의 규정에 의한 통신제한조치의 기간은 4월을 초과하지 못하고, 그 기간 중 통신제한조치의 목적이 달성되었을 경우에는 즉시 종료하여야 하되, 제1항의 요건이 존속하는 경우에는 소명자료를 첨부하여 고등법원 수석부장판사의 허가 또는 대통령의 승인을 얻어 4월의 범위 이내에서 통신제한조치의 기간을 연장할 수 있다. 다만, 제1항 제1호 단서의 규정에 의한 통신제한조치는 전시·사변 또는 이에 준하는 국가비상사태에 있어서 적과 교전상태에 있는 때에는 작전이 종료될 때까지 대통령의 승인을 얻지 아니하고 기간을 연장할 수 있다.

③ 제1항 제1호에 따른 허가에 관하여는 제6조 제2항, 제4항부터 제6항까지 및 제9항을 준용한다. 이 경우 "사법경찰관(군사법경찰관을 포함한다. 이하 같다)"은 "정보수사기관의 장"으로, "법원"은 "고등법원 수석판사"로, "제5조 제1항"은 "제7조 제1항 제1호 본문"으로, 제6조 제2항 및 제5항 중 "각 피의자별 또는 각 피내사

자별로 통신제한조치"는 각각 "통신제한조치"로 본다.

④ 제1항 제2호의 규정에 의한 대통령의 승인에 관한 절차등 필요한 사항은 대통령령으로 정한다.

1. 국가안보를 위한 통신제한조치의 허가요건

국가안보를 위한 통신제한조치는 1) 대통령령이 정하는 정보수사기관의 장이 2) 국가 안전보장에 상당한 위험이 예상되는 경우 또는 「국민보호와 공공안전을 위한 테러방지법」 제2조 제6호의 대테러활동에 필요한 경우에 한하여 3) 그 위해를 방지하기 위하여 이에 관한 정보수집이 특히 필요한 때에 4) 통신의 일방 또는 쌍방당사자가 내국인인 때에는 고등법원 수석부장판사의 허가를 받아서, 대한민국에 적대하는 국가, 반국가활동의 혐의가 있는 외국의 기관·단체와 외국인, 대한민국의 통치권이 사실상 미치지 아니하는 한반도내의 집단이나 외국에 소재하는 그 산하단체의 구성원의 통신인 때 및 제1항 제1호 단서의 경우에는 서면으로 대통령의 승인을 얻어서 통신제한조치를 할 수 있다.

국가안보를 위한 통신제한조치는 국가안전보장에 상당한 위험이 예상되는 경우 또는 「국민보호와 공공안전을 위한 테러방지법」 제2조 제6호의 대테러활동에 필요한 경우에 한하여 그 위해를 방지하기 위하여 할 수 있다. 국가안전보장이라 함은 국가의 독립과 영토의 보전, 헌법과 법률의 규범력, 헌법기관의 유지 등 국가적 안전의 확보를 말한다.[54] 상당한 위험의 예상은 현실적으로 국가안전보장상의 위험이 구체적으로 발생하지는 않았으나 국가안전보장을 위태롭게 할 가능성이 있는 위험이 현실적으로 예견되는 경우를 말한다. 범죄수사를 위한 통신제한조치가 범죄를 계획 또는 실행하고 있거나 실행하였다고 의심할 만한 충분한 사유가 있는 경우 등 주로 이미 발생한 범죄를 전제로 함에 대하여 국가안보를 위한 통신제한조치는 장래 발생할 위험을 미리 예방하는 조치에 중점을 두고 있다고 할 수 있다.

또 범죄수사를 위한 통신제한조치가 다른 방법으로는 그 범죄의 실행을

---

54) 한수웅, 「헌법학」 제12판, 법문사, 2022, 487면.

저지하거나 범인의 체포 또는 증거의 수집이 어려운 경우에 한하여 할 수 있음에 대하여 국가안보를 위한 통신제한조치는 국가안전보장상의 위해 등을 방지하기 위한 '정보수집이 필요한 경우'에 할 수 있다. 필요한 경우라는 것은 상당한 사유보다 완화된 요건으로 이해된다.

2. 국가안보를 위한 통신제한조치의 허가절차

가. 청구권자

국가안보를 위한 통신제한조치의 신청권자는 대통령령이 정하는 정보수사기관의 장이고, 청구권자는 통신제한조치를 받을 내국인의 쌍방 또는 일방의 주소지 또는 소재지를 관할하는 고등법원에 대응하는 고등검찰청의 검사이다. 정보수사기관의 장은 고등검찰청 검사에게 허가의 청구를 서면으로 신청하도록 되어 있다(시행령 제7조 제1항, 제3항).

여기서 대통령령이 정하는 정보수사기관의 장은 「정보 및 보안업무 기획·조정 규정」 제2조 제6호에 따른 기관을 말한다(시행령 제6조 제1항). 「정보 및 보안업무 기획·조정 규정」에 따르면 "제2조 (정의) 이 영에서 사용하는 용어의 정의는 다음과 같다. 1. '국외정보'라 함은 외국의 정치·경제·사회·문화·군사·과학 및 지지등 각 부문에 관한 정보를 말한다. 2. '국내보안정보'라 함은 간첩 기타 반국가활동세력과 그 추종분자의 국가에 대한 위해 행위로부터 국가의 안전을 보장하기 위하여 취급되는 정보를 말한다. 3. '통신정보'라 함은 전기통신수단에 의하여 발신되는 통신을 수신·분석하여 산출하는 정보를 말한다. 4. '통신보안'이라 함은 통신수단에 의하여 비밀이 직접 또는 간접으로 누설되는 것을 미리 방지하거나 지연시키기 위한 방책을 말한다. 5. '정보사범 등'이라 함은 형법 제2편 제1장 및 제2장의 죄, 군형법 제2편 제1장 및 제2장의 죄, 동법 제80조 및 제81조의 죄, 군사기밀보호법 및 국가보안법에 규정된 죄를 범한 자와 그 혐의를 받는 자를 말한다. 6. '정보수사기관'이라 함은 제1호 내지 제5호에 규정된 정보 및 보안업무와 정보사범 등의 수사업무를 취급하는 각급 국가기관을 말한다."라고 되어 있다. 현재 검찰, 경찰, 국가정보원, 군 수사조직 등이 정보수사기관이다.

나. 관할법원과 승인권자

국가안보를 위한 통신제한조치 중 통신의 일방 또는 쌍방당사자가 내국인인 때에는 그 통신제한조치를 받을 내국인의 쌍방 또는 일방의 주소지 또는 소재지를 관할하는 고등법원의 수석부장판사의 허가를 받아야 한다(법 제7조 제3항, 시행령 제7조 제1항). 고등법원장은 고등법원의 수석부장판사가 질병·해외여행·장기출장 등의 사유로 직무를 수행하기 어려운 경우에는 대리할 부장판사를 지명한다(시행령 제7조 제2항).

한편 국가안보를 위한 통신제한조치 중 대한민국에 적대하는 국가, 반국가활동의 혐의가 있는 외국의 기관·단체와 외국인, 대한민국의 통치권이 사실상 미치지 아니하는 한반도 내의 집단이나 외국에 소재하는 그 산하단체의 구성원의 통신인 때 및 군용전기통신의 경우는 대통령의 승인을 받으면 할 수 있다.

다. 청구의 방식과 절차

국가안보를 위한 통신제한조치는 범죄수사를 위한 통신제한조치에 관한 법 제6조 제2항·제4항 내지 제6항 및 제9항의 규정을 적용하고, 이 경우 "사법경찰관(군사법경찰관을 포함한다. 이하 같다)"은 "정보수사기관의 장"으로, "법원"은 "고등법원 수석판사"로, "제5조 제1항"은 "제7조 제1항 제1호 본문"으로, 제6조 제2항 및 제5항 중 "각 피의자별 또는 각 피내사자별로 통신제한조치"는 각각 "통신제한조치"로 한다(법 제7조 제3항).

그러므로 정보수사기관의 장은 국가안전보장에 대한 상당한 위험이 예상되는 경우 또는「국민보호와 공공안전을 위한 테러방지법」제2조 제6호의 대테러활동에 필요한 경우에 한하여 그 위해를 방지하기 위하여 이에 관한 정보수집이 특히 필요한 때에는 고등검찰청 검사에게 통신제한조치의 허가를 신청하고, 고등검찰청 검사는 관할 고등법원에 허가를 청구한다.

한편, 정보수사기관의 장이 법 제7조 제1항 제2호에 따라 통신제한조치를 하려는 경우에는 그에 관한 계획서를 국정원장에게 제출하여야 하고, 국정원장은 정보수사기관의 장이 제출한 계획서에 대하여 그 타당성 여부에 관한 심

사를 한 후 대통령에게 승인을 신청하며 그 결과를 해당 정보수사기관의 장에
게 서면으로 통보한다. 만일 심사 결과 타당성이 없다고 판단되는 경우에는
계획의 철회를 해당 정보수사기관의 장에게 요구할 수 있다(법 시행령 제8조).

　　국가안보를 위한 통신제한조치의 기간은 4개월을 초과하지 못하고, 그 기
간 중 통신제한조치의 목적이 달성되었을 경우에는 즉시 종료하여야 하되, 통
신제한조치의 요건이 존속하는 경우에는 소명자료를 첨부하여 고등법원 수석
부장판사의 허가 또는 대통령의 승인을 얻어 4월의 범위 이내에서 통신제한조
치의 기간을 연장할 수 있다. 다만, 법 제7조 제1항 제1호 단서의 규정에 의한
작전수행을 위한 군용전기통신에 대한 통신제한조치는 전시·사변 또는 이에
준하는 국가비상사태에 있어서 적과 교전상태에 있는 때에는 작전이 종료될
때까지 대통령의 승인을 얻지 아니하고 기간을 연장할 수 있다(법 제7조 제2항).
범죄수사를 위한 통신제한조치에 관한 기간과 관련하여 헌법재판소의 위헌결
정이 있었으나 국가안보를 위한 통신제한조치의 경우에는 포함되지 않았다.

　　이상과 같이 국가안보를 위한 통신제한조치상의 특별한 사항을 제외하고
나머지는 범죄수사를 위한 통신제한조치의 경우와 같다. 따라서 국가안보를
위한 통신제한조치의 경우에도 통신제한조치 허가서에는 통신제한조치의 종
류·그 목적·대상·범위·기간 및 집행장소와 방법을 특정하여 기재하여야 한
다(법 제7조 제3항, 제6조 제6항). 또 법원은 청구가 이유없다고 인정하는 경우
에는 청구를 기각하고 이를 청구인에게 통지해야 하는 것도 같다.

Ⅲ. 긴급통신제한조치

제8조(긴급통신제한조치) ① 검사, 사법경찰관 또는 정보수사기관의 장은 국가안보를
　위협하는 음모행위, 직접적인 사망이나 심각한 상해의 위험을 야기할 수 있는 범죄
　또는 조직범죄 등 중대한 범죄의 계획이나 실행 등 긴박한 상황에 있고 제5조 제1
　항 또는 제7조 제1항 제1호의 규정에 의한 요건을 구비한 자에 대하여 제6조 또는
　제7조 제1항 및 제3항의 규정에 의한 절차를 거칠 수 없는 긴급한 사유가 있는 때
　에는 법원의 허가없이 통신제한조치를 할 수 있다.

② 검사, 사법경찰관 또는 정보수사기관의 장은 제1항에 따른 통신제한조치(이하 "긴급통신제한조치"라 한다)의 집행에 착수한 후 지체없이 제6조(제7조 제3항에서 준용하는 경우를 포함한다)에 따라 법원에 허가청구를 하여야 한다.

③ 사법경찰관이 긴급통신제한조치를 할 경우에는 미리 검사의 지휘를 받아야 한다. 다만, 특히 급속을 요하여 미리 지휘를 받을 수 없는 사유가 있는 경우에는 긴급통신제한조치의 집행착수후 지체없이 검사의 승인을 얻어야 한다.

④ 검사, 사법경찰관 또는 정보수사기관의 장이 긴급통신제한조치를 하고자 하는 경우에는 반드시 긴급검열서 또는 긴급감청서(이하 "긴급감청서등"이라 한다)에 의하여야 하며 소속기관에 긴급통신제한조치대장을 비치하여야 한다.

⑤ 검사, 사법경찰관 또는 정보수사기관의 장은 긴급통신제한조치의 집행에 착수한 때부터 36시간 이내에 법원의 허가를 받지 못한 경우에는 해당 조치를 즉시 중지하고 해당 조치로 취득한 자료를 폐기하여야 한다.

⑥ 검사, 사법경찰관 또는 정보수사기관의 장은 제5항에 따라 긴급통신제한조치로 취득한 자료를 폐기한 경우 폐기이유·폐기범위·폐기일시 등을 기재한 자료폐기 결과보고서를 작성하여 폐기일부터 7일 이내에 제2항에 따라 허가청구를 한 법원에 송부하고, 그 부본(副本)을 피의자의 수사기록 또는 피내사자의 내사사건기록에 첨부하여야 한다.

⑦ 삭제 <2022. 12. 27.>

⑧ 정보수사기관의 장은 국가안보를 위협하는 음모행위, 직접적인 사망이나 심각한 상해의 위험을 야기할 수 있는 범죄 또는 조직범죄등 중대한 범죄의 계획이나 실행 등 긴박한 상황에 있고 제7조 제1항 제2호에 해당하는 자에 대하여 대통령의 승인을 얻을 시간적 여유가 없거나 통신제한조치를 긴급히 실시하지 아니하면 국가안전보장에 대한 위해를 초래할 수 있다고 판단되는 때에는 소속 장관(국가정보원장을 포함한다)의 승인을 얻어 통신제한조치를 할 수 있다.

⑨ 정보수사기관의 장은 제8항에 따른 통신제한조치의 집행에 착수한 후 지체 없이 제7조에 따라 대통령의 승인을 얻어야 한다.

⑩ 정보수사기관의 장은 제8항에 따른 통신제한조치의 집행에 착수한 때부터 36시간 이내에 대통령의 승인을 얻지 못한 경우에는 해당 조치를 즉시 중지하고 해당 조치로 취득한 자료를 폐기하여야 한다.

1. 긴급통신제한조치의 의의

긴급통신제한조치는 법에 규정한 소정의 사유가 발생한 경우에 법원의 사

전 허가 또는 대통령의 사전 승인없이 통신제한조치를 취할 수 있는 제도이
다. 이것은 긴급한 사유가 있어서 정상적인 통신제한조치 절차를 취할 경우
통신제한조치의 목적을 달성할 수 없는 것을 피하기 위해 일단 통신제한조치
를 취하고 나중에 절차를 보완하도록 하여 통신비밀을 보호하면서도 수사나
국가안보 등의 통신제한조치 목적을 조화시키기 위해 마련된 제도라고 할 수
있다. 인신 구속의 경우에도 원칙적으로 구속영장을 발부받아야 하지만 특별
한 경우에는 긴급 구속[55]을 인정하는 것과 비슷한 취지라고 할 수 있다.

　　그런데 일반 통신제한조치가 범죄수사를 위한 것과 국가안보를 위한 것으
로 구분하여 규정하고 있는 데 반해, 긴급통신제한조치의 경우는 범죄수사를

---

55)

번호	종류	법적근거	내용	사후영장	주의사항
1	피의자체포 등을 위한 피의자 수색	형소법 제216조 제1항 제1호	피의자를 체포, 긴급체포, 현행범체포, 구속하는 경우 타인의 주거 등에서 하는 피의자 수색	사후영장 불요	- 수색의 주체는 사법경찰관 또는 검사 - 사인이 현행범 체포를 위해 타인의 주거에 들어가는 것은 불용인(不容認) 영장에 의한 체포, 구속의 경우에는 긴급성 요함
2	체포현장에서의 압수·수색	형소법 제216조 제1항 제2호	피의자를 체포 또는 구속하는 경우 체포현장에서 압수, 수색, 검증	계속 압수 필요성이 있는 경우 48시간 이내 영장 청구	- 체포행위와 시간적·장소적으로 근접해 있으면 되고, 체포 전후 불문(다수설) - 긴급성 요건 아님
3	범죄장소에서의 긴급 압수·수색	형소법 제216조 제3항	범행 중 또는 범행 직후의 범죄장소에서 압수, 수색, 검증	지체없이 사후 영장 청구	- 긴급성 요건 - 대상물이 피의자의 소유물인지 불문
4	긴급체포된 자의 소유물 긴급 압수·수색	형소법 제217조 제1항, 제2항	긴급체포된 자가 소유, 소지, 보관하는 물건에 관하여 긴급을 요하는 경우 24시간 이내의 긴급 압수, 수색, 검증	계속 압수 필요한 경우 48시간 이내 영장 청구	- 긴급성이 요건 - 긴급체포된 자가 소유, 소지, 보관하고 있는 물건 ※ 긴급 체포된 자의 소유이면 제3자가 소지하고 있어도 일응 압수·수색 가능
5	동의에 의한 압수·수색	형소법 제218조	소유자, 소지자, 보관자가 임의로 제출한 물건을 압수	압수조서 작성 필요, 사후 영장은 불요	- 임의적, 자발적 동의 필요 - 임의성, 자발성에 대한 논란 피하기 위해 동의서면 필요 - 동의서는 동의자의 인적사항, 수색장소, 압수물과 동의자의 관계, 동의의 임의성 및 일시 기재 - 동의 범위 내의 압수·수색

위한 통신제한조치와 국가안보를 위한 통신제한조치 중 대상자가 내국인인 경우를 같은 항에서 규정하고 있는 것이 특색이다.

2. 긴급통신제한조치의 요건과 절차

가. 범죄수사를 위한 긴급통신제한조치 및 국가안보를 위한 긴급통신제한조치 중 대상자가 내국인인 경우

검사, 사법경찰관 또는 정보수사기관의 장은 국가안보를 위협하는 음모행위, 직접적인 사망이나 심각한 상해의 위험을 야기할 수 있는 범죄 또는 조직범죄 등 중대한 범죄의 계획이나 실행 등 긴박한 상황에 있고 법 제5조 제1항 또는 법 제7조 제1항 제1호의 규정에 의한 요건을 구비한 자에 대하여 법 제6조 또는 제7조 제1항 및 제3항의 규정에 의한 절차를 거칠 수 없는 긴급한 사유가 있는 때에는 법원의 허가없이 통신제한조치를 할 수 있다(법 제8조 제1항).

(1) 긴급통신제한조치의 요건

(가) 범죄수사를 위한 긴급통신제한조치의 경우

우선 직접적인 사망이나 심각한 상해의 위험을 야기할 수 있는 범죄 또는 조직범죄 등 중대한 범죄의 계획이나 실행 등 긴박한 상황에 있어야 한다. 그리고 법 제5조의 대상 범죄를 계획 또는 실행하고 있거나 실행하였다고 의심할만한 충분한 이유가 있고 다른 방법으로는 그 범죄의 실행을 저지하거나 범인의 체포 또는 증거의 수집이 어려운 경우여야 한다. 마지막으로 법에 정한 소정의 절차를 취하기 어려운 긴급한 사유가 있어야 한다.

(나) 국가안보를 위한 긴급통신제한조치 중 대상자가 내국인인 경우

우선 국가안보를 위협하는 음모행위가 있을 때 할 수 있다. 음모란 2인 이상의 자 사이에 성립한 범죄실행의 합의를 말하는 것으로, 범죄실행의 합의가 있다고 하기 위하여는 단순히 범죄결심을 외부에 표시·전달하는 것만으로는 부족하고, 객관적으로 보아 특정한 범죄의 실행을 위한 준비행위라는 것이

명백히 인식되고, 그 합의에 실질적인 위험성이 인정되는 경우를 의미한다.[56]

그리고 국가안전보장에 대한 상당한 위험이 예상되는 경우 또는 「국민보호와 공공안전을 위한 테러방지법」 제2조 제6호의 대테러활동에 필요한 경우에 한하여 그 위해를 방지하기 위하여 이에 관한 정보수집이 특히 필요한 때여야 한다. 마지막으로 법에 정한 소정의 절차를 취하기 어려운 긴급한 사유가 있어야 한다.

(2) 긴급통신제한조치의 절차

(가) 주체

긴급통신제한조치를 취할 수 있는 자는 검사, 사법경찰관 또는 정보수사기관의 장이다. 사법경찰관이 긴급통신제한조치를 할 경우에는 미리 검사의 지휘를 받아야 하는 것이 원칙인데, 다만 특히 급속을 요하여 미리 지휘를 받을 수 없는 사유가 있는 경우에는 긴급통신제한조치의 집행착수 후 지체없이 검사의 승인을 얻어야 한다(법 제8조 제3항).

(나) 긴급감청서 작성

검사, 사법경찰관 또는 정보수사기관의 장이 긴급통신제한조치를 하고자 하는 경우에는 반드시 긴급검열서 또는 긴급감청서에 의하여야 하며 소속기관에 긴급통신제한조치대장을 비치하여야 한다(법 제8조 제4항). 긴급감청서의 기재 사항에 대해서는 법에 특별한 규정이 없으나 실무적으로 통신제한조치허가청구서 양식과 거의 동일한 양식을 사용하고 있다.

(다) 사후조치

검사, 사법경찰관 또는 정보수사기관의 장은 긴급통신제한조치 집행착수 후 지체 없이 법원의 허가서를 받아야 하며, 그 긴급통신제한조치를 한 때부터 36시간 이내에 법원의 허가를 받지 못한 때에는 즉시 이를 중지하고 해당 조치로 취득한 자료를 폐기하여야 한다(법 제8조 제5항). 범죄수사를 위한 경우

---

56) 대법원 1999. 11. 12. 선고 99도3801 판결.

에는 검사에게 신청하여 검사가 관할 법원에 통신제한조치 청구를 하여야 하고, 국가안보를 위한 경우에는 정보수사기관의 장이 고등검찰청 검사에게 신청하고, 고등검찰청 검사가 관할 고등법원에 통신제한조치 청구를 한다.

검사, 사법경찰관 또는 정보수사기관의 장이 36시간 이내에 법원의 허가를 받지 못하여 긴급통신제한조치로 취득한 자료를 폐기한 경우 폐기이유·폐기범위·폐기일시 등을 기재한 자료폐기결과보고서를 작성하여 폐기일부터 7일 이내에 허가청구를 한 법원에 송부하고, 그 부본(副本)을 피의자의 수사기록 또는 피내사자의 내사사건기록에 첨부하여야 한다(법 제8조 제6항).

만일 긴급통신제한조치를 한 때부터 36시간 이내에 법원의 허가를 받지 못하고서도 즉시 이를 중지하지 않는 경우에는 3년 이하의 징역 또는 1천만원 이하의 벌금에 처한다(법 제17조 제2항 제2호).

종래에는 긴급통신제한조치가 단시간 내에 종료된 경우, 법원의 허가를 받지 아니하고 긴급통신제한조치 종료 후 7일 이내에 관할 지방검찰청검사장(정보수사기관의 장이 국가안보를 위한 긴급통신제한조치를 한 경우에는 관할 고등검찰청검사장)이 이에 대응하는 법원장에게 긴급통신제한조치를 한 검사, 사법경찰관 또는 정보수사기관의 장이 작성한 긴급통신제한조치통보서를 송부하도록 하였다. 그러나 2022. 12. 27. 개정을 통하여 긴급통신제한조치가 단시간 내에 종료된 경우라도 예외 없이 법원의 허가를 받도록 함으로써 수사기관이 긴급통신제한조치를 남용하는 것을 방지하고 통신의 자유 등 국민의 기본권 신장에 기여하고자 하였다.

나. 국가안보를 위한 긴급통신제한조치 중 대상자가 외국인인 경우

정보수사기관의 장은 국가안보를 위협하는 음모행위, 직접적인 사망이나 심각한 상해의 위험을 야기할 수 있는 범죄 또는 조직범죄 등 중대한 범죄의 계획이나 실행 등 긴박한 상황에 있고 법 제7조 제1항 제2호에 해당하는 자(대한민국에 적대하는 국가, 반국가활동의 혐의가 있는 외국의 기관·단체와 외국인, 대한민국의 통치권이 사실상 미치지 아니하는 한반도 내의 집단이나 외국에 소재하는 그 산하단체의 구성원의 통신인 때 및 「군용전기통신법」 제2조의 규정에 의한 작전수

행을 위한 군용전기통신)에 대하여 대통령의 승인을 얻을 시간적 여유가 없거나 통신제한조치를 긴급히 실시하지 아니하면 국가안전보장에 대한 위해를 초래할 수 있다고 판단되는 때에는 소속 장관(국가정보원장을 포함)의 승인을 얻어 통신제한조치를 할 수 있다(법 제8조 제8항).

(1) 긴급통신제한조치의 요건

우선 국가안보를 위협하는 음모행위나, 직접적인 사망이나 심각한 상해의 위험을 야기할 수 있는 범죄 또는 조직범죄 등 중대한 범죄의 계획이나 실행 등 긴박한 상황에 있어야 한다는 점은 범죄수사 등을 위한 긴급통신제한조치의 경우와 같다.

또 대한민국에 적대하는 국가, 반국가활동의 혐의가 있는 외국의 기관·단체와 외국인, 대한민국의 통치권이 사실상 미치지 아니하는 한반도 내의 집단이나 외국에 소재하는 그 산하단체의 구성원의 통신인 때 및 「군용전기통신법」 제2조의 규정에 의한 작전수행을 위한 군용전기통신이어야 한다.

그리고 대통령의 승인을 얻을 시간적 여유가 없거나 통신제한조치를 긴급히 실시하지 아니하면 국가안전보장에 대한 위해를 초래할 수 있다고 판단되는 때여야 한다.

(2) 긴급통신제한조치의 절차

(가) **주체**

이 경우 긴급통신제한조치를 할 수 있는 자는 정보수사기관의 장이다. 범죄수사를 위한 긴급통신제한조치 및 국가안보를 위한 긴급통신제한조치 중 대상자가 내국인인 경우에는 긴급통신제한조치를 취할 수 있는 자가 검사, 사법경찰관 또는 정보수사기관의 장인 것과 차이가 있다.

(나) **긴급감청서 작성**

이 경우에도 범죄수사를 위한 긴급감청 등과 같이 긴급제한조치를 취하고자 하는 경우에는 반드시 긴급검열서 또는 긴급감청서에 의하여야 하며 소속기관에 긴급통신제한조치대장을 비치하여야 한다.

㈐ **사후조치**

대통령의 승인없이 소속 장관의 승인만을 얻어 긴급통신제한조치를 한 때에는 지체없이 대통령의 승인을 얻어야 하며, 36시간 이내에 대통령의 승인을 얻지 못한 때에는 즉시 그 긴급통신제한조치를 중지하고 해당 조치로 취득한 자료를 폐기하여야 한다(법 제8조 제9항, 제10항).

36시간 이내에 대통령의 승인을 얻지 않고서도 긴급통신제한조치를 즉시 중지하지 않은 경우 3년 이하의 징역 또는 1천만원 이하의 벌금에 처한다(법 제17조 제2항 제2호의2).

3. 정보수사기관의 장이 긴급통신제한조치를 하는 경우의 특칙

정보수사기관의 장이 국가안보를 위한 법 제8조에 따른 통신제한조치를 하는 경우 및 사법경찰관이 「정보 및 보안업무 기획·조정 규정」 제2조 제5호에 따른 정보사범 등의 수사를 위하여 긴급통신제한조치를 하려는 경우에는 미리 국정원장의 조정을 받아야 한다. 다만, 미리 조정을 받을 수 없는 특별한 사유가 있는 경우에는 사후에 즉시 승인을 얻어야 한다(법 시행령 제10조).

제3절 통신제한조치의 집행과 통지

Ⅰ. 통신제한조치의 집행

제9조(통신제한조치의 집행) ① 제6조 내지 제8조의 통신제한조치는 이를 청구 또는 신청한 검사·사법경찰관 또는 정보수사기관의 장이 집행한다. 이 경우 체신관서 기타 관련기관등(이하 "통신기관등"이라 한다)에 그 집행을 위탁하거나 집행에 관한 협조를 요청할 수 있다.
② 통신제한조치의 집행을 위탁하거나 집행에 관한 협조를 요청하는 자는 통신기

관등에 통신제한조치허가서(제7조 제1항 제2호의 경우에는 대통령의 승인서를 말한다. 이하 이 조, 제16조 제2항 제1호 및 제17조 제1항 제1호·제3호에서 같다) 또는 긴급감청서등의 표지의 사본을 교부하여야 하며, 이를 위탁받거나 이에 관한 협조요청을 받은 자는 통신제한조치허가서 또는 긴급감청서등의 표지 사본을 대통령령이 정하는 기간동안 보존하여야 한다.

③ 통신제한조치를 집행하는 자와 이를 위탁받거나 이에 관한 협조요청을 받은 자는 당해 통신제한조치를 청구한 목적과 그 집행 또는 협조일시 및 대상을 기재한 대장을 대통령령이 정하는 기간동안 비치하여야 한다.

④ 통신기관등은 통신제한조치허가서 또는 긴급감청서등에 기재된 통신제한조치 대상자의 전화번호 등이 사실과 일치하지 않을 경우에는 그 집행을 거부할 수 있으며, 어떠한 경우에도 전기통신에 사용되는 비밀번호를 누설할 수 없다.

제15조의2(전기통신사업자의 협조의무) ① 전기통신사업자는 검사·사법경찰관 또는 정보수사기관의 장이 이 법에 따라 집행하는 통신제한조치 및 통신사실 확인자료 제공의 요청에 협조하여야 한다.

② 제1항의 규정에 따라 통신제한조치의 집행을 위하여 전기통신사업자가 협조할 사항, 통신사실확인자료의 보관기간 그 밖에 전기통신사업자의 협조에 관하여 필요한 사항은 대통령령으로 정한다.

1. 통신제한조치의 집행권자와 집행방식

통신제한조치는 이를 청구 또는 신청한 검사·사법경찰관 또는 정보수사기관의 장이 통신제한조치허가서에 기재된 방식에 따라 해당 기관의 책임과 권한으로 집행한다(법 제9조 제1항 참고).

통신제한조치허가서에 기재된 방식의 범위 안에서 구체적으로 어떻게 집행할 것인지는 집행기관의 재량에 일응 맡겨져 있다고 할 수 있으나, 통신제한조치는 대상자뿐만 아니라 제3자의 통신의 비밀이라는 헌법상의 기본권을 침해할 우려가 있으므로 통신제한조치를 집행하는 자는 그 집행으로 인하여 우편 및 전기통신의 정상적인 소통 및 그 유지·보수 등에 지장을 초래하지 아니하도록 하는 등 피해가 최소화하는 방법으로 집행하여야 할 것이다(법 시행령 제11조 제1항). 그리고 통신제한조치를 집행하는 자는 그 집행으로 인하여 알게 된 타인의 비밀을 누설하거나 통신제한조치를 받는 자의 명예를 해하지 않도록 하여야 한다(법 시행령 제11조 제2항).

통신제한조치 중 우편물 검열에 대해서는 특칙이 있다. 즉 검사, 사법경찰관 또는 정보수사기관의 장이 우편물을 검열함에 있어서 우체국으로부터 우편물을 인계받은 경우 및 인계받은 우편물을 반환하는 경우에는 해당 우편물의 인수자와 인계자는 통신제한조치집행협조대장에 그 사실을 기록하고 서명하여야 한다(법 시행령 제15조).

2. 통신제한조치의 집행협조와 집행위탁

가. 집행협조 및 집행위탁 요청

통신제한조치를 집행하는 검사, 사법경찰관 또는 정보수사기관의 장은 체신관서 기타 관련기관 등에 집행을 위탁하거나 집행에 관한 협조를 요청할 수 있다(법 제9조 제1항). 여기서 기타 관련기관이 무엇을 의미하는지는 법령에서 규정하고 있지 않으나 시행령의 집행수탁기관 규정을 고려할 때, "유선·무선·광선 또는 그 밖의 전자적 방식으로 부호·문언·음향 또는 영상을 송신하거나 수신하는 전기통신과 관련된 업무를 하는 기관"을 말한다고 본다.

나. 집행수탁기관

검사, 사법경찰관 또는 정보수사기관의 장은 법 제9조 제1항에 따라 통신제한조치를 받을 당사자의 쌍방 또는 일방의 주소지·소재지, 범죄지 또는 통신당사자와 공범관계에 있는 자의 주소지·소재지를 관할하는 5급 이상인 공무원을 장으로 하는 우체국이나 「전기통신사업법」에 따른 전기통신사업자에게 통신제한조치의 집행을 위탁할 수 있다(법 시행령 제13조 제1항). 여기서 전기통신사업자는 「전기통신사업법」에 따른 허가를 받거나 등록 또는 신고(신고가 면제된 경우를 포함한다)를 하고 전기통신역무를 제공하는 자를 말한다(전기통신사업법 제2조 제8호). 전기통신사업은 기간통신사업 및 부가통신사업으로 구분되는데, 기간통신사업은 전기통신회선설비를 설치하거나 이용하여 기간통신역무를 제공하는 사업을 하는 것을 말하고, 부가통신사업은 부가통신역무를

제공하는 사업을 말한다(전기통신사업법 제5조).57)

그 밖에 구체적인 수탁업무의 범위 등 위탁에 필요한 사항에 대하여는 과학기술정보통신부장관 또는 전기통신사업자의 장과 집행을 위탁한 기관의 장이 협의하여 정하도록 되어 있다(법 시행령 제13조 제3항).

통신제한조치의 집행협조 및 위탁과 관련하여 전기통신사업자에게 감청장비를 구비하고, 감청이 가능하도록 기술적 조치를 취하도록 요청할 수 있는지가 문제된다. 집행협조 및 위탁과 관련하여 특별한 제한이 없으므로 당연히 요청할 수 있다고 본다. 다만, 시설기준이나 장비의 내용 및 비용 등과 관련해서는 위탁한 기관의 장과 협의하여 정할 수 있을 것이다.

다. 집행협조 및 집행위탁 방식

통신제한조치의 집행을 위탁하거나 집행에 관한 협조를 요청하는 자는 통신기관 등에 통신제한조치허가서 또는 긴급감청서 등의 표지의 사본을 교부하고, 자신의 신분을 표시할 수 있는 증표를 체신관서, 그 밖의 관련기관의 장에게 제시하여야 하며, 이를 위탁받거나 이에 관한 협조요청을 받은 자는 통신제한조치허가서 또는 긴급감청서 등의 표지 사본을 대통령령이 정하는 기간 동안 보존하여야 한다(법 제9조 제2항, 시행령 제12조, 제13조 제3항). 체신관서 등에 제출하는 통신제한조치허가서 또는 긴급감청서 등의 표지 사본에는 통신제한조치의 종류 · 대상 · 범위 · 기간 · 집행장소 및 방법 등을 표시하여야 한다(법 시행령 제17조 제1항).

검사, 사법경찰관 또는 정보수사기관의 장은 긴급통신제한조치에 관한 집행을 위탁한 경우에는 이를 위탁하여 통신제한조치를 집행한 때부터 36시간 이내에 통신제한조치허가서 표지의 사본을 체신관서 등에 제출하여야 한다(법 시행령 제16조 제1항).

---

57) 「전기통신사업법」 개정 이전에는 전기통신사업자로 기간통신사업자, 별정통신사업자, 부가통신사업자 3가지 종류가 존재하였다. 그러나 2018. 12. 「전기통신사업법」의 개정을 통해 기존 별정통신사업자와 기간통신사업자를 기간통신사업자로 일원화하였다.

3. 통신제한조치의 집행협조기관과 집행위탁을 받은 기관의 책무

가. 협조의무

전기통신사업자는 검사·사법경찰관 또는 정보수사기관의 장이 집행하는 통신제한조치 요청에 협조하여야 한다(법 제15조의2 제1항). 협조의무와 관련하여 감청장비를 구비하고, 감청이 가능하도록 기술적 조치를 해야 할 의무가 포함되는지가 문제되는데 통신의 공공성에 비추어 당연히 포함된다고 본다. 특히 살인·인질강도 등 개인의 생명·신체에 급박한 위험이 현존하는 경우에는 통신제한조치 요청이 지체없이 이루어질 수 있도록 협조하여야 한다(법 시행령 제41조 제1항).

나. 비밀누설 금지의무

통신제한조치를 집행하는 자는 그 집행으로 인하여 알게 된 타인의 비밀을 누설하거나 통신제한조치를 받는 자의 명예를 해하지 않도록 해야 한다(법 시행령 제11조 제2항). 통신제한조치에 관여한 통신기관의 직원 또는 그 직에 있었던 자는 통신제한조치에 관한 사항을 외부에 공개하거나 누설하여서는 안 된다(법 제11조 제2항).

다. 우편 및 전기통신의 정상적인 소통 및 유지·보수 등 지장 방지의무

집행의 위탁을 받아 통신제한조치를 집행하는 자는 그 집행으로 인하여 우편 및 전기통신의 정상적인 소통 및 그 유지·보수 등에 지장을 초래하지 아니하도록 하여야 한다(법 시행령 제11조 제1항).

라. 통신제한조치허가서 등의 보존 의무

통신제한조치의 집행위탁을 받거나 이에 관한 협조요청을 받은 자는 통신제한조치허가서 또는 긴급감청서 등의 표지 사본을 3년간 보존한다. 다만, 「보안업무규정」에 따라 비밀로 분류된 경우에는 그 보존 또는 비치기간은 그 비밀의 보호기간으로 한다(법 제9조 제2항, 시행령 제17조 제2항).

이와 같이 통신제한조치허가서를 보존하도록 한 것은 통신제한조치가 통신비밀보호라는 헌법상의 기본권을 제한하는 조치이므로 사후통제를 엄정하게 하기 위한 조치로 이해된다. 그런데 통신제한조치보다 기본권 제한의 정도가 미약한 통신사실확인자료 제공과 관련한 대장은 7년간 비치[58]하도록 되어 있는 것과 비교하여 보면 균형이 맞지 않아 보인다.

마. 통신제한조치 대장 작성 및 비치의무

통신제한조치를 집행하는 자와 이를 위탁받거나 이에 관한 협조요청을 받은 자는 당해 통신제한조치를 청구한 목적과 그 집행 또는 협조일시 및 대상을 기재한 대장을 3년 동안 비치하여야 한다(법 제9조 제3항, 시행령 제17조 제2항).

바. 통신제한조치허가서 등의 열람제한조치의무

통신제한조치의 집행을 위탁받거나 집행에 협조한 자는 통신제한조치허가서 또는 긴급감청서 등의 표지 사본과 대장에 대한 비밀의 보호 및 훼손·조작의 방지를 위하여 열람제한 등의 적절한 보존조치를 하여야 한다(법 시행령 제17조 제3항).

사. 우편 및 전기통신의 원활한 소통을 위한 조치의무

체신관서 등의 장은 통신제한조치의 집행에 협조하거나 위탁받은 통신제한조치를 집행함에 있어서 우편 및 전기통신의 정상적인 소통에 지장을 초래하는 경우에는 그 협조를 요청하거나 위탁을 한 검사, 사법경찰관 또는 정보수사기관의 장에게 이의 시정을 요구하여 시정토록 해야 한다. 이 경우 그 시정을 요구받은 자는 즉시 이를 시정하여야 한다(법 시행령 제14조 제1항).

아. 수탁업무의 집행중지의무

검사, 사법경찰관 또는 정보수사기관의 장은 긴급통신제한조치에 관한 집

---

58) 통신비밀보호법 제13조 제7항 참조.

행을 위탁한 경우에는 이를 위탁하여 통신제한조치를 집행한 때부터 36시간 이내에 통신제한조치허가서 표지의 사본을 체신관서 등에 제출하도록 되어 있다. 체신관서 등은 검사, 사법경찰관 또는 정보수사기관의 장이 36시간 내에 통신제한조치허가서 표지의 사본을 제출하지 아니한 경우에는 수탁업무의 집행을 즉시 중지하여야 한다(법 시행령 제16조 제1항, 제2항). 체신관서 등이 수탁업무의 집행을 중지한 경우, 검사·사법경찰관 또는 정보수사기관의 장은 체신관서 등으로부터 인계받은 우편물이 있는 경우에는 이를 즉시 반환하여야 한다(법 시행령 제16조 제3항).

4. 통신제한조치 집행 후 조치

가. 통신제한조치를 집행한 검사, 사법경찰관 또는 정보수사기관의 장은 그 집행의 경위 및 이로 인하여 취득한 결과의 요지를 조서로 작성하고, 그 통신제한조치의 집행으로 취득한 결과와 함께 이에 대한 비밀보호 및 훼손·조작의 방지를 위하여 봉인·열람제한 등의 적절한 보존조치를 하여야 한다(법 시행령 제18조 제1항).

나. 사법경찰관은 통신제한조치를 집행하여 수사 또는 내사한 사건을 종결할 경우 그 결과를 검사에게 보고하여야 한다. 다만, 그 사건을 송치하는 경우에는 그러하지 아니하다(법 시행령 제18조 제2항).

다. 정보수사기관의 장이 법 제7조에 따른 통신제한조치를 집행하여 정보를 수집한 경우 및 사법경찰관이 「정보 및 보안업무 기획·조정 규정」 제2조 제5호에 따른 정보사범 등에 대하여 통신제한조치를 집행하여 수사 또는 내사한 사건을 종결한 경우에는 그 집행의 경위 및 이로 인하여 취득한 결과의 요지를 서면으로 작성하여 국정원장에게 제출하여야 한다(법 시행령 제18조 제3항).

라. 법 시행령 제18조 제1항에 따른 봉인·열람제한 등의 보존조치를 함

에 있어서의 보존기간은 범죄수사를 위한 통신제한조치로 취득한 결과의 경우에는 그와 관련된 범죄의 사건기록 보존기간과 같은 기간으로 하고, 국가안보를 위한 통신제한조치로 취득한 결과의 경우에는 「보안업무규정」에 따라 분류된 비밀의 보호기간으로 한다(법 시행령 제18조 제4항).

Ⅱ. 통신제한조치의 집행 통지

제9조의2(통신제한조치의 집행에 관한 통지) ① 검사는 제6조 제1항 및 제8조 제1항에 따라 통신제한조치를 집행한 사건에 관하여 공소를 제기하거나, 공소의 제기 또는 입건을 하지 아니하는 처분(기소중지결정, 참고인중지결정을 제외한다)을 한 때에는 그 처분을 한 날부터 30일 이내에 우편물 검열의 경우에는 그 대상자에게, 감청의 경우에는 그 대상이 된 전기통신의 가입자에게 통신제한조치를 집행한 사실과 집행기관 및 그 기간 등을 서면으로 통지하여야 한다. 다만, 고위공직자범죄수사처(이하 "수사처"라 한다)검사는 「고위공직자범죄수사처 설치 및 운영에 관한 법률」 제26조 제1항에 따라 서울중앙지방검찰청 소속 검사에게 관계 서류와 증거물을 송부한 사건에 관하여 이를 처리하는 검사로부터 공소를 제기하거나 제기하지 아니하는 처분(기소중지결정, 참고인중지결정은 제외한다)의 통보를 받은 경우에도 그 통보를 받은 날부터 30일 이내에 서면으로 통지하여야 한다.
② 사법경찰관은 제6조 제1항 및 제8조 제1항에 따라 통신제한조치를 집행한 사건에 관하여 검사로부터 공소를 제기하거나 제기하지 아니하는 처분(기소중지 또는 참고인중지 결정은 제외한다)의 통보를 받거나 검찰송치를 하지 아니하는 처분(수사중지 결정은 제외한다) 또는 내사사건에 관하여 입건하지 아니하는 처분을 한 때에는 그 날부터 30일 이내에 우편물 검열의 경우에는 그 대상자에게, 감청의 경우에는 그 대상이 된 전기통신의 가입자에게 통신제한조치를 집행한 사실과 집행기관 및 그 기간 등을 서면으로 통지하여야 한다.
③ 정보수사기관의 장은 제7조 제1항 제1호 본문 및 제8조 제1항의 규정에 의한 통신제한조치를 종료한 날부터 30일 이내에 우편물 검열의 경우에는 그 대상자에게, 감청의 경우에는 그 대상이 된 전기통신의 가입자에게 통신제한조치를 집행한 사실과 집행기관 및 그 기간 등을 서면으로 통지하여야 한다.
④ 제1항 내지 제3항의 규정에 불구하고 다음 각호의 1에 해당하는 사유가 있는 때에는 그 사유가 해소될 때까지 통지를 유예할 수 있다.

1. 통신제한조치를 통지할 경우 국가의 안전보장·공공의 안녕질서를 위태롭게 할 현저한 우려가 있는 때
2. 통신제한조치를 통지할 경우 사람의 생명·신체에 중대한 위험을 초래할 염려가 현저한 때
⑤ 검사 또는 사법경찰관은 제4항에 따라 통지를 유예하려는 경우에는 소명자료를 첨부하여 미리 관할지방검찰청검사장의 승인을 얻어야 한다. 다만, 수사처검사가 제4항에 따라 통지를 유예하려는 경우에는 소명자료를 첨부하여 미리 수사처장의 승인을 받아야 하고, 군검사 및 군사법경찰관이 제4항에 따라 통지를 유예하려는 경우에는 소명자료를 첨부하여 미리 관할 보통검찰부장의 승인을 받아야 한다.
⑥ 검사, 사법경찰관 또는 정보수사기관의 장은 제4항 각호의 사유가 해소된 때에는 그 사유가 해소된 날부터 30일 이내에 제1항 내지 제3항의 규정에 의한 통지를 하여야 한다.

1. 집행통지의 취지

형사소송법상 압수·수색을 하기 위해서는 처분을 받는 자에게 압수·수색영장을 제시하여야 하며(형사소송법 제118조), 검사, 피고인 또는 변호인은 압수·수색영장의 집행에 참여할 수 있고(형사소송법 제121조), 압수·수색영장을 집행함에는 집행의 일시와 장소를 미리 통지해야 하지만 예외적으로 참여권자가 참여하지 않겠다는 의사를 표명하거나 또는 급속을 요하는 때에는 통지하지 않을 수 있다(형사소송법 제122조). 또한 우체물에 대해 압수한 때에는 발신인이나 수신인에게 그 취지를 통지하도록 되어 있다(형사소송법 제107조 제3항).

그런데 통신제한조치는 기본권 침해가 장기간에 걸쳐 당사자가 모르는 사이에 은밀하게 이루어지며, 또한 대상자가 아닌 제3자의 통신비밀도 침해할 가능성이 있다는 점에서 통신비밀보호라는 헌법상의 기본권을 제한하는 정도가 형사소송법상의 압수·수색보다도 오히려 더 크다고 할 수 있다. 그러나 은밀하게 행해져야 하는 통신제한조치의 특성상 일반 압수·수색과 같이 사전에 허가서를 제시하거나 또는 대상자측을 참여시킬 수도 없다. 이와 같은 현실적 이유로 인해 사전에 통신제한조치 집행 사실을 대상자측에 알려줄 수는 없다고 하더라도 통신당사자가 모르는 상태에서 통신내용이 수집되고, 이것이 증

거로 제출되어 유죄판결까지 받게 된다면 통신비밀의 침해가 지나치게 크다고 할 수 있으므로 사후에라도 대상자에게 통신제한조치를 취한 사실을 알게 할 필요성이 있고, 통신비밀보호법의 규정은 이러한 취지에서 이해된다고 하겠다.

그러나 국가안보를 위한 통신제한조치 중 정보수사기관의 장이 대통령의 승인을 받아 통신제한조치를 취하는 경우 및 군 작전수행을 위한 전기통신의 경우는 통지 대상이 아니다.

한편, 송·수신이 완료된 전기통신은 통신비밀보호법상의 전기통신의 감청 대상이 아니라 형사소송법상의 압수·수색 대상이 되며, 형사소송법상의 원칙에 따라 영장 제시, 당사자 참여, 참여권자에 대한 통지 등을 하면 충분하였다(형사소송법 제219조에 의하여 수사기관이 대물적 강제수사를 위하여 압수·수색을 하는 경우 피의자에게도 준용하도록 되어 있음). 그러나 송·수신이 완료된 전기통신에 대한 압수·수색은 통신의 비밀과 자유의 중대한 제한에 해당하는 통신내용을 국가기관이 탐지하는 것이며, 대상자뿐만 아니라 대상자와 전자우편을 주고 받은 제3자의 통신의 자유를 침해할 우려가 있음에도 국민들은 자신의 통신내용을 국가기관이 수집했는지 조차 모르고 있다는 것은 통신비밀보호에 대한 중대한 위협이라는. 비판이 제기되었다.

이에 따라 2009. 5. 28. 법률 제9752호로 통신비밀보호법이 일부 개정되어(시행 2009. 5. 28.) 수사기관이 송·수신이 완료된 전기통신에 대하여 압수·수색·검증을 집행한 사건에 관하여 공소를 제기하거나 공소의 제기 또는 입건을 하지 아니하는 처분을 한 때에는 그 처분을 한 날부터 30일 이내에 그 대상이 된 전기통신의 송신자 및 수신자에게 압수·수색·검증을 집행한 사실을 서면으로 통지하도록 하였다. 그리고 당해 법률규정은 2021. 3. 16. 법률 제17935호로 개정되어 사법경찰관이 검찰송치를 하지 아니하는 처분(수사중지 결정은 제외)을 한 때에도 전기통신의 송신자 및 수신자에게 압수·수색·검증을 집행한 사실을 서면으로 통지하도록 하였다(법 제9조의3).

2. 통신제한조치 집행통지의 내용

가. 통지의무자와 통지대상자

검사가 통신제한조치를 집행한 사건의 경우는 검사가 통지의무자이고, 사법경찰관이 집행한 사건은 사법경찰관이 통지의무자이며, 정보수사기관의 장이 집행한 사건은 정보수사기관의 장이 통지의무자이다(법 제9조의2 제1항 내지 제3항).

집행의 통지는 우편물 검열의 경우에는 그 대상자에게, 전기통신 감청의 경우에는 그 대상이 된 전기통신의 가입자에게 하여야 한다. 우편물의 경우 발송인과 수취인이 있는데 통신제한조치의 대상자가 된 자에게만 통지해야 된다. 전기통신의 감청의 경우도 송신인과 수신인에게 통지하는 것이 아니라 감청의 대상이 된 전기통신의 가입자에게 통지해야 한다. 전기통신의 가입자 명의와 감청 대상자가 다른 경우에도 일단 전기통신의 가입자에게 통지해야 한다.

나. 통지의 시기와 방법

검사가 통신제한조치를 집행한 사건은 검사가 공소를 제기하거나, 불기소 또는 불입건하는 처분(기소중지결정, 참고인중지결정 제외)을 한 날부터 30일 이내에 통지해야 한다. 다만, 고위공직자범죄수사처 검사는 「고위공직자범죄수사처 설치 및 운영에 관한 법률」 제26조 제1항에 따라 서울중앙지방검찰청 소속 검사에게 관계 서류와 증거물을 송부한 사건에 관하여 이를 처리하는 검사로부터 공소를 제기하거나 불기소 처분(기소중지결정, 참고인중지결정은 제외)의 통보를 받은 날부터 30일 이내에 통지하여야 한다(법 제9조의2 제1항).[59]

사법경찰관이 통신제한조치를 집행한 사건에 관하여는 검사로부터 공소를 제기하거나 제기하지 아니하는 처분(기소중지 또는 참고인중지 결정을 제외한다)의 통보를 받거나 검찰송치를 하지 아니하는 처분(수사중지 결정은 제외한다)

---

59) 이에 대하여 기소·불기소 등의 처분이 내려지지 않을 경우, 통신제한조치 당사자가 장기간 통지를 받지 못하게 될 가능성도 있으므로 통지의무를 개선하자는 주장이 있다. 참고로 일본의 경우 감청행위 종료 후 30일 이내에, 미국의 경우 감청행위 종료 후 90일 이내에 대상자에게 통지할 것을 규정하고 있다.

또는 내사사건에 관하여 입건하지 아니하는 처분을 한 날부터 30일 이내에 통지해야 하며, 정보수사기관의 장이 국가안보를 위한 통신제한조치를 집행한 사건은 통신제한조치를 종료한 날부터 30일 이내에 통지해야 한다(법 제9조의2 제2항, 제3항).

불기소 처분에는 기소유예나 입건유예도 포함되어 이 경우에도 통지대상이라고 본다. 그러나 아직 수사가 종결되지 않은 중간처분에 해당하는 기소중지, 참고인중지의 경우는 불기소 처분에 포함되어 있지 않다. 수사가 아직 종결되지 않은 상태에서 대상자에게 통지하여 주는 것은 은밀하게 증거를 수집하려는 통신제한조치의 수사 성격과 부합하지 않기 때문이다. 그렇다면 법에는 규정이 없지만 중간처분에 해당하는 내사중지나 이송 등도 통지 대상에서 제외하여야 한다.

통신제한조치를 집행한 사실을 통지하는 방법은 통신제한조치를 집행한 사실, 통신제한조치 집행기관, 전기통신의 가입자 또는 우편물 검열의 대상자, 통신제한조치의 대상과 범위, 통신제한조치의 기간 등을 기재한 서면으로 통지하여야 한다.

다. 집행사실 통지의 유예

통신제한조치 집행사실은 위와 같이 공소제기 등 사건을 처분한 날부터 30일 이내에 대상자에게 통지하는 원칙이지만, 통신제한조치를 통지할 경우 국가의 안전보장·공공의 안녕질서를 위태롭게 할 현저한 우려가 있는 때나 통신제한조치를 통지할 경우 사람의 생명·신체에 중대한 위험을 초래할 염려가 현저한 때에는 그 사유가 해소될 때까지 통지를 유예할 수 있다(법 제9조의2 제4항).

검사 또는 사법경찰관이 통지를 유예하고자 하는 경우에는 소명자료를 첨부하여 미리 관할 지방검찰청검사장의 승인을 얻어야 한다. 다만, 수사처검사가 통지를 유예하려는 경우에는 소명자료를 첨부하여 미리 수사처장의 승인을 받아야 하고, 군검사 및 군사법경찰관이 통지를 유예하고자 하는 경우에는 소명자료를 첨부하여 미리 관할 보통검찰부장의 승인을 얻어야 한다(법 제9조의2

제5항). 이때 검사는 집행한 통신제한조치의 종류·대상·범위·기간, 통신제한 조치를 집행한 사건의 처리일자·처리결과, 통지를 유예하려는 사유 등을 적은 서면으로 신청하여야 한다. 또 사법경찰관은 관할 지방검찰청검사장의 승인을 신청하는 서면을 관할 지방검찰청 또는 지청(관할 보통검찰부를 포함한다)에 제출하여야 한다(법 시행령 제19조 제1항). 이와 같이 신청을 받은 관할 지방검찰청검사장은 통지를 유예하려는 사유 등을 심사한 후 그 결과를 검사 또는 사법경찰관에게 통지하여야 한다(법 시행령 제19조 제2항).

한편, 정보수사기관의 장이 집행사실 통지를 유예하고자 하는 경우는 어느 상급자의 승인을 받아야 하는지에 대해 아무런 규정이 없다.

검사, 사법경찰관 또는 정보수사기관의 장은 제4항 각호의 사유가 해소된 때에는 그 사유가 해소된 날부터 30일 이내에 제1항 내지 제3항의 규정에 의한 통지를 하여야 한다(법 제9조의2 제6항).

라. 미통지시 처벌

위와 같은 통지를 하지 아니한 경우는 법 제17조 제2항 제3호에 의하여 3년 이하의 징역 또는 1천만원 이하의 벌금에 처하도록 되어 있다.

[참고] 일본 감청 통지제도와의 비교

일본의 「범죄수사를 위한 통신방수에 관한 법률」은 검사 또는 사법경찰원은 감청의 집행종료 후 30일 이내에 감청통신 당사자에게 감청기록을 만든 취지 등을 서면으로 통지하도록 한다. 다만 통신당사자를 확인할 수 없거나 소재 불명인 경우는 생략할 수 있으며 통지로 인하여 수사 방해의 우려가 있는 때에는 수사기관의 청구에 의하여 지방법원 판사가 60일 이내의 기간을 정하여 통지를 유예할 수 있다(제30조). 또한 통지를 받은 당사자는 감청기록 중 해당 통신에 관한 부분을 청취하거나 또는 열람하거나 그 사본을 만들 수 있으며(제31조), 통신감청에 관한 재판이나 수사기관이 행한 통신의 감청 또는 재생에 관한 처분에 불복이 있는 자는 법원에 그 취소 또는 변경을 청구할 수 있다(제33조).

이러한 통지제도는 ① 통지의 기산점, ② 통지유예의 심사기관, ③ 불복절차에 있어 우리 통신비밀보호법과 차이가 있다.

〈표〉 한국과 일본의 감청통지제도의 비교

	한국 통신비밀보호법	일본 통신방수법
통지의 기산점	통신감청을 집행한 사건에 관하여 공소제기 또는 불기소처분(기소중지 결정, 참고인 중지결정은 제외) 등을 한 때로부터 30일 이내에	감청의 집행종료 후 30일 이내
통지유예의 심사기관	관할지방검찰청 검사장	지방법원 판사
불복절차	없음	감청 처분에 대한 취소·변경 청구 가능

3. 송·수신이 완료된 전기통신에 대한 압수·수색·검증 사실의 통지

가. 통지의무자

검사가 송·수신이 완료된 전기통신에 대하여 압수·수색·검증을 집행한 경우에는 검사가 집행사실을 통지해야 하고, 수사처검사가 「고위공직자범죄수사처 설치 및 운영에 관한 법률」 제26조 제1항에 따라 서울중앙지방검찰청 소속 검사에게 관계 서류와 증거물을 송부한 경우에는 자료를 송부한 수사처검사가 통지하여야 한다. 사법경찰관이 송·수신이 완료된 전기통신에 대하여 압수·수색·검증을 집행한 경우에는 사법경찰관이 통지해야 한다(법 제9조의3).

나. 통지대상자

압수·수색·검증을 집행한 사실을 통지받아야 하는 대상자는 수사대상이 된 전기통신의 가입자이다(법 제9조의3 제1항). 송·수신이 완료된 전기통신의 송신인과 수신인 중에서 수사대상이 된 가입자가 통지대상자이다. 따라서 수사대상자가 아닌 송신인 또는 수신인은 통지대상자가 아니다.

〈논점〉

통지의 대상에서 수사대상인 가입자의 상대방을 제외한 것이 적법절차원칙을 위배함과 동시에 상대방의 개인정보자기결정권·통신 및 사생활의 비밀과 자유를 침해하는 것은 아닌가?

➡ **헌법재판소 2018. 4. 26. 2014헌마1178, 판례집 30−1상, 675** "형사소송법 조항과 영장실무가 압수·수색영장의 효력범위를 한정하고 있으므로, 송·수신이 완료된 전기통신에 관하여 수사대상이 된 가입자의 상대방에 대한 기본권 침해를 최소화하는 장치는 어느 정도 마련되어 있다. 한편, 전기통신의 특성상 수사대상이 된 가입자와 전기통신을 송·수신한 상대방은 다수일 수 있는데, 이들 모두에 대하여 그 압수·수색 사실을 통지하도록 한다면, 수사대상이 된 가입자가 수사를 받았다는 사실이 상대방 모두에게 알려지게 되어 오히려 위 가입자가 예측하지 못한 피해를 입을 수 있고, 또한 통지를 위하여 상대방의 인적사항을 수집해야 함에 따라 또 다른 개인정보자기결정권의 침해를 야기할 수도 있다.

이상과 같은 점들을 종합하여 볼 때, 송·수신이 완료된 전기통신에 대한 압수·수색 사실을 수사대상이 된 가입자에게만 통지하도록 하고, 그 상대방에 대하여는 통지하지 않도록 한 심판대상조항은 적법절차원칙에 위배되어 청구인들의 개인정보자기결정권을 침해하지 않는다.

다만 입법자로서는 압수된 전기통신의 내용에 관련자들의 중대하거나 민감한 개인정보가 포함된 경우에는 그 개인정보주체가 수집 사실을 알 수 있도록 하는 절차를 둘 것인지 여부 또는 수집된 개인정보의 수집·보관 필요성이 소멸한 경우나 일정한 기간이 경과한 경우 등에는 이를 삭제·폐기하는 제도를 도입할 것인지 여부 등을 검토할 필요가 있다."

그런데 「형사소송법」제106조 제3항은 컴퓨터 등 정보저장매체 압수와 관련하여 "법원은 압수의 목적물이 컴퓨터용디스크, 그 밖에 이와 비슷한 정보저장매체(이하 이 항에서 "정보저장매체등"이라 한다)인 경우에는 기억된 정보의 범위를 정하여 출력하거나 복제하여 제출받아야 한다. 다만, 범위를 정하여 출력 또는 복제하는 방법이 불가능하거나 압수의 목적을 달성하기에 현저히 곤란하다고 인정되는 때에는 정보저장매체등을 압수할 수 있다."고 규정하고, 제4항에서 "법원은 제3항에 따라 정보를 제공받은 경우 「개인정보 보호법」 제2조 제3호에 따른 정보주체에게 해당 사실을 지체 없이 알려야 한다."고 규정하면서 같은 법 제219조에서 수사기관이 압수·수색한 경우에도 준용하고 있다.

이 형사소송법의 규정에 의하면, 컴퓨터 등 정보저장매체를 압수하여 그 안에 저장되어 있는 송·수신이 완료된 전기통신을 지득하는 경우에는 수사대상자가 아닌 송신인이나 수신인 심지어 스팸메일의 발송자에게도 통지해야 하는가 하는 문제가 발생한다.

일단 법문상으로는 송신인이나 수신인 모두 「개인정보 보호법」상의 정보주체에 해당하므로 통지해 주어야 한다고 할 수도 있으나 수사대상자가 아닌 송신인이나 수신인의 경우에는 해당 전기통신에 관하여 특별한 이해관계가 있다고 보기 어렵고, 만일 수사대상자가 아닌 송·수신인의 전기통신 내용을 별도의 수사내용으로 삼기 위해서는 다시 영장을 받는 등 별도의 적법한 증거수집절차를 거쳐야 하고 그때 통지가 가능하므로 모든 송·수신인 심지어 스팸메일 발송자의 인적사항을 파악하여 통지할 필요는 없다고 본다.

다. 통지의 시기와 방법

통지의 시기는 전기통신에 대한 통신제한조치 집행의 경우와 같다. 따라서 검사가 압수·수색·검증을 집행한 사건은 검사가 공소를 제기하거나, 불기소 또는 불입건하는 처분(기소중지결정, 참고인중지결정 제외)을 한 날부터 30일 이내에 통지해야 하고, 「고위공직자범죄수사처 설치 및 운영에 관한 법률」 제26조 제1항에 따라 서울중앙지방검찰청 소속 검사에게 관계 서류와 증거물을 송부한 수사처검사는 이를 처리하는 검사로부터 공소를 제기하거나 제기하지 아니하는 처분(기소중지결정, 참고인중지결정은 제외)의 통보를 받은 날부터 30일 이내에 통지하여야 한다. 사법경찰관이 압수·수색·검증을 집행한 사건에 관하여는 검사로부터 공소를 제기하거나 제기하지 아니하는 처분(기소중지 결정 또는 참고인중지 결정은 제외)의 통보를 받거나 검찰송치를 하지 아니하는 처분(수사중지 결정은 제외) 또는 내사사건에 관하여 입건하지 아니하는 처분을 한 날부터 30일 이내에 통지해야 한다.

불기소 처분에는 기소유예나 입건유예도 포함되어 이 경우에도 통지대상이라고 본다. 그러나 아직 수사가 종결되지 않은 중간처분에 해당하는 기소중지, 참고인중지의 경우는 포함되어 있지 않다. 수사가 아직 종결되지 않은 상태에서 대상자에게 통지하여 주는 것은 은밀하게 증거를 수집하려는 압수·수색·검증의 수사성격과 부합하지 않기 때문이다. 그렇다면 법에는 규정이 없지만 중간처분에 해당하는 내사중지나 이송 등도 통지 대상에서 제외하여야 한다.

집행사실의 통지는 압수·수색·검증을 집행한 사실을 기재한 서면으로 통지해야 하는데, 서면에는 압수·수색·검증영장 집행기관, 전기통신가입자, 압수·수색·검증영장 집행 대상과 범위, 압수·수색·검증영장 집행대상 기간 등을 기재하고 있다.

라. 사후통지 결여 시 압수·수색의 적법성

통신비밀보호법은 송·수신이 완료된 전기통신에 대하여 압수·수색영장을 집행한 경우는 이를 통지하도록 하면서도 위와 같은 통지를 하지 않은 경우에 관해서는 아무런 규정을 두고 있지 않다. 여기에 대해서는 압수·수색절차의 적법성은 영장이 집행되는 단계뿐 아니라 압수·수색된 증거물의 분석이나 보관 등 일련의 절차를 거쳐 공판정에 현출될 때까지 연속되어야 한다고 하면서 증거능력을 부정하는 견해도 있으나, 이메일 압수·수색 후의 통지절차는 이메일의 특성상 사전 통지나 정보 주체의 집행 참여로는 그 목적을 달성할 수 없는 반면 정보주체의 프라이버시 등 법익 침해의 위험이 큰 점을 고려하여 개설된 제도인바, 사전통지나 절차 규정이 아니라 압수·수색이 이미 종료한 이후의 문제에 불과하므로 단순히 그러한 절차를 위반하였다고 하여 압수물의 증거능력을 부인할 수는 없을 것이다.

이와 관련하여 서울고등법원 2010노2628 판결(소위 전교조 사건)은 "…… 또한 통신비밀보호법 제9조의3이 '전기통신에 대하여 압수·수색·검증을 집행한 경우 그 사건에 관하여 공소 제기 등의 처분을 한 날부터 30일 이내에 수사대상이 된 가입자에게 그 집행 사실을 서면으로 통지하여야 한다'고 규정하고 있는데, 기록에 의하면 수사기관에서 이 사건 이메일 등의 압수·수색 이후 위와 같이 규정된 바와 같은 서면 통지를 하지 않은 사실은 인정된다.

그런데 압수된 증거물의 증거능력의 유무를 판단함에 있어서는, 수사기관의 증거 수집 과정에서 이루어진 절차 위반행위와 관련된 모든 사정 즉, 절차 조항의 취지와 그 위반의 내용 및 정도, 구체적인 위반 경위와 회피가능성, 절차 조항이 보호하고자 하는 권리 또는 법익의 성질과 침해 정도 및 피고인과의 관련성, 절차 위반행위와 증거수집 사이의 인과관계 등 관련성의 정도, 수사기관의 인식과 의도 등을 전체적·종합적으로 살펴볼 때, 수사기관의 절차 위반행위가 적법절차의 실질적인 내용을 침해하는 경우에 해당하지 아니하고, 오히려 그 증거의 증거능력을 배제하는 것이 헌법과 형사소송법이 형사소송에 관한 절차 조항을 마련하여 적법절차의 원칙과 실체적 진실 규명의 조화를 도모하고 이를 통하여 형사 사법 정의를 실현하려 한 취지에 반하는 결과를 초래하는 것으로 평가되는 예외적인 경우라면, 법원은 그 증거를 유죄 인정의 증거로 사용할 수 있다고 보아야 한다(대법원 2007. 11. 15. 선고 2007도3061 판결 참조).

　　그런데 위 통신비밀보호법의 규정은, 통신회사의 서버에 대한 압수·수색의 집행과 같이, 가입자가 인식하지 못하는 상태에서 집행되는 압수·수색의 경우 수사대상이 된 가입자에게 압수·수색의 사실 등을 사후적으로라도 알리도록 하는 것에 주요한 입법취지가 있는 것으로 보이는 점, 그런데 이 사건 압수·수색영장의 집행 당시 전교조의 직원들과 변호인들이 압수·수색 절차에 참여하여 압수·수색 사실을 이미 인식하고 있었던 것으로 보여, 적법절차 규정의 실질적인 내용을 침해한 것으로 보이지는 않는 점, 압수·수색영장의 집행 범위와 부합하지는 않으나, 수사기관에 의하여 압수·수색의 대상자인 가입자들에게 이메일 로그기록에 대하여 영장이 집행되었다는 사실의 통지는 있었던 점 등에 비추어 보면, 위와 같은 수사기관의 서면 통지의 누락이라는 절차 위반행위가 적법절차의 실질적인 내용을 침해하는 경우에 해당한다고 보기는 어렵고, 압수·수색의 결과물인 이메일 등의 증거능력을 배제하는 것이 오히려 헌법과 형사소송법이 형사소송에 관한 절차 조항을 마련하여 적법절차의 원칙과 실체적 진실 규명의 조화를 도모하고 이를 통하여 형사 사법 정의를 실현하려 한 취지에 반하는 결과를 초래하는 경우에 해당한다고 보이므로, 위 집행사실의 서면 통지를 누락하였다 하여 그 증거물의 증거능력을 배제할 수는 없다 할 것이고, 법원은 그 증거를 유죄 인정의 증거로 사용할 수 있다고 보아야 한다.

따라서 이 사건 압수·수색영장에 의한 증거물에 대하여 증거능력을 인정한 원심의 판단은 정당하고, 피고인들의 이와 관련한 주장은 이유 없다."라고 판시하고 있다. 위 판결은 대법원 2011도12407 판결로 확정되었다.[60]

제4절   기타 통신제한조치 관련 사항

Ⅰ. 통신제한조치와 감청설비

제2조(정의) 이 법에서 사용하는 용어의 정의는 다음과 같다.

8. "감청설비"라 함은 대화 또는 전기통신의 감청에 사용될 수 있는 전자장치·기계장치 기타 설비를 말한다. 다만, 전기통신 기기·기구 또는 그 부품으로서 일반적으로 사용되는 것 및 청각교정을 위한 보청기 또는 이와 유사한 용도로 일반적으로 사용되는 것 중에서, 대통령령이 정하는 것은 제외한다.

8의2. "불법감청설비탐지"라 함은 이 법의 규정에 의하지 아니하고 행하는 감청 또는 대화의 청취에 사용되는 설비를 탐지하는 것을 말한다.

제10조(감청설비에 대한 인가기관과 인가절차) ① 감청설비를 제조·수입·판매·배포·소지·사용하거나 이를 위한 광고를 하고자 하는 자는 과학기술정보통신부장관의 인가를 받아야 한다. 다만, 국가기관의 경우에는 그러하지 아니하다.

② 삭제

③ 과학기술정보통신부장관은 제1항의 인가를 하는 경우에는 인가신청자, 인가연월일, 인가된 감청설비의 종류와 수량 등 필요한 사항을 대장에 기재하여 비치하여야 한다.

④ 제1항의 인가를 받아 감청설비를 제조·수입·판매·배포·소지 또는 사용하는 자는 인가연월일, 인가된 감청설비의 종류와 수량, 비치장소 등 필요한 사항을 대장에 기재하여 비치하여야 한다. 다만, 지방자치단체의 비품으로서 그 직무수행에

---

60) 서울고등법원 2011. 9. 5. 선고 2010노2628 판결; 대법원 2012. 7. 26. 선고 2011도12407 판결.

제공되는 감청설비는 해당 기관의 비품대장에 기재한다.

⑤ 제1항의 인가에 관하여 기타 필요한 사항은 대통령령으로 정한다.

제10조의2(국가기관 감청설비의 신고) ① 국가기관(정보수사기관은 제외한다)이 감청설비를 도입하는 때에는 매 반기별로 그 제원 및 성능 등 대통령령으로 정하는 사항을 과학기술정보통신부장관에게 신고하여야 한다.

② 정보수사기관이 감청설비를 도입하는 때에는 매 반기별로 그 제원 및 성능 등 대통령령으로 정하는 사항을 국회 정보위원회에 통보하여야 한다.

제10조의3(불법감청설비탐지업의 등록 등) ① 영리를 목적으로 불법감청설비탐지업을 하고자 하는 자는 대통령령으로 정하는 바에 의하여 과학기술정보통신부장관에게 등록을 하여야 한다.

② 제1항에 따른 등록은 법인만이 할 수 있다.

③ 제1항에 따른 등록을 하고자 하는 자는 대통령령으로 정하는 이용자보호계획 · 사업계획 · 기술 · 재정능력 · 탐지장비 그 밖에 필요한 사항을 갖추어야 한다.

④ 제1항에 따른 등록의 변경요건 및 절차, 등록한 사업의 양도 · 양수 · 승계 · 휴업 · 폐업 및 그 신고, 등록업무의 위임 등에 관하여 필요한 사항은 대통령령으로 정한다.

제10조의4(불법감청설비탐지업자의 결격사유) 법인의 대표자가 다음 각호의 어느 하나에 해당하는 경우에는 제10조의3에 따른 등록을 할 수 없다.

1. 피성년후견인 또는 피한정후견인
2. 파산선고를 받은 자로서 복권되지 아니한 자
3. 금고 이상의 실형을 선고받고 그 집행이 종료(집행이 종료된 것으로 보는 경우를 포함한다)되거나 집행이 면제된 날부터 3년이 지나지 아니한 자
4. 금고 이상의 형의 집행유예를 선고받고 그 유예기간 중에 있는 자
5. 법원의 판결 또는 다른 법률에 의하여 자격이 상실 또는 정지된 자
6. 제10조의5에 따라 등록이 취소(제10조의4 제1호 또는 제2호에 해당하여 등록이 취소된 경우는 제외한다)된 법인의 취소 당시 대표자로서 그 등록이 취소된 날부터 2년이 지나지 아니한 자

제10조의5(등록의 취소) 과학기술정보통신부장관은 불법감청설비탐지업을 등록한 자
가 다음 각호의 어느 하나에 해당하는 경우에는 그 등록을 취소하거나 6개월 이내
의 기간을 정하여 그 영업의 정지를 명할 수 있다. 다만, 제1호 또는 제2호에 해당
하는 경우에는 그 등록을 취소하여야 한다.
1. 거짓이나 그 밖의 부정한 방법으로 등록 또는 변경등록을 한 경우
2. 제10조의4에 따른 결격사유에 해당하게 된 경우
3. 영업행위와 관련하여 알게된 비밀을 다른 사람에게 누설한 경우
4. 불법감청설비탐지업 등록증을 다른 사람에게 대여한 경우
5. 영업행위와 관련하여 고의 또는 중대한 과실로 다른 사람에게 중대한 손해를 입
   힌 경우
6. 다른 법률의 규정에 의하여 국가 또는 지방자치단체로부터 등록취소의 요구가
   있는 경우

1. 감청설비와 인가

"감청설비"라 함은 대화 또는 전기통신의 감청에 사용될 수 있는 전자장
치·기계장치 기타 설비를 말한다. 다만, 전기통신 기기·기구 또는 그 부품으
로서 일반적으로 사용되는 것 및 청각교정을 위한 보청기 또는 이와 유사한
용도로 일반적으로 사용되는 것 중에서, 대통령령이 정하는 것은 제외한다고
규정하고 있다(법 제2조 제8호).

법 제2조 제8호 단서에 따라 감청설비에서 제외되는 것은 감청목적으로
제조된 기기·기구가 아닌 것으로서, 1)「전기통신사업법」제2조 제4호에 따
른 사업용전기통신설비, 2)「전기통신사업법」제64조에 따라 설치한 자가전기
통신설비, 3)「전파법」제19조에 따라 개설한 무선국의 무선설비, 4)「전파
법」제58조의2에 따라 적합성평가를 받은 방송통신기자재등, 5)「전파법」제
49조 및 같은 법 제50조에 따른 전파감시업무에 사용되는 무선설비, 6)「전파
법」제58조에 따라 허가받은 통신용 전파응용설비, 7)「전기용품 및 생활용품
안전관리법」제2조 제1호에 따른 전기용품 중 오디오·비디오 응용기기(직류전
류를 사용하는 것을 포함한다), 8) 보청기 또는 이와 유사한 기기·기구, 9) 그

밖에 전기통신 및 전파관리에 일반적으로 사용되는 기기·기구 중 어느 하나에 해당하는 것을 말한다(법 시행령 제3조). 원래 송·수신이 가능한 무전기를 송신이 가능하지 않도록 마이크를 떼어내고 비치하였더라도 감청설비에 해당한다는 것이 판례이다.[61]

감청설비를 제조·수입·판매·배포·소지·사용하거나 이를 위한 광고를 하고자 하는 자는 과학기술정보통신부장관의 인가를 받아야 한다. 다만, 국가기관의 경우에는 인가를 받지 않아도 된다(법 제10조 제1항). 이에 따라 감청설비의 제조·수입·판매·배포·소지·사용·광고에 관한 인가(이하 "감청설비인가"라 한다)를 받으려는 자는 인가신청목적, 그 설비의 제원 및 성능에 관한 자료를 첨부하여 감청설비 인가신청서와 해당 감청설비 계통도를 과학기술정보통신부장관에게 제출하여야 한다(법 시행령 제22조 제1항).

인가신청서를 받은 과학기술정보통신부장관은 이를 심사하여 그 목적이 타당하고, 감청설비가 다른 전기통신설비에 위해를 미치지 아니한다고 인정되는 경우에 한하여 이를 인가한다. 이 경우 과학기술정보통신부장관은 그 인가의 종류 및 목적 등을 참작하여 인가의 유효기간을 정할 수 있다(법 시행령 제22조 제2항).

과학기술정보통신부장관은 감청설비인가를 하는 경우에는 인가신청자, 인가연월일, 인가된 감청설비의 종류와 수량 등 필요한 사항을 대장에 기재하여 비치하여야 하고(법 제10조 제3항), 신청인에게 감청설비 인가서를 발급하여야 한다(법 시행령 제22조 제3항).

과학기술정보통신부장관은 인가신청에 대하여 인가를 하지 아니한 경우에는 그 사유를 구체적으로 밝힌 문서를 신청인에게 내주어야 한다(법 시행령 제22조 제4항).

국가로부터 인가를 받아 감청설비를 제조·수입·판매·배포·소지 또는 사용하는 자는 인가연월일, 인가된 감청설비의 종류와 수량, 비치장소 등 필요한 사항을 대장에 기재하여 비치하여야 한다. 다만, 지방자치단체의 비품으로서 그 직무수행에 제공되는 감청설비는 해당 기관의 비품대장에 기재한다(법

---

61) 대법원 2003. 11. 13. 선고 2001도6213 판결.

제10조 제4항). 또한 감청설비 관리대장을 비치하고 그 관리상황을 적어야 한다(법 시행령 제23조).

과학기술정보통신부장관은 인가를 받은 자가 허위 그 밖에 부정한 방법으로 인가를 받은 것이 판명되거나 법 제10조 제4항의 감청설비 관리대장 작성 및 비치의무를 위반한 경우 그 인가를 취소하고 그 뜻을 서면으로 알려야 한다(법 시행령 제24조 제1항). 시행령 제24조 제1항에 따라 감청설비인가를 취소하려는 경우에는 청문을 실시하여야 한다(법 시행령 제26조). 감청설비인가가 취소된 자는 인가서를 지체 없이 과학기술정보통신부장관에게 반납하여야 한다(법 시행령 제24조 제2항).

감청설비인가를 받은 자는 시행령 제24조에 따라 감청설비인가가 취소되거나 법 시행령 제22조 제2항 후단에 따른 인가유효기간이 지난 경우에는 지체없이 그 감청설비의 제조·판매·사용 등의 중지, 폐기, 그 밖의 적절한 조치를 하고, 그 결과를 과학기술정보통신부장관에게 보고하여야 한다(법 시행령 제25조).

2. 국가기관의 감청설비 보유 신고

국가기관은 과학기술정보통신부장관의 인가를 받지 않고 감청설비를 보유할 수 있다(법 제10조 제1항 단서). 국가기관(정보수사기관을 제외한다)이 감청설비를 도입하는 때에는 매 반기별로 그 제원 및 성능 등 대통령령으로 정하는 사항을 과학기술정보통신부장관에게 신고하여야 한다. 시행령은 1) 감청설비의 종류 및 명칭, 2) 수량, 3) 사용전원, 4) 사용방법, 5) 감청수용능력, 6) 도입시기를 매 반기 종료 후 15일 이내에 과학기술정보통신부장관에게 신고하도록 정하고 있다. 이때 감청설비의 명칭별로 위와 같은 사항을 적은 서류를 첨부하여야 한다. 이와 달리 정보수사기관의 장은 과학기술정보통신부장관에게 신고할 필요가 없고 대신 매 반기 종료 후 15일 이내에 위와 같은 사항을 국회정보위원회에 통보하면 되고, 감청설비의 명칭별로 위와 같은 사항을 적은 서류를 첨부할 필요도 없다(법 제10조의2, 시행령 제27조).

정보수사기관에 의한 통신비밀 침해에 대한 우려가 완전히 불식되지 않은 현실에서 정보수사기관이 보유한 감청설비 현황을 관할 부처에서 일목요연하게 관리할 수 있도록 신고에 포함시키는 것이 바람직해 보인다.

한편 국가기관이 감청설비를 보유할 때 민간인이나 사기업과 차별을 두어 인가를 받지 않아도 되는 부분에 관하여 위헌소송이 제기되었으나, 헌법재판소는 "국가기관의 경우에는 감청설비의 보유 및 사용이 당해기관 내·외부기관에 의하여 관리·감독되고, 사인에 대한 통신비밀침해행위를 통제하기 위한 여러 가지 법률적 장치들이 법에 마련되어 있다. 따라서, 국가기관에 대해서는 정보통신부장관(현재는 과학기술정보통신부장관)의 인가를 요구하는 방식으로 규제할 필요성이 사인에 비하여 현저히 적으며 이러한 규제수단이 적절하다고 하기도 어렵다."고 판시하면서 사인만 인가를 받도록 규정하고 있다고 하여 평등의 원칙에 위배되지 않으며, 통신의 자유를 침해하거나 명확성의 원칙에 위배되지 아니한다고 결정한 바가 있다.[62]

3. 불법감청설비탐지업의 등록

"불법감청설비탐지"라 함은 통신비밀보호법의 규정에 의하지 아니하고 행하는 감청 또는 대화의 청취에 사용되는 설비를 탐지하는 것을 말한다(법 제2조 제8호의2). 영리를 목적으로 불법감청설비탐지업을 하고자 하는 자는 대통령령으로 정하는 바에 의하여 과학기술정보통신부장관에게 등록을 하여야 한다. 그런데 그 등록은 법인만이 할 수 있으며, 이와 같이 등록을 하고자 하는 자는 이용자보호계획·사업계획·기술·재정능력·탐지장비 그 밖에 필요한 사항을 갖추어야 한다(법 제10조의3).

법인의 대표자가 1) 피성년후견인 또는 피한정후견인, 2) 파산선고를 받은 자로서 복권되지 아니한 자, 3) 금고 이상의 실형을 선고받고 그 집행이 종료(집행이 종료된 것으로 보는 경우를 포함한다)되거나 집행이 면제된 날부터 3년이 경과되지 아니한 자, 4) 금고 이상의 형의 집행유예 선고를 받고 그 유예기간 중에 있는 자, 5) 법원의 판결 또는 다른 법률에 의하여 자격이 상실 또는 정지된 자, 6) 법 제10조의5의 규정에 의하여 등록이 취소된 법인의 취소(제10

---

62) 헌법재판소 2001. 3. 21. 2000헌바25, 판례집 13-1, 652.

조의4 제1호 또는 제2호에 해당하여 등록이 취소된 경우는 제외한다) 당시 대표자로서 그 등록이 취소된 날부터 2년이 경과되지 아니한 자 중 어느 하나에 해당하는 경우에는 등록을 할 수 없다(법 제10조의4).

등록신청을 받은 과학기술정보통신부장관은 법 시행령 제30조의 등록요건에 적합하다고 인정되는 경우에는 1) 등록번호 및 등록연월일, 2) 법인의 명칭, 3) 대표자, 4) 주된 사무소의 소재지, 5) 자본금 등을 불법감청설비탐지업 등록대장에 적고, 신청을 받은 날부터 20일 이내에 불법감청설비탐지업 등록증을 신청인에게 발급하여야 한다(법 시행령 제29조 제1항).

과학기술정보통신부장관은 시행령 제28조에 따른 등록신청에 대하여 보정이 필요하다고 인정되는 경우에는 7일 이내의 기간을 정하여 그 보정을 요구할 수 있다. 이 경우 보정에 드는 기간은 제1항의 처리기간에 산입하지 아니한다(법 시행령 제29조 제2항).

불법감청설비탐지업의 등록을 한 자가 발급받은 등록증을 잃어버렸거나 등록증이 헐어 못쓰게 된 경우에는 과학기술정보통신부장관에게 등록증의 재발급을 신청할 수 있다(법 시행령 제29조 제3항).

불법감청설비탐지업을 등록한 자가 1) 거짓이나 그 밖의 부정한 방법으로 등록 또는 변경등록을 한 경우 또는 2) 법 제10조의4의 규정에 의한 결격사유에 해당하게 된 경우에는 과학기술정보통신부장관은 등록을 취소하여야 하고, 1) 영업행위와 관련하여 알게 된 비밀을 다른 사람에게 누설한 경우, 2) 불법감청설비탐지업 등록증을 다른 사람에게 대여한 경우, 3) 영업행위와 관련하여 고의 또는 중대한 과실로 다른 사람에게 중대한 손해를 입힌 경우, 4) 다른 법률의 규정에 의하여 국가 또는 지방자치단체로부터 등록취소의 요구가 있는 경우 중 어느 하나에 해당하는 경우에는 그 등록을 취소하거나 6개월 이내의 기간을 정하여 그 영업의 정지를 명할 수 있다(법 제10조의5). 법 제10조의5에 따라 불법감청설비탐지업의 등록을 취소하려는 경우에는 청문을 실시하여야 한다(법 시행령 제26조).

불법감청설비탐지업자가 1) 명칭, 2) 대표자, 3) 주된 사무소의 소재지, 4) 이용자보호계획, 5) 사업계획, 6) 자본금, 7) 기술인력 등을 변경하려는 경

우에는 불법감청설비탐지업 변경등록신청서(전자문서로 된 신청서를 포함)에 법
인의 명칭, 대표자 또는 주된 사무소 소재지를 변경하려는 경우에는 등록증을,
이용자보호계획 또는 사업계획을 변경하려는 경우에는 변경되는 이용약관 또
는 관계 서류를, 기술인력을 변경하려는 경우에는 변경되는 기술인력의 경력
증명서를 첨부하여 과학기술정보통신부장관에게 제출하여야 한다(법 시행령 제
31조 제1항, 제2항).

법인의 명칭, 대표자, 주된 사무소 소재지 또는 자본금에 대한 변경등록신
청을 받은 과학기술정보통신부장관은 「전자정부법」 제36조 제1항에 따른 행
정정보의 공동이용을 통하여 법인 등기사항증명서와 해당 기술인력의 국가기
술자격증을 확인하여야 한다. 다만, 해당 기술인력이 국가기술자격증의 확인
에 동의하지 아니하는 경우에는 해당 국가기술자격증 사본을 첨부하도록 하여
야 한다(법 시행령 제31조 제3항).

불법감청설비탐지업자가 불법감청설비탐지업을 양도하거나 법인을 합병
(불법감청설비탐지업자인 법인이 불법감청설비탐지업자가 아닌 법인을 흡수합병하는
경우를 제외)하려는 경우에는 불법감청설비탐지업 양도·합병신고서(전자문서로
된 신고서를 포함)에 양도계약서 또는 합병계약서의 사본 및 등록증을 첨부하여
과학기술정보통신부장관에게 제출하여야 한다(법 시행령 제32조).

양도 또는 합병신고를 한 경우 불법감청설비탐지업을 양수한 자는 불법감
청설비탐지업을 양도한 자의 불법감청설비탐지업자로서의 지위를 승계하며,
법인의 합병에 의하여 설립되거나 존속하는 법인은 합병에 의하여 소멸되는
법인의 불법감청설비탐지업자로서의 지위를 승계한다(법 시행령 제33조).

불법감청설비탐지업자가 불법감청설비탐지업을 1개월 이상 휴지하거나
폐지하려는 경우에는 불법감청설비탐지업 휴지·폐지신고서에 등록증을 첨부
(불법감청설비탐지업을 폐지하는 경우에만 첨부)하여 과학기술정보통신부장관에게
신고하여야 한다. 불법감청설비탐지업의 휴지기간은 1년을 초과할 수 없다(법
시행령 제34조).

과학기술정보통신부장관은 1) 법 제10조의3 및 시행령 제31조에 따른 불
법감청설비탐지업의 등록 및 변경등록, 2) 법 제10조의5에 따른 불법감청설비

탐지업의 등록취소 및 영업정지, 3) 시행령 제26조에 따른 불법감청설비탐지업의 등록취소에 대한 청문, 4) 시행령 제32조에 따른 불법감청설비탐지업의 양도·합병신고, 5) 시행령 제34조에 따른 불법감청설비탐지업의 휴지·폐지 신고 등의 권한을 중앙전파관리소장에게 위임한다(법 시행령 제35조).

Ⅱ. 통신제한조치와 비밀준수

제11조(비밀준수의 의무) ① 통신제한조치의 허가·집행·통보 및 각종 서류작성 등에 관여한 공무원 또는 그 직에 있었던 자는 직무상 알게 된 통신제한조치에 관한 사항을 외부에 공개하거나 누설하여서는 아니된다.
② 통신제한조치에 관여한 통신기관의 직원 또는 그 직에 있었던 자는 통신제한조치에 관한 사항을 외부에 공개하거나 누설하여서는 아니된다.
③ 제1항 및 제2항에 규정된 자 외에 누구든지 이 법에 따른 통신제한조치로 알게 된 내용을 이 법에 따라 사용하는 경우 외에는 이를 외부에 공개하거나 누설하여서는 아니 된다.
④ 법원에서의 통신제한조치의 허가절차·허가여부·허가내용 등의 비밀유지에 관하여 필요한 사항은 대법원규칙으로 정한다.

1. 규정취지

통신제한조치는 장기간에 걸쳐 범죄와 관련성 없는 사항까지도 대상자가 모르는 사이에 국가기관이 탐지할 수 있는 강제처분이어서 관계자가 이를 누설할 경우 국민의 통신비밀보호에 중대한 위협이 될 수 있다. 따라서 통신제한조치에 관여하는 사람들에게 비밀준수 의무를 부과하고 이를 어길 경우 엄격하게 처벌하고 있다. 이는 형법상 공무상 비밀누설죄 등의 특별 규정이라고 봐야 한다.

2. 비밀준수의 내용

통신제한조치의 허가·집행·통보 및 각종 서류작성 등에 관여한 공무원 또는 그 직에 있었던 자는 직무상 알게 된 통신제한조치에 관한 사항을 외부에 공개하거나 누설해서는 안 된다. 통신제한조치에 관여한 통신기관의 직원 또는 그 직에 있었던 자도 통신제한조치에 관한 사항을 외부에 공개하거나 누설해서는 안 된다(법 제11조 제1항, 제2항).

그리고 기타 누구든지 이 법에 따른 통신제한조치로 알게 된 내용을 이 법에 따라 사용하는 경우 외에는 이를 외부에 공개하거나 누설해서는 안 된다(법 제11조 제3항). 공무원이라도 직무상 알게 된 것이 아닌 사람, 통신제한조치에 관여한 통신기관 직원이 아닌 사람 등도 법에 따른 사용 이외에 누설을 금지하는 내용이다.

3. 비밀준수의무 위반에 대한 처벌

통신제한조치의 허가·집행·통보 및 각종 서류작성 등에 관여한 공무원 또는 그 직에 있었던 자가 직무상 알게 된 통신제한조치에 관한 사항을 외부에 공개하거나 누설한 경우에는 10년 이하의 징역에 처하고(법 제16조 제2항 제2호), 통신제한조치에 관여한 통신기관의 직원 또는 그 직에 있었던 자가 통신제한조치에 관한 사항을 외부에 공개하거나 누설한 때에는 7년 이하의 징역에 처한다(법 제16조 제3항). 그 외의 자가 이 법에 따른 통신제한조치로 알게 된 내용을 이 법에 따라 사용하는 경우 외에 이를 외부에 공개하거나 누설한 때에는 5년 이하의 징역에 처한다(법 제16조 제4항).

III. 통신제한조치와 국회의 통제

제15조(국회의 통제) ① 국회의 상임위원회와 국정감사 및 조사를 위한 위원회는 필요한 경우 특정한 통신제한조치 등에 대하여는 법원행정처장, 통신제한조치를 청구하거나 신청한 기관의 장 또는 이를 집행한 기관의 장에 대하여, 감청설비에 대한 인가 또는 신고내역에 관하여는 과학기술정보통신부장관에게 보고를 요구할 수 있다.
② 국회의 상임위원회와 국정감사 및 조사를 위한 위원회는 그 의결로 수사관서의 감청장비보유현황, 감청집행기관 또는 감청협조기관의 교환실 등 필요한 장소에 대하여 현장검증이나 조사를 실시할 수 있다. 이 경우 현장검증이나 조사에 참여한

자는 그로 인하여 알게 된 비밀을 정당한 사유없이 누설하여서는 아니된다.
③ 제2항의 규정에 의한 현장검증이나 조사는 개인의 사생활을 침해하거나 계속중
인 재판 또는 수사중인 사건의 소추에 관여할 목적으로 행사되어서는 아니된다.
④ 통신제한조치를 집행하거나 위탁받은 기관 또는 이에 협조한 기관의 중앙행정
기관의 장은 국회의 상임위원회와 국정감사 및 조사를 위한 위원회의 요구가 있는
경우 대통령령이 정하는 바에 따라 제5조 내지 제10조와 관련한 통신제한조치보고
서를 국회에 제출하여야 한다. 다만, 정보수사기관의 장은 국회정보위원회에 제출
하여야 한다.

  통신제한조치가 국민의 통신비밀보호와 통신의 자유를 침해할 가능성이
있고, 또한 정치적으로 악용의 소지가 있다는 우려에서 입법부인 국회가 통신
제한조치의 운영상황을 직접 통제하기 위한 규정이다. 이와 같은 규정에 따라
매년 국회는 국정감사 시에 통신제한조치의 운영상황을 점검하고 관계 기관에
질의를 하고 있다.

제 4 장

통신사실확인자료

제 4 장

통신사실확인자료

제1절 범죄수사를 위한 통신사실확인자료제공

I. 범죄수사를 위한 통신사실확인자료제공의 절차

제2조(정의) 이 법에서 사용하는 용어의 정의는 다음과 같다.

11. "통신사실확인자료"라 함은 다음 각목의 어느 하나에 해당하는 전기통신사실에 관한 자료를 말한다.

    가. 가입자의 전기통신일시

    나. 전기통신개시·종료시간

    다. 발·착신 통신번호 등 상대방의 가입자번호

    라. 사용도수

    마. 컴퓨터통신 또는 인터넷의 사용자가 전기통신역무를 이용한 사실에 관한 컴퓨터통신 또는 인터넷의 로그기록자료

    바. 정보통신망에 접속된 정보통신기기의 위치를 확인할 수 있는 발신기지국의 위치추적자료

    사. 컴퓨터통신 또는 인터넷의 사용자가 정보통신망에 접속하기 위하여 사용하는 정보통신기기의 위치를 확인할 수 있는 접속지의 추적자료

제13조(범죄수사를 위한 통신사실 확인자료제공의 절차) ① 검사 또는 사법경찰관은 수사 또는 형의 집행을 위하여 필요한 경우 전기통신사업법에 의한 전기통신사업자(이하 "전기통신사업자"라 한다)에게 통신사실 확인자료의 열람이나 제출(이하 "통

신사실 확인자료제공"이라 한다)을 요청할 수 있다.

② 검사 또는 사법경찰관은 제1항에도 불구하고 수사를 위하여 통신사실확인자료 중 다음 각 호의 어느 하나에 해당하는 자료가 필요한 경우에는 다른 방법으로는 범죄의 실행을 저지하기 어렵거나 범인의 발견·확보 또는 증거의 수집·보전이 어려운 경우에만 전기통신사업자에게 해당 자료의 열람이나 제출을 요청할 수 있다. 다만, 제5조 제1항 각 호의 어느 하나에 해당하는 범죄 또는 전기통신을 수단으로 하는 범죄에 대한 통신사실확인자료가 필요한 경우에는 제1항에 따라 열람이나 제출을 요청할 수 있다.

1. 제2조 제11호 바목·사목 중 실시간 추적자료

2. 특정한 기지국에 대한 통신사실확인자료

③ 제1항 및 제2항에 따라 통신사실 확인자료제공을 요청하는 경우에는 요청사유, 해당 가입자와의 연관성 및 필요한 자료의 범위를 기록한 서면으로 관할 지방법원 (군사법원을 포함한다. 이하 같다) 또는 지원의 허가를 받아야 한다. 다만, 관할 지방법원 또는 지원의 허가를 받을 수 없는 긴급한 사유가 있는 때에는 통신사실 확인자료제공을 요청한 후 지체 없이 그 허가를 받아 전기통신사업자에게 송부하여야 한다.

④ 제3항 단서에 따라 긴급한 사유로 통신사실확인자료를 제공받았으나 지방법원 또는 지원의 허가를 받지 못한 경우에는 지체 없이 제공받은 통신사실확인자료를 폐기하여야 한다.

⑤ 검사 또는 사법경찰관은 제3항에 따라 통신사실 확인자료제공을 받은 때에는 해당 통신사실 확인자료제공요청사실 등 필요한 사항을 기재한 대장과 통신사실 확인자료제공요청서 등 관련자료를 소속기관에 비치하여야 한다.

⑥ 지방법원 또는 지원은 제3항에 따라 통신사실 확인자료제공 요청허가청구를 받은 현황, 이를 허가한 현황 및 관련된 자료를 보존하여야 한다.

⑦ 전기통신사업자는 검사, 사법경찰관 또는 정보수사기관의 장에게 통신사실 확인자료를 제공한 때에는 자료제공현황 등을 연 2회 과학기술정보통신부장관에게 보고하고, 해당 통신사실 확인자료 제공사실등 필요한 사항을 기재한 대장과 통신사실 확인자료제공요청서등 관련자료를 통신사실확인자료를 제공한 날부터 7년간 비치하여야 한다.

⑧ 과학기술정보통신부장관은 전기통신사업자가 제7항에 따라 보고한 내용의 사실여부 및 비치하여야 하는 대장등 관련자료의 관리실태를 점검할 수 있다.

⑨ 이 조에서 규정된 사항 외에 범죄수사를 위한 통신사실 확인자료제공과 관련된 사항에 관하여는 제6조(제7항 및 제8항은 제외한다)의 규정을 준용한다.

> **제13조의2(법원에의 통신사실확인자료제공)** 법원은 재판상 필요한 경우에는 민사소송법 제294조 또는 형사소송법 제272조의 규정에 의하여 전기통신사업자에게 통신사실확인자료제공을 요청할 수 있다.

1. 통신사실확인자료의 의의

통신사실확인자료라 함은 1) 가입자의 전기통신일시, 2) 전기통신개시·종료시간, 3) 발·착신 통신번호 등 상대방의 가입자번호, 4) 사용도수, 5) 컴퓨터통신 또는 인터넷의 사용자가 전기통신역무를 이용한 사실에 관한 컴퓨터통신 또는 인터넷의 로그기록자료, 6) 정보통신망에 접속된 정보통신기기의 위치를 확인할 수 있는 발신기지국의 위치추적자료, 7) 컴퓨터통신 또는 인터넷의 사용자가 정보통신망에 접속하기 위하여 사용하는 정보통신기기의 위치를 확인할 수 있는 접속지의 추적자료와 같은 전기통신에 관한 자료를 말한다(법 제2조 제11호). 즉 전기통신 사용자가 언제, 어떤 전기통신과, 어떤 기지국을 이용하여 전기통신을 하였는지를 알 수 있는 자료들이다.

통신제한조치가 통신의 내용(call contents)을 당사자의 동의 없이 기계장치 등을 이용하여 지득하는 등의 행위를 말하는 데 비하여 통신사실확인자료는 언제 누구와 얼마 동안 통신이 이루어졌는지를 알려 주는 자료(call data)를 말한다.

「전기통신사업법」상의 통신자료는 이용자의 성명 및 주민등록번호, 이용자의 주소, 이용자의 전화번호, 이용자의 아이디(컴퓨터시스템이나 통신망의 정당한 이용자임을 알아보기 위한 이용자 식별부호), 이용자의 가입일 또는 해지일과 같이,[1] 통신의 내용이나 통신의 부수적 내용인 통신사실확인자료가 아니라 통신과는 관련이 없는 전기통신 가입자의 인적사항에 관한 내용을 말한다는 점에서 서로 구별된다.

또 송·수신이 완료된 전기통신은 통신 내용을 당사자의 동의 없이 취득하는 것이지만 실시간으로 통신 내용을 취득하는 것이 아니라는 점에서 전기통신의 감청과는 차이가 있다.

---

[1] 전기통신사업법 제83조 제3항.

우리나라 법체계는 통신 내용에 대한 실시간 청취인 통신제한조치는 매우 엄격한 요건에 의해 취득할 수 있고, 송·수신이 완료된 통신내용에 대한 취득은 일반 형사소송법상의 압수·수색의 원칙에 의해 취득할 수 있다. 또 통신의 내용이 아니라 통신과 관련한 간접사실인 통신사실확인자료는 필요성만 있으면 취득할 수 있고, 통신의 부수사항에 불과한 통신자료는 사실조회에 의해 취득할 수 있도록 하여 나름대로 논리적인 체계를 갖추고 있다.

2. 통신사실확인자료 제공요청의 사유

검사 또는 사법경찰관이 요청하는 경우에는 '수사 또는 형의 집행을 위하여 필요한 경우'이고, 법원이 요청하는 경우에는 '재판상 필요한 경우'이다(법 제13조 제1항, 제13조의2).

여기서 '필요한 경우'가 어떤 경우인지 문제되나 수사기관의 단순한 주관적 필요성으로는 부족하고 수사기관이 범죄수사나 형의 집행을 위하여 해당 통신사실확인자료제공요청이 필요하다고 판단하고 이를 소명할 수 있는 객관적 자료를 수집하여 첨부해야 한다. 헌법재판소는 "통신사실확인자료가 범인의 발견이나 범죄사실의 입증에 기여할 개연성이 충분히 소명되어야 그 필요성이 인정될 수 있다."고 하였다. 예컨대 "'위치정보 추적자료가 범인의 발견이나 범죄사실의 입증에 기여할 개연성이 충분히 소명된다는 전제 하에, 범인을 발견·확보하며 증거를 수집·보전하는 수사기관의 활동을 위하여 그 목적을 달성할 수 있는 범위 안에서 관련 있는 자에 대한 위치정보 추적자료 제공요청이 필요한 경우'를 의미한다."[2]

구속요건인 '상당한 이유'나, 통신제한조치의 요건인 '충분한 이유'보다는 완화된 요건임이 분명한데, 형사소송법상의 압수·수색의 요건인 '필요성'과는 어떨까. 형사소송법상의 압수·수색은 사생활의 자유와 주거의 자유를 정면에서 제한하는 강제처분임에 반해 통신사실확인자료는 전술한 바와 같이 통신이 있었음을 알 수 있는 간접사실에 불과하여 통신의 비밀을 침해하는 정도가 미약하고, 국가에 따라서는 수사기관이 취득할 때 법관이 관여하지 않는 경우도

---

2) 헌법재판소 2018. 6. 28. 2012헌마191등, 판례집 30-1하, 564, 576.

있음을 볼 때 형사소송법상의 필요성보다는 완화된 조건이라고 생각한다. 실무에서도 필요성 여부에 대한 소명자료를 첨부할 때 일반 압수·수색영장을 청구할 때가 통신사실확인자료 제공요청 허가청구를 할 때보다 엄격한 자료를 첨부한다.

〈논점 I 〉

'수사의 필요성'만으로 법원의 허가를 얻어 '특정 기지국을 이용하여 착·발신한 전화번호, 착·발신 시간, 통화시간, 수·발신 번호 등'의 통신사실확인자료를 제공받을 수 있는가?

⟹ 헌법재판소 2018. 6. 28. 2012헌마538(일명, 통신비밀보호법 '기지국수사' 사건; 계속적용 헌법불합치 6 : 합헌 3)

[판시사항] 통신비밀보호법(2005. 5. 26. 법률 제7503호로 개정된 것) 제13조 제1항 중 '검사 또는 사법경찰관은 수사를 위하여 필요한 경우 전기통신사업법에 의한 전기통신사업자에게 가입자의 전기통신일시, 전기통신개시·종료시간, 발·착신 통신번호 등 상대방의 가입자번호, 사용도수의 열람이나 제출을 요청할 수 있다.' 부분이 과잉금지원칙에 위반되어 청구인의 개인정보자기결정권과 통신의 자유를 침해하는지 여부(적극)

[판결요지] 헌법재판소의 다수의견은 이동전화의 이용과 관련하여 필연적으로 발생하는 통신사실 확인자료는 비록 비내용적 정보이지만 여러 정보의 결합과 분석을 통해 정보주체에 관한 정보를 유추해낼 수 있는 민감한 정보인 점, 수사기관의 통신사실 확인자료 제공요청에 대해 법원의 허가를 거치도록 규정하고 있으나 수사의 필요성만을 그 요건으로 하고 있어 제대로 된 통제가 이루어지기 어려운 점, 기지국수사의 허용과 관련하여서는 유괴·납치·성폭력범죄 등 강력범죄나 국가안보를 위협하는 각종 범죄와 같이 피의자나 피해자의 통신사실 확인자료가 반드시 필요한 범죄로 그 대상을 한정하는 방안 또는 다른 방법으로는 범죄수사가 어려운 경우(보충성)를 요건으로 추가하는 방안 등을 검토함으로써 수사에 지장을 초래하지 않으면서도 불특정 다수의 기본권을 덜 침해하는 수단이 존재하는 점을 고려할 때, 이 사건 요청조항은 과잉금지원칙에 반하여 청구인의 개인정보자기결정권과 통신의 자유를 침해한다고 판시하였다.

이에 대하여 기지국 수사는 주로 초동수사 단계에서 혐의자를 좁혀나가는 수사기법으로 활용되고 있으며, 범죄에 대한 초기 대응의 중요성과 필요성에 비추어 보면, 범죄예방과 사건의 조기해결을 위하여 수사기관으로 하여금 특정 시간대 특정 기지국에 있었던 불특정 다수인의 통신사실 확인자료까지도 그 제공을 요청할 수 있도록 허용할 필요성이 큰 반면, 통신사실 확인자료는 통신을 하기 위하여 필연적으로 발생하는 통신이용의 전반적 상황에 관한 정보로서 전자적으로 저장되는 '비내용적 정보'라는 점에서 구체적인 통신내용을 대상으로 하는 '범죄수사를 위한 통신제한조치'(통신비밀보호법 제5조 이하)와 달리 기본권 제한의 정도가 그리 심각하지 아니하므로 이 사건 요청조항은 과잉금지원칙을 위반하지 아니한다는 반대의견도 있었다.

〈논점 Ⅱ〉

'수사를 위하여 필요한 경우' 전기통신사업자에게 '위치정보 추적자료'를 요청할 수 있는가?

➡ **헌법재판소 2018. 6. 28. 2012헌마191등**(일명, 통신비밀보호법 '위치정보 추적자료' 사건; 계속적용 헌법불합치 6 : 합헌 3)

[판시사항] 통신비밀보호법(2005. 5. 26. 법률 제7503호로 개정된 것) 제13조 제1항 중 '검사 또는 사법경찰관은 수사를 위하여 필요한 경우' 전기통신사업법에 의한 전기통신사업자에게 '정보통신망에 접속된 정보통신기기의 위치를 확인할 수 있는 발신기지국의 위치추적자료, 컴퓨터통신 또는 인터넷의 사용자가 정보통신망에 접속하기 위하여 사용하는 정보통신기기의 위치를 확인할 수 있는 접속지의 추적자료'의 열람이나 제출을 요청할 수 있도록 한 부분이 과잉금지원칙에 위반되어 청구인들의 개인정보자기결정권과 통신의 자유를 침해하는지 여부(적극)

[판결요지] 헌법재판소의 다수의견은 수사기관은 위치정보 추적자료를 통해 특정 시간대 정보주체의 위치 및 이동상황에 대한 정보를 취득할 수 있으므로 위치정보 추적자료는 충분한 보호가 필요한 민감한 정보에 해당되는 점, 그럼에도 이 사건 요청조항은 수사기관의 광범위한 위치정보 추적자료 제공요청을 허용하여 정보주체의 기본권을 과도하게 제한하는 점, 위치정보 추적자료의 제공요청과 관련하여서는 실시간 위치추적 또는 불특정 다수에 대한 위치추적의 경우 보충성 요건을 추가하거나 대상범죄의 경중에 따라 보충성 요건을 차등적으로 적용함으로써 수사에 지장

을 초래하지 않으면서도 정보주체의 기본권을 덜 침해하는 수단이 존재하는 점, 수사기관의 위치정보 추적자료 제공요청에 대해 법원의 허가를 거치도록 규정하고 있으나 수사의 필요성만을 그 요건으로 하고 있어 절차적 통제마저도 제대로 이루어지기 어려운 현실인 점 등을 고려할 때, 이 사건 요청조항은 과잉금지원칙에 반하여 청구인들의 개인정보자기결정권과 통신의 자유를 침해한다고 판시하였다.

이에 대하여 초동수사 단계에서 활용되는 통신사실 확인자료의 특성상 위치정보는 피의자 등의 행적을 추적하거나 그 신병을 확보하기 위해 사용되는 점, 범죄예방과 사건의 조기해결을 위하여 모든 범죄에서 피의자 등의 통신사실 확인자료를 제공요청할 수 있게 할 필요성이 인정되는 점, 위치정보 등 통신사실 확인자료는 비내용적 정보로서 기본권 제한의 정도가 심각하지 않은 점, 보충성 요건이 반드시 필요한 범죄와 그렇지 않은 범죄를 나누는 기준도 모호하고 보충성 요건을 추가할 경우 수사지연과 추가범죄로 연결될 가능성이 있는 점, 관련규정에 의하면 그 요청사유, 가입자와의 연관성, 필요한 자료의 범위를 기록한 서면을 통해 법원의 허가를 얻어 통신사실확인자료 제공 요청을 하도록 하고 있어 필요 최소한의 범위에서 이를 허용하고 있는 점 등을 종합하여 볼 때, 이 사건 요청조항은 과잉금지원칙에 반하여 개인정보자기결정권 및 통신의 자유를 침해하지 아니한다는 반대의견도 있었다.

위의 헌법재판소 결정 이후 2019년 개정법률로, 법 제13조 제1항에도 불구하고 검사 또는 사법경찰관이 수사를 위하여 통신사실확인자료 중 '1) 정보통신망에 접속된 정보통신기기의 위치를 확인할 수 있는 발신기지국의 위치추적자료와 컴퓨터통신 또는 인터넷의 사용자가 정보통신망에 접속하기 위하여 사용하는 정보통신기기의 위치를 확인할 수 있는 접속지의 추적자료 중 실시간 추적 자료 또는 2) 특정한 기지국에 대한 통신사실확인자료'가 필요한 경우에는 '다른 방법으로는 범죄의 실행을 저지하기 어렵거나 범인의 발견·확보 또는 증거의 수집·보전이 어려운 경우'에만 전기통신사업자에게 해당 자료의 열람이나 제출을 요청할 수 있도록 규정함으로써, 실시간 위치정보 추적자료 또는 특정한 기지국에 대한 통신사실확인자료의 요청에 대해서는 보충성 요건을 추가하였다. 다만, 범죄수사를 위한 통신제한조치가 가능한 범죄 또는 전기통신을 수단으로 하는 범죄에 대한 통신사실확인자료가 필요한 경우에는 제1항에 따라 열람이나 제출을 요청할 수 있다(법 제13조 제2항).

수사상 필요할 때 통신사실확인자료를 요청할 수 있는 것이 원칙이므로 행방불명자나 가출자를 찾기 위한 경우에는 그들이 범죄의 주체나 객체가 되었을 가능성이 있어 수사에 착수하였음이 소명된 경우 이외에는 통신사실확인자료 제공요청을 할 수 없다. 또 수사라고 되어 있으나 내사의 경우에도 통신사실확인자료 요청을 할 수 있다고 본다. 다만 내사단계에서의 강제수사는 엄격하게 운용하는 것이 바람직하므로 필요성을 판단할 때 신중하게 할 필요가 있다. 형에는 자유형 집행이나 재산형 집행 모두 포함된다.

3. 통신사실확인자료 제공요청의 절차

가. 요청기관

범죄수사를 위한 통신사실확인자료 제공을 요청할 수 있는 기관은 검사 또는 사법경찰관이다. 법원도 재판상 필요한 경우에는 통신사실확인자료를 요청할 수 있다. 사법경찰관은 검사에게 신청하여 검사의 청구로 통신사실확인자료를 확보할 수 있다. 정보수사기관에 근무하는 사법경찰관도 범죄수사를 위해서는 본 조항에 의해 통신사실확인자료 제공요청을 할 수 있음은 물론이다.

특별사법경찰관의 경우는 「사법경찰관리의 직무를 행할 자와 그 직무범위에 관한 법률」(이하 '사법경찰직무법')에 정해진 '직무를 수행할 자의 직무범위와 수사 관할' 내에서 수사를 목적으로 하는 통신사실확인자료 제공요청을 할 수 있다. 그러므로 특별사법경찰관이 통신사실확인자료를 요청해 온 경우에는 「사법경찰직무법」제6조에 규정된 '직무를 수행할 자의 직무범위와 수사 관할'에 속하는지 확인하여 법원에 청구할 것인지를 검토한 후 '직무범위와 수사관할'에 포함되지 않을 경우 기각해야 할 것이다.

나. 대상자

법에 규정은 없으나 피의자, 피내사자, 자유형 미집행자 및 재산형 미집행자 등에 대해 통신사실확인자료 제공요청을 할 수 있다.

다. 요청대상기관

통신사실확인자료 제공을 요청하는 대상기관은「전기통신사업법」에 의한 전기통신사업자이다. 따라서 전기통신사업자가 아닌 자에 대해 통신사실확인 자료 제공을 요청하는 경우에는 통신비밀보호법상의 통신사실확인자료 제공요 청 절차를 취할 수 없다.

전기통신사업자는「전기통신사업법」에 따라 등록 또는 신고(신고가 면제된 경우를 포함)를 하고 전기통신역무를 제공하는 자를 말한다. 전기통신역무란 전기통신설비를 이용하여 타인의 통신을 매개하거나 전기통신설비를 타인의 통신용으로 제공하는 것을 말한다(전기통신사업법 제2조 제6호, 제7호, 제8호). 전 기통신사업자에는 전기통신회선설비를 설치하고, 그 전기통신회선설비를 이용 하여 기간통신역무를 제공하는 기간통신사업자, 부가통신역무를 제공하는 부 가통신사업자 등이 있다(전기통신사업법 제5조).

위와 같이 통신사실확인자료 제공을 요청하는 대상기관이「전기통신사업 법」에 따른 전기통신사업자가 아닌 공공기관이나 회사의 경우에는 통신비밀보 호법상의 통신사실확인자료 제공요청 절차를 취할 수 없고 형사소송법의 일반 원칙에 따라 해결할 수밖에 없다. 즉 검사 또는 사법경찰관은 수사에 관하여 필요한 사항을 알고 있거나 자료를 소지하고 있는 "공무소 기타 공사단체에 조회하여 필요한 사항의 보고를 요구할 수 있다."는 규정에 따라 소위 사실조 회를 이용할 수 있다(형사소송법 제199조 제2항). 수사기관의 사실조회요구에 대 해서 상대방은 답변할 의무를 부담하는가에 대해서는 답변할 의무가 있기는 하나 강제할 수단은 없는 것으로 이해하고 있다. 따라서 수사기관이 사실조회 를 요구해도 상대방이 답변하지 않으면 형사소송법상의 압수·수색영장을 받 아 확보할 수 밖에 없다.

라. 요청방법

통신사실확인자료를 요청하는 경우에는 요청사유, 해당 가입자와의 연관 성 및 필요한 자료의 범위를 기록한 서면으로 관할 지방법원(군사법원을 포함) 또는 지원의 허가를 받아야 한다(법 제13조 제3항). 실무적으로 통신사실확인자료를 요청함에는 대상자의 인적사항, 해당 전기통신사업자, 요청사유, 해당 가입자와의 연관성, 필요한 자료의 범위 등을 기재한 통신사실확인자료 제공요청 허가청구서에 의하고 있다.

여기서 '요청사유' 기재란에는 '당청 제000호 사건과 관련, 피의자 등을 체포하기 위함', '당청 제000호 사건과 관련 증거수집을 위함' 등과 같이 통신사실확인자료를 요청하는 사유를 구체적으로 기재한다. '해당 가입자와의 연관성'란에는 '가입자 홍길동은 우리청 제00호 사건의 피의자임', '가입자 홍길동은 우리청 제000호 사건의 중요 참고인임' 등과 같이 가입자가 대상자와 어떤 관계가 있는지를 구체적으로 기재한다. 또 '필요한 자료의 범위'란에는 '홍길동 명의의 휴대폰 010-1234-4567에 대한 ㅇㅇㅇㅇ. ㅇㅇ. ㅇㅇ.부터 ㅇㅇㅇㅇ. ㅇㅇ. ㅇㅇ.까지 통화사실 조회' 등으로 기재한다.

통신사실확인자료 제공요청은 위와 같이 작성된 통신사실확인자료 제공요청 허가청구서를 관할 지방법원 또는 지원에 제출하여 허가를 받아야 한다. 여기의 "관할 지방법원 또는 지원"이란 피의자 또는 피내사자의 주소지·소재지, 범죄지 또는 해당 가입자의 주소지·소재지를 관할하는 지방법원 또는 지원을 말한다고 규정되어 있다(법 시행령 제37조 제1항). 이는 범죄수사를 위한 통신제한조치 허가는 '법원'에 청구할 수 있고, 압수·수색영장은 '지방법원 판사'에게 청구할 수 있다고 규정되어 있는 것과 차이가 있다. 이와 관련하여 부산에 주소를 둔 사람이 광주에서 범행을 범하고, 대전에 주소를 두고 거주하는 사람 명의의 휴대폰을 가지고, 수도권에서 출몰하여 서울에서 수사하는 경우 등과 같이 어느 법원에 통신사실확인자료 제공요청 허가청구서를 제출해야 하는지 혼란이 있을 수 있고, 시행령에 규정을 두고 있는 합리적 이유는 없어 보이므로 삭제하는 것이 좋겠다는 의견이 있다.

동일한 범죄의 수사 또는 동일인에 대한 형의 집행을 위하여 피의자 또는 피내사자가 아닌 다수의 가입자에 대하여 통신사실확인자료 제공의 요청이 필요한 경우에는 1건의 허가청구서에 의할 수 있다(법 시행령 제37조 제2항).

4. 긴급통신사실확인자료 제공요청

범죄수사를 위한 긴급통신사실확인자료 제공요청은 검사 또는 사법경찰관이 범죄수사나 형의 집행을 위하여 통신사실확인자료 제공요청을 하려고 하나 긴급한 사유로 인하여 관할 지방법원 또는 지원의 허가를 받을 수 없는 때, 우선 통신사실확인자료 제공을 요청한 후 사후에 법원의 허가를 받아 전기통신사업자에게 송부하는 제도이다(법 제13조 제3항).

긴급한 사유에 대해서는 형사소송법상의 긴급 압수·수색과 같이 특별한 규정이 없다. 따라서 정상적인 절차를 통하여 통신사실확인자료를 제공받으면 혐의자를 특정하지 못하여 신병을 놓칠 우려가 있다는 등의 사유를 말한다고 할 수 있다.

긴급통신제한조치는 '국가안보를 위협하는 음모행위, 직접적인 사망이나 심각한 상해의 위험을 야기할 수 있는 범죄 또는 조직범죄 등 중대한 범죄의 계획이나 실행 등 긴박한 상황에 있고 제5조 제1항 또는 제7조 제1항 제1호의 규정에 의한 요건을 구비한 자에 대하여 제6조 또는 제7조 제1항 및 제3항의 규정에 의한 절차를 거칠 수 없는 긴급한 사유가 있는 때에는 법원의 허가없이 통신제한조치를 할 수 있'는데(법 제8조 제1항), 긴급통신사실확인자료 제공요청은 그것보다는 완화된 요건이라고 본다.

긴급통신사실확인자료를 제공받은 경우는 '지체 없이' 법원의 허가를 받아 전기통신사업자에게 제공해야 한다(법 제13조 제3항 단서). 그리고 긴급한 사유로 통신사실확인자료를 제공받았으나 지방법원 또는 지원의 허가를 받지 못한 경우에는 지체 없이 제공받은 통신사실확인자료를 폐기하여야 한다(법 제13조 제4항).

5. 집행 및 집행과 관련한 부수조치

통신사실확인자료 제공요청은 특별한 규정이 없는 한 통신제한조치 집행에 관한 규정을 준용하도록 되어 있다(법 시행령 제37조 제3항, 제4항). 따라서 통신사실확인자료 제공요청 집행에 관해서도 통신제한조치 집행과 같이 전기통신사업자의 협조를 받아 집행하면 된다.

가. 협조요청 및 집행위탁

검사, 사법경찰관이 전기통신사업자에게 통신사실확인자료 제공에 관한 협조를 요청하는 경우에는 통신사실확인자료 제공요청 허가서 또는 긴급통신사실 확인자료 제공요청서의 표지의 사본을 발급하고 자신의 신분을 표시할 수 있는 증표를 전기통신사업자의 장에게 제시하여야 한다(법 시행령 제12조 준용).

검사, 사법경찰관이 통신사실확인자료 제공요청 허가서를 집행할 때 「전기통신사업법」에 따른 전기통신사업자에게 통신사실확인자료 제공요청의 집행을 위탁할 수 있다(법 시행령 제13조 제1항). 이때 전기통신사업자에 대하여 소속기관의 장이 발행한 위탁의뢰서와 함께 통신사실확인자료 제공요청 허가서나 긴급통신사실확인자료 제공요청서의 표지의 사본을 교부하고 자신의 신분을 표시할 수 있는 증표를 제시하여야 한다(법 시행령 제13조 제2항 준용).

검사, 사법경찰관은 전기통신사업자에게 통신사실확인자료 제공요청 허가서 또는 긴급통신사실확인자료 제공요청서 표지의 사본을 발급하거나 신분을 표시하는 증표를 제시하는 경우에는 모사전송의 방법에 의할 수 있다(법 제13조 제9항, 시행령 제37조 제5항).

통신사실확인자료 제공요청 허가서를 집행할 때에는 그 집행으로 인하여 전기통신의 정상적인 소통 및 그 유지·보수 등에 지장을 초래하지 아니하도록 하여야 한다(법 시행령 제11조 제1항). 또 통신사실확인자료 제공요청 허가서를 집행하는 자는 그 집행으로 인하여 알게 된 타인의 비밀을 누설하거나 통신사실확인자료 제공의 조치를 받는 자의 명예를 해하지 아니하도록 하여야 한다(법 시행령 제11조 제2항 준용).

검사 또는 사법경찰관이 통신사실확인자료 제공을 받은 때에는 당해 통신사실확인자료 제공요청사실 등 필요한 사항을 기재한 대장과 통신사실확인자료 제공요청서 등 관련 자료를 소속기관에 비치하여야 한다(법 제13조 제5항).

지방법원 또는 지원은 통신사실확인자료 제공요청 허가청구를 받은 현황,

이를 허가한 현황 및 관련된 자료를 보존하여야 한다(법 제13조 제6항).

나. 전기통신사업자의 의무

(1) 집행협조의무 등

전기통신사업자는 검사·사법경찰관 또는 정보수사기관의 장이 이 법에 따라 집행하는 통신사실확인자료 제공의 요청에 협조하여야 한다(법 제15조의 2).[3] 전기통신사업자는 통신사실확인자료를 제공한 경우에는 통신사실확인자료 제공대장에 그 제공사실을 기록하여야 한다(법 시행령 제38조).

전기통신사업자는 검사, 사법경찰관 또는 정보수사기관의 장에게 통신사실확인자료를 제공한 때에는 자료제공현황 등을 연 2회, 즉 매 반기 종료 후 30일 이내에[4] 과학기술정보통신부장관에게 보고하고, 당해 통신사실확인자료 제공사실 등 필요한 사항을 기재한 대장과 통신사실확인자료 제공요청서 등 관련 자료를 통신사실확인자료를 제공한 날부터 7년간 비치하여야 한다(법 제13조 제7항).

통신제한조치 집행과 관련한 대장은 원칙적으로 3년간 보존하도록 되어 있는데(법 시행령 제17조 제2항), 통신사실확인자료 제공과 관련한 대장은 7년간 비치하도록 되어 있어서 균형이 맞지 않는 면이 있어 보인다.

전기통신사업자가 통신사실확인자료제공 현황 등을 과학기술정보통신부장관에게 보고하지 아니하거나 관련 자료를 비치하지 아니한 경우는 3년 이하의 징역 또는 1천만원 이하의 벌금에 처하도록 되어 있다(법 제17조 제2항 제4호).

과학기술정보통신부장관은 전기통신사업자가 보고한 내용의 사실 여부

---

3) 전기통신사업자의 협조의무와 관련, 1) 야간 또는 공휴일에는 긴급한 통신사실확인자료제공요청 집행과 통신자료만 제공하고 있는데, 대검 과학수사담당관실 직원을 통하여 협조요청을 해야 하는 것으로 협의가 되었고, 2) 실시간 발신기지국 위치추적자료에 대해서는 대검 통신수사 담당자를 통할 경우 5분 단위로도 받을 수 있으며, 3) 해당 전기통신 가입자의 동의가 있는 경우에는 법관의 허가서나 수사기관 명의의 요청서 없이도 통신사실확인자료나 통신자료를 제공받을 수 있으나 이때에는 전기통신가입자가 스스로 신청한 경우로 해석하여 6개월분과 발신기지국 자료만 얻을 수 있었다.
4) 통신비밀보호법 시행령 제39조.

및 비치하여야 하는 대장 등 관련자료의 관리실태를 점검할 수 있다(법 제13조 제8항). 그 밖에 통신제한조치에 관한 통신비밀보호법 시행령 제17조 통신제한 조치허가서 등의 표지 사본 기재사항, 제18조 통신제한조치 집행 후의 조치에 관한 규정, 제19조 통신제한조치 집행에 관한 통지의 유예에 관한 규정, 제20 조 수탁업무 취급담당자의 지정에 관한 규정, 제21조 업무위탁 등에 따른 비 용의 부담 및 설비의 제공에 관한 규정 등은 통신사실확인자료 제공요청에 준 용된다(시행령 제37조 제3항).

(2) 통신사실확인자료 보관의무

전기통신사업자는 통신사실확인자료를 일정 기간 보관하여야 한다. 즉, 가입자의 전기통신일시, 전기통신개시·종료시간, 발·착신 통신번호 등 상대 방의 가입자번호, 사용도수, 정보통신망에 접속된 정보통신기기의 위치를 확 인할 수 있는 발신기지국의 위치추적자료 관련자료는 12개월 동안 보관하고, 시외·시내전화역무와 관련된 자료는 6개월간 보관하도록 되어 있다. 실무에 서는 이동통신 관련 자료는 12개월간 보관하고, 유선전화 관련 자료는 6개월 간 보관하고 있다.

기타 컴퓨터통신 또는 인터넷의 사용자가 전기통신역무를 이용한 사실에 관한 컴퓨터통신 또는 인터넷의 로그기록자료, 컴퓨터통신 또는 인터넷의 사 용자가 정보통신망에 접속하기 위하여 사용하는 정보통신기기의 위치를 확인 할 수 있는 접속지의 추적자료 등은 3개월간 보관하도록 되어 있다(법 시행령 제41조 제2항).

II. 범죄수사를 위한 통신사실확인자료 제공의 통지

제13조의3(범죄수사를 위한 통신사실 확인자료제공의 통지) ① 검사 또는 사법경찰관은 제13조에 따라 통신사실 확인자료제공을 받은 사건에 관하여 다음 각 호의 구분에 따라 정한 기간 내에 통신사실 확인자료제공을 받은 사실과 제공요청기관 및 그 기간 등을 통신사실 확인자료제공의 대상이 된 당사자에게 서면으로 통지하여야

한다.

1. 공소를 제기하거나, 공소제기 · 검찰송치를 하지 아니하는 처분(기소중지 · 참고인중지 또는 수사중지 결정은 제외한다) 또는 입건을 하지 아니하는 처분을 한 경우 : 그 처분을 한 날부터 30일 이내. 다만, 다음 각 목의 어느 하나에 해당하는 경우 그 통보를 받은 날부터 30일 이내

   가. 수사처검사가 「고위공직자범죄수사처 설치 및 운영에 관한 법률」 제26조 제1항에 따라 서울중앙지방검찰청 소속 검사에게 관계 서류와 증거물을 송부한 사건에 관하여 이를 처리하는 검사로부터 공소를 제기하거나 제기하지 아니하는 처분(기소중지 또는 참고인중지 결정은 제외한다)의 통보를 받은 경우

   나. 사법경찰관이 「형사소송법」 제245조의5 제1호에 따라 검사에게 송치한 사건으로서 검사로부터 공소를 제기하거나 제기하지 아니하는 처분(기소중지 또는 참고인중지 결정은 제외한다)의 통보를 받은 경우

2. 기소중지 · 참고인중지 또는 수사중지 결정을 한 경우 : 그 결정을 한 날부터 1년(제6조 제8항 각 호의 어느 하나에 해당하는 범죄인 경우에는 3년)이 경과한 때부터 30일 이내. 다만, 다음 각 목의 어느 하나에 해당하는 경우 그 통보를 받은 날로부터 1년(제6조 제8항 각 호의 어느 하나에 해당하는 범죄인 경우에는 3년)이 경과한 때부터 30일 이내

   가. 수사처검사가 「고위공직자범죄수사처 설치 및 운영에 관한 법률」 제26조 제1항에 따라 서울중앙지방검찰청 소속 검사에게 관계 서류와 증거물을 송부한 사건에 관하여 이를 처리하는 검사로부터 기소중지 또는 참고인중지 결정의 통보를 받은 경우

   나. 사법경찰관이 「형사소송법」 제245조의5 제1호에 따라 검사에게 송치한 사건으로서 검사로부터 기소중지 또는 참고인중지 결정의 통보를 받은 경우

3. 수사가 진행 중인 경우 : 통신사실 확인자료제공을 받은 날부터 1년(제6조 제8항 각 호의 어느 하나에 해당하는 범죄인 경우에는 3년)이 경과한 때부터 30일 이내

② 제1항 제2호 및 제3호에도 불구하고 다음 각 호의 어느 하나에 해당하는 사유가 있는 경우에는 그 사유가 해소될 때까지 같은 항에 따른 통지를 유예할 수 있다.

1. 국가의 안전보장, 공공의 안녕질서를 위태롭게 할 우려가 있는 경우

2. 피해자 또는 그 밖의 사건관계인의 생명이나 신체의 안전을 위협할 우려가 있는 경우

3. 증거인멸, 도주, 증인 위협 등 공정한 사법절차의 진행을 방해할 우려가 있는 경우
4. 피의자, 피해자 또는 그 밖의 사건관계인의 명예나 사생활을 침해할 우려가 있
   는 경우
③ 검사 또는 사법경찰관은 제2항에 따라 통지를 유예하려는 경우에는 소명자료를
첨부하여 미리 관할 지방검찰청 검사장의 승인을 받아야 한다. 다만, 수사처검사가
제2항에 따라 통지를 유예하려는 경우에는 소명자료를 첨부하여 미리 수사처장의
승인을 받아야 한다.
④ 검사 또는 사법경찰관은 제2항 각 호의 사유가 해소된 때에는 그 날부터 30일
이내에 제1항에 따른 통지를 하여야 한다.
⑤ 제1항 또는 제4항에 따라 검사 또는 사법경찰관으로부터 통신사실 확인자료제
공을 받은 사실 등을 통지받은 당사자는 해당 통신사실 확인자료제공을 요청한 사
유를 알려주도록 서면으로 신청할 수 있다.
⑥ 제5항에 따른 신청을 받은 검사 또는 사법경찰관은 제2항 각 호의 어느 하나에
해당하는 경우를 제외하고는 그 신청을 받은 날부터 30일 이내에 해당 통신사실
확인자료제공 요청의 사유를 서면으로 통지하여야 한다.
⑦ 제1항부터 제5항까지에서 규정한 사항 외에 통신사실 확인자료제공을 받은 사
실 등에 관하여는 제9조의2(제3항은 제외한다)를 준용한다.

1. 규정의 취지

수사기관이 전기통신사업자로부터 통신사실확인자료 제공을 받고도 이를
통지하지 않으면 대상자는 자신의 통화내역을 국가기관에서 탐지했는지조차
알 수가 없다. 다른 강제수사 수단이 사전에 영장을 제시하거나, 관계자를 참
여시키거나 혹은 미리 통지하는 등으로 대상자가 자신의 통신내역을 국가기관
이 취득했다는 것을 알 수 있는 것과 대조적이다. 이런 상태에서 취득된 자료
가 증거로 제출되는 등 개인의 통신비밀이 침해될 우려가 있다는 문제가 제기
되어 통신사실확인자료를 제공받은 경우에는 사후에라도 이를 통지해 주어야
한다는 취지에서 통지조항이 2005. 5.에 규정되었다.

그러나 구법에서는 기소중지결정이나 수사 중에는 수사기관에게 위치정
보 추적자료 등의 통신사실확인자료를 제공받은 사실에 관하여 통지할 의무를
부과하지 아니하고, 수사기관이 그 사실을 통지할 때에도 위치정보 추적자료

등의 통신사실확인자료 제공요청 사유를 통지사항으로 규정하지 아니하였다. 헌법재판소는 이러한 구법의 통지조항에 대해 적법절차원칙에 위배되어 청구인들의 개인정보자기결정권을 침해하므로, 헌법에 위반된다고 하였다.[5] 이에 따라 2019년 개정법률에서는 기소중지결정이나 수사 중인 경우까지 통지의무를 확대하였고, 통신사실확인자료 제공사유에 대한 당사자의 신청권 규정을 신설하였다.

2. 통지의 내용과 시기

검사 또는 사법경찰관이 범죄수사 또는 형집행을 위해 통신사실확인자료를 제공받은 경우에는 통신사실 확인자료제공을 받은 사실과 제공요청기관 및

---

5) 헌법재판소 2018. 6. 28. 2012헌마191등, 판례집 30－1하, 564, 583－585. "수사기관의 위치정보 추적자료 제공요청은 법원의 허가를 얻어 전기통신사업자를 상대로 이루어지므로, 정보주체로서는 그 사실을 통보받기 전까지는 자신의 위치정보 추적자료가 어떤 절차와 내용으로 제공되었는지를 알 수 없는 구조이다. 수사기관의 위치정보 추적자료 제공요청과 관련해서, 수사기관이 정보주체에게 사전에 통지한다든지 또는 검사의 기소중지결정이나 수사가 진행되는 동안 통지하는 것은 범인의 발견·확보 및 증거의 수집·보전을 불가능하게 하거나 대단히 어려워지게 하여 실체적 진실발견과 국가형벌권의 적정한 행사에 역행할 수 있다. 그러나 이와 같이 수사의 밀행성 확보가 필요하다 하더라도, 수사기관의 권한남용을 방지하고 정보주체의 기본권을 보호하기 위해서는, 정보주체에게 위치정보 추적자료 제공과 관련하여 적절한 고지와 실질적인 의견진술의 기회가 부여되어야 한다.
   그럼에도 이 사건 통지조항은 수사기관이 전기통신사업자로부터 위치정보 추적자료를 제공받은 사실에 대해, 그 제공과 관련된 사건에 대하여 수사가 계속 진행되거나 기소중지결정이 있는 경우에는 정보주체에게 통지할 의무를 규정하지 않고 있다. 이에 따라, 통신사실확인자료를 제공받은 사건에 관하여 기소중지결정이 있거나 수사·내사가 장기간 계속되는 경우에는, 정보주체는 그 기간이 아무리 길다 하여도 자신의 위치정보가 범죄수사에 활용되었거나 활용되고 있다는 사실을 알 수 있는 방법이 없다. 또한 이 사건 통지조항은 수사기관이 정보주체에게 위치정보 추적자료의 제공을 통지하는 경우에도 그 사유에 대해서는 통지하지 아니할 수 있도록 함으로써 정보주체는 수사기관으로부터 통신사실 확인자료 제공사실 등에 대해 사후통지를 받더라도 자신의 위치정보 추적자료가 어떠한 사유로 수사기관에게 제공되었는지 전혀 짐작할 수도 없다. 그 결과, 정보주체는 위치정보 추적자료와 관련된 수사기관의 권한남용에 대해 적절한 대응을 할 수 없게 된다.
   수사기관의 위치정보 추적자료 제공사실의 통지와 관련해서는, 실체적 진실발견과 국가형벌권의 적정한 행사에 지장을 초래하지 아니하면서도 피의자 등 정보주체의 기본권을 덜 침해하는 방법이 가능하다. … 이러한 점들을 종합할 때, 이 사건 통지조항이 규정하는 사후통지는 헌법 제12조에 의한 적법절차원칙에서 요청되는 적절한 고지라고 볼 수 없으므로, 이 사건 통지조항은 헌법상 적법절차원칙에 위배된다."

그 기간 등을 통신사실 확인자료제공의 대상이 된 당사자에게 서면으로 통지하여야 한다(법 제13조의3 제1항).

통지의 구체적 절차, 내용 등은 범죄수사를 위한 통신제한조치 집행 후 통지의 경우와 거의 유사하다. 다만, 통신사실확인자료 제공사실의 통지는 기소중지·참고인중지, 수사중지 결정뿐만 아니라 수사중인 경우에도 통지하도록 처분범위를 확대하였다.

통지의무자는 검사가 통신사실확인자료제공요청을 집행한 사건의 경우는 검사가 통지의무자이고, 사법경찰관이 집행한 사건은 사법경찰관이 통지의무자이다.

통지시기는 통신사실확인자료 제공요청을 집행한 사건의 처분에 따라 구분하여 정하고 있다. 즉, 1) 공소를 제기하거나, 공소제기·검찰송치를 하지 아니하는 처분(기소중지·참고인중지 또는 수사중지 결정은 제외) 또는 입건을 하지 아니하는 처분을 한 경우에는 그 처분을 한 날부터 30일 이내에(다만, ① 수사처검사가 「고위공직자범죄수사처 설치 및 운영에 관한 법률」 제26조 제1항에 따라 서울중앙지방검찰청 소속 검사에게 관계 서류와 증거물을 송부한 사건에 관하여 이를 처리하는 검사로부터 공소를 제기하거나 제기하지 아니하는 처분(기소중지 또는 참고인중지 결정은 제외)의 통보를 받은 경우 또는 ② 사법경찰관이 「형사소송법」 제245조의5 제1호에 따라 검사에게 송치한 사건으로서 검사로부터 공소를 제기하거나 제기하지 아니하는 처분(기소중지 또는 참고인중지 결정은 제외)의 통보를 받은 경우에는 그 통보를 받은 날부터 30일 이내), 2) 기소중지·참고인중지 또는 수사중지 결정을 한 경우에는 그 결정을 한 날부터 1년(법 제6조 제8항 각 호의 어느 하나에 해당하는 범죄인 경우에는 3년)이 경과한 때부터 30일 이내에(다만, ① 수사처검사가 「고위공직자범죄수사처 설치 및 운영에 관한 법률」 제26조 제1항에 따라 서울중앙지방검찰청 소속 검사에게 관계 서류와 증거물을 송부한 사건에 관하여 이를 처리하는 검사로부터 기소중지 또는 참고인중지 결정의 통보를 받은 경우 또는 ② 사법경찰관이 「형사소송법」 제245조의5 제1호에 따라 검사에게 송치한 사건으로서 검사로부터 기소중지 또는 참고인중지 결정의 통보를 받은 경우에는 그 통보를 받은 날로부터 1년(법 제6조 제8항 각 호의 어느 하나에 해당하는 범죄인 경우에는 3년)이 경과한 때부터 30일 이내), 3) 수사가 진행 중인 경우에는 통신사실확인자료제공을 받은 날부터 1년(법 제6조 제8항 각 호의 어느 하나에 해당하는 범죄인 경우에는 3년)이 경과한 때부터 30일 이내에 통지하여야 한다(법 제13조의3 제1항).

통지대상자는 해당 전기통신의 가입자이며, 통지방법은 통신사실확인자료제공요청을 집행한 사실 및 그 집행기관 및 그 기간, 통신사실확인자료 제공요청의 대상과 종류, 통신사실확인자료제공요청의 범위 등을 기재한 서면으로 통지하여야 한다.

3. 통지의 유예

통신사실확인자료제공을 받은 사실은 위와 같이 법 제13조의3 제1항 각 호의 구분에 따라 정한 기간 내에 대상자 등에게 통지하는 것이 원칙이다. 그러나 통신사실확인자료제공을 받은 사실을 통지할 경우 1) 국가의 안전보장·공공의 안녕질서를 위태롭게 할 우려가 있는 때, 2) 피해자 또는 그 밖의 사건관계인의 생명이나 신체의 안전을 위협할 우려가 있는 때, 3) 증거인멸, 도주, 증인 위협 등 공정한 사법절차의 진행을 방해할 우려가 있는 때, 4) 피의자, 피해자 또는 그 밖의 사건관계인의 명예나 사생활을 침해할 우려가 있는 때 중 어느 하나에 해당할 때에는 그 사유가 해소될 때까지 통지를 유예할 수 있다(법 제13조의3 제2항).

검사 또는 사법경찰관이 통지를 유예하고자 하는 경우에는 소명자료를 첨부하여 미리 관할 지방검찰청 검사장의 승인을 얻어야 한다. 다만, 수사처검사가 통지를 유예하려는 경우에는 소명자료를 첨부하여 미리 수사처장의 승인을 받아야 한다(법 제13조의3 제3항). 이때 검사는 집행한 통신사실확인자료 제공요청의 종류·대상·범위·기간, 통신사실확인자료 제공요청을 집행한 사건의 처리일자·처리결과, 통지를 유예하려는 사유 등을 적은 서면으로 신청하여야 한다. 또 사법경찰관은 관할 지방검찰청검사장의 승인을 신청하는 서면을 관할 지방검찰청 또는 지청(관할 보통검찰부를 포함한다)에 제출하여야 한다. 이와 같이 신청을 받은 관할 지방검찰청검사장은 통지를 유예하려는 사유 등을 심사한 후 그 결과를 검사 또는 사법경찰관에게 통지하여야 한다(법 시행령 제37

조 제3항, 제19조).

통신제한조치집행사실 미통지시와는 달리 통신사실확인자료요청사실 미통지시에는 제재규정이 마련되어 있지 않다. 헌법재판소는 구법의 위치정보 추적자료 제공사실의 통지조항에 대한 헌법불합치 결정 시 통지의무 위반에 대한 제재조항이 없는 입법상태도 참작하였으나,[6] 여전히 통지의무 위반에 대한 제재조항은 공백인 상태이다.

4. 당사자의 신청에 의한 제공요청 사유 통지

검사 또는 사법경찰관으로부터 통신사실 확인자료제공을 받은 사실 등을 통지받은 당사자는 해당 통신사실 확인자료제공을 요청한 사유를 알려주도록 서면으로 신청할 수 있다(법 제13조의3 제5항). 신청을 받은 검사 또는 사법경찰관은 앞에 언급한 통지유예사유에 해당하는 경우를 제외하고는 그 신청을 받은 날부터 30일 이내에 해당 통신사실 확인자료제공 요청의 사유를 서면으로 통지하여야 한다(동조 제6항).

제2절 국가안보를 위한 통신사실확인자료제공

제13조의4(국가안보를 위한 통신사실 확인자료제공의 절차 등) ① 정보수사기관의 장은 국가안전보장에 대한 위해를 방지하기 위하여 정보수집이 필요한 경우 전기통신사

---

6) 헌법재판소 2018. 6. 28. 2012헌마191등, 판례집 30-1하, 564, 585. "…… 위에서 언급한 바와 같이, 위치정보 추적자료 제공과 관련된 수사기관의 통지의무의 실효성을 확보하기 위해서는 그 의무위반에 대한 제재조항이 있어야 한다. 그런데 검사 또는 사법경찰관이 통신제한조치의 집행에 관한 통지를 하지 아니하면 3년 이하의 징역 또는 1천만 원 이하의 벌금에 처하도록 하는 것(통신비밀보호법 제17조 제2항 제3호)과는 달리, 통신사실 확인자료 제공과 관련된 수사기관의 통지의무 위반에 대하여는 아무런 제재규정도 마련되어 있지 아니하다. 그 결과, 수사기관이 정보주체에게 위치정보 추적자료 제공과 관련된 통지를 하지 아니하더라도 이를 통제할 방법이 전혀 없고, 실제로 수사기관이 이러한 통지의무를 이행하지 아니한 사례도 상당수 발견된다. 이러한 점들을 종합할 때, 이 사건 통지조항이 규정하는 사후통지는 헌법 제12조에 의한 적법절차원칙에서 요청되는 적절한 고지라고 볼 수 없으므로, 이 사건 통지조항은 헌법상 적법절차원칙에 위배된다."

업자에게 통신사실 확인자료제공을 요청할 수 있다.

② 제7조 내지 제9조 및 제9조의2 제3항·제4항·제6항의 규정은 제1항의 규정에 의한 통신사실 확인자료제공의 절차 등에 관하여 이를 준용한다. 이 경우 "통신제한조치"는 "통신사실 확인자료제공 요청"으로 본다.

③ 통신사실확인자료의 폐기 및 관련 자료의 비치에 관하여는 제13조 제4항 및 제5항을 준용한다.

I. 국가안보를 위한 통신사실확인자료제공의 절차

정보수사기관의 장은 국가안전보장에 대한 위해를 방지하기 위하여 정보수집이 필요한 경우 전기통신사업자에게 통신사실 확인자료제공을 요청할 수 있다(법 제13조의4 제1항).

1. 요청기관과 허가권자

요청기관은 정보수사기관의 장이다. 국가안보를 위한 통신사실확인자료제공요청 중 일방 또는 쌍방이 내국인인 경우에는 정보수사기관의 장은 고등검찰청 검사에게 신청하여 고등검찰청 검사의 청구에 의해 고등법원 수석판사의 허가를 받아야 하고, 당사자가 외국인인 경우에는 대통령의 승인을 받으면된다(법 제7조 준용).

2. 요청 사유와 방법

국가안전보장에 대한 위해를 방지하기 위하여 정보수집이 필요한 경우에 통신사실 확인자료제공을 요청할 수 있다. 그리고 국가안보를 위한 통신제한조치에 관한 규정을 국가안보를 위한 통신사실 확인자료제공의 절차에 준용하도록 하였다(법 제13조의4 제2항).

범죄수사를 위한 통신사실확인자료제공요청의 경우에는 요청사유, 해당가입자와의 연관성 및 필요한 자료의 범위를 기록한 서면으로 관할 지방법원(군사법원을 포함) 또는 지원의 허가를 받으면 되는 것으로 되어 있는데 반해(법 제13조 제2항), 국가안보를 위한 통신사실확인자료 제공요청의 경우는 통신

제한조치의 경우를 준용하도록 되어 있어서 법령상으로는 다소 엄격한 절차가
필요한 것으로 되어 있으나 실제는 범죄수사를 위한 경우와 비슷하게 운영되
는 것이 아닌가 한다.

국가안보를 위한 통신사실확인자료제공요청에 범죄수사를 위한 통신사실
확인자료제공요청의 경우보다 오히려 엄격한 방법을 요구하는 것은 보호법익
과 수단과의 균형이 맞지 않아 보인다. 통신제한조치 집행방법 중에서 적용되
는 경우와 적용되지 않는 경우도 애매한 상황이므로 국가안보를 위한 통신사
실확인자료 제공요청의 절차 등에 대해 별도의 규정을 두고 준수하도록 하는
것이 타당해 보인다.

Ⅱ. 긴급통신사실확인자료제공요청

통신비밀보호법은 국가안보를 위한 긴급통신사실확인자료제공요청에 대
하여 긴급통신제한조치에 관한 제8조 규정을 준용하고 있으므로 국가안보를
위협하는 음모행위 등 긴박한 상황에 있고, 통신의 일방 또는 쌍방당사자가
내국인인 때에는 고등법원 수석부장판사의 허가를 거칠 수 없는 긴급한 사유
가 있는 때에 법원의 허가없이 통신사실확인자료제공요청을 할 수 있다(법 제
13조의4 제2항, 제8조 제1항).

범죄수사를 위한 긴급통신사실확인자료 제공요청은 검사 또는 사법경찰
관이 범죄수사나 형의 집행을 위하여 통신사실확인자료제공요청을 하려고 하
나 긴급한 사유로 인하여 관할 지방법원 또는 지원의 허가를 받을 수 없는 때
에 우선 통신사실 확인자료제공을 요청한 후 사후에 법원의 허가를 받아 전기
통신사업자에게 송부하는(법 제13조 제2항) 제도로서, '국가안보를 위협하는 음
모행위, 직접적인 사망이나 심각한 상해의 위험을 야기할 수 있는 범죄 또는
조직범죄 등 중대한 범죄의 계획이나 실행 등 긴박한 상황에 있고 제5조 제1
항 또는 제7조 제1항 제1호의 규정에 의한 요건을 구비한 자에 대하여 제6조
또는 제7조 제1항 및 제3항의 규정에 의한 절차를 거칠 수 없는 긴급한 사유
가 있는 때에는 법원의 허가없이 통신제한조치를 할 수(법 제8조 제1항) 있는'

긴급통신제한조치의 요건보다는 완화된 요건이라고 본다.

그러므로 결국 국가안보를 위한 긴급통신사실확인자료제공요청 역시 범죄수사를 위한 긴급통신사실확인자료제공요청의 경우보다도 오히려 강화된 요건으로 규정되어 있어서 표면적으로 보호법익과 수단과의 균형이 맞지 않아 보인다. 따라서 국가안보를 위한 긴급통신사실확인자료제공요청의 경우도 범죄수사를 위한 긴급통신사실확인자료제공요청의 규정을 준용하여 전반적 요건을 완화시키되, 법의 규제 영역으로 끌어들일 필요성이 있어 보인다.

긴급통신사실확인자료를 제공받은 경우는 '지체 없이' 법원의 허가를 받아 전기통신사업자에게 제공해야 한다. 긴급한 사유로 통신사실확인자료를 제공받았으나 지방법원 또는 지원의 허가를 받지 못한 경우에는 지체 없이 제공받은 통신사실확인자료를 폐기하여야 한다(법 제13조의4 제3항, 제13조 제3항).

III. 국가안보를 위한 통신사실확인자료제공요청 집행 및 집행통지

1. 제공요청의 집행

국가안보를 위한 통신사실확인자료제공요청의 집행은 통신제한조치의 집행에 관한 법 제9조를 준용하도록 되어 있다. 따라서 통신사실 확인자료제공요청 허가를 청구 또는 신청한 정보수사기관의 장이 집행한다.

2. 집행통지 및 통지유예

범죄수사를 위한 통신사실확인자료제공요청의 경우 통신사실 확인자료제공을 받은 해당사건에 관하여 법 제13조의3 제1항 각 호의 구분에 따라 정한 기간 내에 통신사실 확인자료제공을 받은 사실과 제공요청기관 및 그 기간 등을 서면으로 통지하도록(법 제13조의3 제1항) 규정되어 있다. 반면에 국가안보를 위한 통신사실확인자료제공요청의 경우는 통신제한조치에 관한 법 제9조의2 제3항을 준용하도록 되어 있고, 동 조항은 "정보수사기관의 장은 제7조 제1항 제1호 본문 및 제8조 제1항의 규정에 의한 통신제한조치를 종료한 날부터 30일 이내에 우편물 검열의 경우에는 그 대상자에게, 감청의 경우에는 그 대상이 된 전기통신의 가입자에게 통신제한조치를 집행한 사실과 집행기관 및 그 기간 등을 서면으로 통지하여야 한다."라고 규정하고 있다. 따라서 국가안보를 위한 통신제한조치를 준용하는 법의 규정의 취지에 비추어 통신사실확인자료를 제공받은 날로부터 30일 이내에 그 대상이 된 전기통신의 가입자에게 통신사실확인자료제공요청을 한 사실과 집행기관 등을 서면으로 통지해야 하는 것으로 이해된다.

다만, 1) 통신사실 확인자료제공사실을 통지할 경우 국가의 안전보장·공공의 안녕질서를 위태롭게 할 현저한 우려가 있는 때, 2) 통신사실 확인자료제공사실을 통지할 경우 사람의 생명·신체에 중대한 위험을 초래할 염려가 현저한 때에는 그 사유가 해소될 때까지 통지를 유예할 수 있고, 그 사유가 해소된 때에는 해소된 날로부터 30일 이내에 통지를 해야 한다(법 제9조의2 제4항, 제6항 준용).

제3절   기타 통신사실확인자료 관련 사항

Ⅰ. 통신사실확인자료 제공요청과 비밀준수 및 자료사용 제한

> **제13조의5(비밀준수의무 및 자료의 사용 제한)** 제11조 및 제12조의 규정은 제13조의 규정에 의한 통신사실 확인자료제공 및 제13조의4의 규정에 의한 통신사실 확인자료제공에 따른 비밀준수의무 및 통신사실확인자료의 사용제한에 관하여 이를 각각 준용한다.

1. 규정의 취지

통신사실확인자료도 통신비밀의 보호와 밀접한 관련이 있는 자료이므로 통신제한조치의 경우를 준용하여 이를 취급하는 공무원이나 통신회사 직원들에게 비밀을 준수하도록 하고 있고, 통신사실확인자료의 사용을 제한하고 있다.

2. 비밀준수

통신사실확인자료 제공요청의 허가·집행·통보 및 각종 서류작성 등에 관여한 공무원 또는 그 직에 있었던 자는 직무상 알게 된 통신사실확인자료 제공에 관한 사항을 외부에 공개하거나 누설해서는 안 된다. 또 통신사실확인자료 제공요청에 관여한 통신기관의 직원 또는 그 직에 있었던 자는 통신사실확인자료 제공에 관한 사항을 외부에 공개하거나 누설하여서는 아니된다. 나아가 공무원이나 통신회사 직원 이외에 누구든지 이 법의 규정에 의한 통신사실확인자료제공요청으로 지득한 내용을 이 법의 규정에 의하여 사용하는 경우 외에는 이를 외부에 공개하거나 누설하여서는 안 된다(법 제13조의5, 제11조).

3. 자료사용 제한

통신사실확인자료 제공요청의 집행으로 인하여 취득된 통신사실확인자료는 1) 통신사실확인자료 제공요청의 목적이 된 범죄나 이와 관련되는 범죄를 수사 및 소추하거나 그 범죄를 예방하기 위한 경우, 2) 앞의 범죄로 인한 징계절차에 사용되는 경우, 3) 통신의 당사자가 제기하는 손해배상소송에서 사용하는 경우, 4) 기타 다른 법률의 규정에 의하여 사용하는 경우 이외는 사용할 수 없다(법 제13조의5, 제12조).

그런데 원래 통신제한조치로 인해 취득한 자료의 사용제한에 관한 법 제12조 제1호는 '통신제한조치의 목적이 된 제5조 제1항에 규정된 범죄나 이와 관련되는 범죄를 수사·소추하거나 그 범죄를 예방하기 위하여 사용하는 경우'라고 되어 있어서 이를 준용하는 통신사실확인자료 제공요청의 경우에도 법 제5조 제1항에 규정된 범죄나 이와 관련된 범죄의 수사 및 소추에만 사용되어야 하는가 하는 의문이 있다. 그러나 통신사실확인자료 제공요청은 법 제5조 제1항에 규정된 범죄만을 대상으로 하는 것이 아닌데, 통신사실확인자료는 법 제5조 제1항 범죄에만 사용하라고 하는 것은 합리성이 없으므로 통신사실확인자료제공요청에 의해 수집된 자료는 통신사실확인자료 제공요청의 목적이 된 해당 범죄나 그와 관련된 범죄의 수사 및 소추에 사용될 수 있다고 해석하여

야 할 것이다.[7]

여기서 '통신사실확인자료 제공요청의 목적이 된 범죄와 관련된 범죄'란 "통신사실 확인자료제공요청 허가서에 기재한 혐의사실과 객관적 관련성이 있고 자료제공 요청대상자와 피의자 사이에 인적 관련성이 있는 범죄를 의미한다. 그중 혐의사실과의 객관적 관련성은, 통신사실 확인자료제공요청 허가서에 기재된 혐의사실 자체 또는 그와 기본적 사실관계가 동일한 범행과 직접 관련되어 있는 경우는 물론 범행 동기와 경위, 범행 수단 및 방법, 범행 시간과 장소 등을 증명하기 위한 간접증거나 정황증거 등으로 사용될 수 있는 경우에도 인정될 수 있다. 다만 통신비밀보호법이 통신사실확인자료의 사용 범위를 제한하고 있는 것은 특정한 혐의사실을 전제로 제공된 통신사실확인자료가 별건의 범죄사실을 수사하거나 소추하는 데 이용되는 것을 방지함으로써 통신의 비밀과 자유에 대한 제한을 최소화하는 데 입법 취지가 있다. 따라서 그 관련성은 통신사실 확인자료제공요청 허가서에 기재된 혐의사실의 내용과 수사의 대상 및 수사 경위 등을 종합하여 구체적·개별적 연관관계가 있는 경우에만 인정되고, 혐의사실과 단순히 동종 또는 유사 범행이라는 사유만으로 관련성이 있는 것은 아니다. 그리고 피의자와 사이의 인적 관련성은 통신사실 확인자료제공요청 허가서에 기재된 대상자의 공동정범이나 교사범 등 공범이나 간접정범은 물론 필요적 공범 등에 대한 피고사건에 대해서도 인정될 수 있다."[8]

II. 통신사실확인자료와 통신자료

전기통신사업법 제83조(통신비밀의 보호) ① 누구든지 전기통신사업자가 취급 중에 있

7) 대법원 2014. 10. 27. 선고 2014도2121 판결. "통신사실확인자료의 사용제한에 관하여 통신비밀보호법 제12조 제1호를 준용하도록 한 같은 법 제13조의5에 의하면, 통신사실확인자료 제공요청에 의하여 취득한 통신사실확인자료를 범죄의 수사·소추 또는 예방을 위하여 사용하는 경우 그 대상범죄는 통신사실확인자료 제공요청의 목적이 된 범죄나 이와 관련된 범죄에 한정된다고 할 것이다."
8) 대법원 2017. 1. 25. 선고 2016도13489 판결.

는 통신의 비밀을 침해하거나 누설하여서는 아니 된다.

② 전기통신업무에 종사하는 사람 또는 종사하였던 사람은 그 재직 중에 통신에 관하여 알게 된 타인의 비밀을 누설하여서는 아니 된다.

③ 전기통신사업자는 법원, 검사 또는 수사관서의 장(군 수사기관의 장, 국세청장 및 지방국세청장을 포함한다. 이하 같다), 정보수사기관의 장이 재판, 수사(「조세 범 처벌법」 제10조 제1항·제3항·제4항의 범죄 중 전화, 인터넷 등을 이용한 범칙 사건의 조사를 포함한다), 형의 집행 또는 국가안전보장에 대한 위해를 방지하기 위한 정보수집을 위하여 다음 각 호의 자료의 열람이나 제출(이하 "통신자료제공" 이라 한다)을 요청하면 그 요청에 따를 수 있다.

1. 이용자의 성명
2. 이용자의 주민등록번호
3. 이용자의 주소
4. 이용자의 전화번호
5. 이용자의 아이디(컴퓨터시스템이나 통신망의 정당한 이용자임을 알아보기 위한 이용자 식별부호를 말한다)
6. 이용자의 가입일 또는 해지일

④ 제3항에 따른 통신자료제공 요청은 요청사유, 해당 이용자와의 연관성, 필요한 자료의 범위를 기재한 서면(이하 "자료제공요청서"라 한다)으로 하여야 한다. 다 만, 서면으로 요청할 수 없는 긴급한 사유가 있을 때에는 서면에 의하지 아니하는 방법으로 요청할 수 있으며, 그 사유가 없어지면 지체 없이 전기통신사업자에게 자 료제공요청서를 제출하여야 한다.

⑤ 전기통신사업자는 제3항과 제4항의 절차에 따라 통신자료제공을 한 경우에는 해당 통신자료제공 사실 등 필요한 사항을 기재한 대통령령으로 정하는 대장과 자 료제공요청서 등 관련 자료를 갖추어 두어야 한다.

⑥ 전기통신사업자는 대통령령으로 정하는 방법에 따라 통신자료제공을 한 현황 등을 연 2회 과학기술정보통신부장관에게 보고하여야 하며, 과학기술정보통신부장 관은 전기통신사업자가 보고한 내용의 사실 여부 및 제5항에 따른 관련 자료의 관 리 상태를 점검할 수 있다.

⑦ 전기통신사업자는 제3항에 따라 통신자료제공을 요청한 자가 소속된 중앙행정 기관의 장에게 제5항에 따른 대장에 기재된 내용을 대통령령으로 정하는 방법에 따라 알려야 한다. 다만, 통신자료제공을 요청한 자가 법원인 경우에는 법원행정처 장에게 알려야 한다.

⑧ 전기통신사업자는 이용자의 통신비밀에 관한 업무를 담당하는 전담기구를 설

치·운영하여야 하며, 그 전담기구의 기능 및 구성 등에 관한 사항은 대통령령으로 정한다.

⑨ 자료제공요청서에 대한 결재권자의 범위 등에 관하여 필요한 사항은 대통령령으로 정한다.

1. 통신자료의 의의

통신자료는 「전기통신사업법」상의 개념으로 '이용자의 성명 및 주민등록번호, 이용자의 주소, 이용자의 전화번호, 이용자의 아이디(컴퓨터시스템이나 통신망의 정당한 이용자임을 알아보기 위한 이용자 식별부호), 이용자의 가입일 또는 해지일' 등을 말한다(전기통신사업법 제83조 제3항). 이는 통신의 내용이 아님은 물론 통신의 부수적 내용인 통신사실확인자료가 아니라 통신과는 직접적인 관련이 없는 전기통신 가입자의 인적사항 등에 관한 것이라는 점에서 서로 구별된다는 것을 전술하였다.

수사기관 등이 전기통신사업자에게 통신사실확인자료와 구별되는 통신자료의 제공을 요청할 수 있도록 한 것은 2000. 1. 28. 법률 제6230호로 개정된 「전기통신사업법」 제54조 제3항이다. 이후 몇 차례의 개정을 거치면서 통신자료 제공요청의 주체가 법원, 국세청장, 지방국세청장 등으로 확대되고, 통신자료 제공요청 사유에 재판, 조세범처벌법 중 일부 범칙사건의 조사를 위한 경우가 추가되었으며, 2010. 3. 22. 전기통신사업법이 법률 제10166호로 전부개정되면서 그 내용이 현재와 같이 제83조에 규정되었다.

이용자의 인적사항은 전화번호나 ID를 알고 있는 상태에서 가입자의 인적사항을 파악하려고 하는 경우이다. 특정 시간, 특정 유동IP를 제시하고 가입자의 인적사항을 파악하는 것도 같다. 그리고 이때 전화번호 또는 ID는 해당 통신사업자에게 가입한 전화번호나 ID를 말한다.

이와 같은 통신자료는 법원의 영장없이 「전기통신사업법」 제83조와 「형사소송법」 제199조의 규정에 의해 제공받을 수 있다.

〈논점〉

검사 또는 수사관서의 장으로부터 통신자료제공을 요청받은 전기통신사업자는 개별 사안의 구체적 내용을 살펴 통신자료 제공여부를 실질적으로 심사할 의무가 있는가? 대법원 판결은 그렇지 않다는 입장이다.

➡ **대법원 2016. 3. 10. 선고 2012다105482 판결**(전기통신사업자가 수사관서의 장으로부터 정보통신망 이용촉진 및 정보보호 등에 관한 법률상 명예훼손죄 수사를 위한 통신자료 제공요청을 받고, 수사관서의 장에게 '이용자의 아이디, 성명, 주민등록번호, 이메일 주소, 휴대폰 번호, 가입일자'를 제공한 사안에 대하여 개인정보 주체가 전기통신사업자에게 손해배상을 청구한 사건)

[판시사항] 전기통신사업자가 검사 또는 수사관서의 장의 요청에 따라 구 전기통신사업법 제54조 제3항(2010. 3. 22. 법률 제10166호로 전부 개정된 후에는 제83조 제3항으로 되었다), 제4항에서 정한 형식적·절차적 요건을 심사하여 이용자의 통신자료를 제공한 경우, 이용자의 개인정보자기결정권이나 익명표현의 자유 등을 위법하게 침해한 것으로 볼 수 있는지 여부(원칙적 소극)

[판결요지] 검사 또는 수사관서의 장이 수사를 위하여 구 전기통신사업법(2010. 3. 22. 법률 제10166호로 전부 개정되기 전의 것) 제54조 제3항, 제4항에 의하여 전기통신사업자에게 통신자료의 제공을 요청하고, 이에 전기통신사업자가 위 규정에서 정한 형식적·절차적 요건을 심사하여 검사 또는 수사관서의 장에게 이용자의 통신자료를 제공하였다면, 검사 또는 수사관서의 장이 통신자료의 제공 요청 권한을 남용하여 정보주체 또는 제3자의 이익을 부당하게 침해하는 것임이 객관적으로 명백한 경우와 같은 특별한 사정이 없는 한, 이로 인하여 이용자의 개인정보자기결정권이나 익명표현의 자유 등이 위법하게 침해된 것이라고 볼 수 없다.

수사기관의 통신자료 제공 요청에 응하여 통신자료를 제공한 것이 위법하다고 하기 위해서는, 수사기관의 통신자료 제공 요청이 있을 때 전기통신사업자가 개별 사안의 구체적 내용을 살펴 그 제공 여부 등을 실질적으로 심사할 의무가 있다고 인정되어야 할 것이나 다음과 같은 이유에서 일반적으로 전기통신사업자에게 그러한 의무가 있다고 볼 수는 없기 때문이다. 즉, ① 전기통신사업법 제54조 제3항, 제4항은 '통신자료 제공을 요청하면 전기통신사업자는 이에 응할 수 있다'고만 규정하고 있을 뿐, 전기통신사업자가 개별 사안의 구체적 내용을 살펴 그 제공 여부 등을 실질적으로 심사하도록 정하고 있지 않다. ② 전기통신사업자에게 위와 같은 실질적인 심사를 요구하는 것은, 통신자료에 대하여는 전기통신에 관한 다른 개인정보와는 다르게 그 제공방법과 절차를 정한 입법 취지에도 부합하지 않는다. 즉 통신비밀보호법에 의하면, 현재 또는 과거에 이루어진 전기통신의 내용이나 외형적 정보에 대하여는 법원의 허가나 법관의 영장에 의하여만 이를 제공받을 수 있도록 한 반면, 전기통신사업법 제54조 제3항, 제4항은 이용자의 인적사항에 관한 정보에 해당하는 통신자료에 대하여는 수사기관의 서면요청만으로도 전기통신사업자가 이를 제공할 수 있도록 하고 있는데, 이는 수사상 신속과 다른 범죄의 예방 등을 위하여 서면요청에 의해 통신자료를 제공하여 수사에 협조할 수 있도록 한 것이라고 볼 것이다. ③ 위 규정에 의한 전기통신사업자의 통신자료 제공으로 범죄에 대한 신속한 대처 등 중요한 공익을 달성할 수 있음에 비하여, 통신자료가 제공됨으로써 제한되는 사익은 해당 이용자의 인적사항에 한정되고, 수사기관은 수사과정에서 취득한 비밀을 엄수하도록 되어 있어, 해당 이용자의 인적사항이 수사기관에 제공됨으로 인한 사익의 침해 정도가 상대적으로 크지 않다고 할 수 있다. 따라서 전기통신사업자로서는 수사기관이 형식적·절차적 요건을 갖추어 통신자료 제공을 요청할 경우 원칙적으로 이에 응하는 것이 타당하다.

다만, 원심판결을 내린 서울고등법원은 "… 피고로서는 수사기관으로부터 개인정보 제공요청이 있더라도 구 전기통신사업법의 규정취지와 원고의 개인정보를 보호하기 위해 노력하여야 할 의무를 조화롭게 판단하여 수사기관에 대해 원고의 개인정보를 제공하지 않거나 제한적인 범위 내에서만 제공하였어야 함에도 피고는 원고의 개인정보에 대한 보호의무를 망각하고 기계적으로 개인정보를 제공하였다. 따라서 피고의 이러한 행위는 원고에 대한 계약상 채무불이행 및 신의칙상 부담하는 개인정보 보호의무를 위반한 것이고, 피고는 그로 인해 원고가 입은 정신적 손해를 배상할 책임이 있다."고 판시하였다.

2. 요청 주체와 목적

가. 요청 주체

법원, 검사 또는 수사관서의 장(군 수사기관의 장, 국세청장 및 지방국세청장을 포함한다. 이하 같다), 정보수사기관의 장이 요청할 수 있도록 되어 있다(전기통신사업법 제83조 제3항). 사법경찰관리는 자신의 자격에서 요청할 수는 없고 검사 명의나 해당 수사관서의 장의 이름으로 요청해야 한다.

나. 요청 목적

재판, 수사(「조세범 처벌법」제10조 제1항·제3항·제4항의 범죄 중 전화, 인터넷 등을 이용한 범칙사건의 조사 포함), 형의 집행 또는 국가안전보장에 대한 위해를 방지하기 위한 정보수집을 위한 경우에 요청할 수 있다(전기통신사업법 제83조 제3항).

3. 요청 절차와 방법

요청기관은 전기통신사업자에게 통신자료제공요청서를 작성하여 요청하여야 한다. 서면으로 요청할 수 없는 긴급한 사유가 있는 경우에는 서면에 의하지 아니한 방법으로 요청할 수 있으며, 그 사유가 해소된 때에는 지체없이 통신자료제공요청서를 전기통신사업자에게 제출하여야 한다.

통신자료제공요청서에는 요청사유, 해당 이용자와의 연관성, 필요한 자료의 범위를 기재하여야 한다(전기통신사업법 제83조 제4항). 그리고 결재권자의 직급과 성명 등을 명확하게 적어야 한다(전기통신사업법 시행령 제53조 제6항). 결재권자는 판사, 검사, 수사관서(군 수사기관, 국세청 및 지방국세청을 포함)나 정보수사기관의 4급 이상 공무원(5급 공무원이 수사관서의 장이거나 정보수사기관의 장인 경우에는 5급 공무원을 포함) 또는 고위공무원단에 속하는 일반직공무원으로 한다. 다만, 경찰 및 해양경찰의 경우에는 총경 이상의 공무원(경정이 관서의 장인 경우에는 경정을 포함)으로 하고, 군 수사기관의 경우에는 군검사 또는 중령 이상의 군인(소령이 부대장인 군 수사기관의 경우에는 소령을 포함)으로 한다(전기통신사업법 시행령 제53조 제5항).

〈논점〉

전기통신사업법에 통신자료 제공에 대한 사후통지 절차를 규정할 의무가 있는가? 헌법재판소 결정은 그렇다는 입장(계속적용 헌법불합치 9)

➡ **헌법재판소 2022. 7. 21. 2016헌마388등**, 판례집 34-2, 122

[판시사항] 수사기관 등이 전기통신사업자에게 이용자의 성명 등 통신자료의 열람

이나 제출을 요청할 수 있도록 한 전기통신사업법 제83조 제3항이 적법절차원칙에 위배되는지 여부(적극)

[결정요지] 이 사건 법률조항에 의한 통신자료 제공요청이 있는 경우 통신자료의 정보주체인 이용자에게는 통신자료 제공요청이 있었다는 점이 사전에 고지되지 아니하며, 전기통신사업자가 수사기관 등에게 통신자료를 제공한 경우에도 이러한 사실이 이용자에게 별도로 통지되지 않는다. 그런데 당사자에 대한 통지는 당사자가 기본권 제한 사실을 확인하고 그 정당성 여부를 다툴 수 있는 전제조건이 된다는 점에서 매우 중요하다. 효율적인 수사와 정보수집의 신속성, 밀행성 등의 필요성을 고려하여 사전에 정보주체인 이용자에게 그 내역을 통지하도록 하는 것이 적절하지 않다면 수사기관 등이 통신자료를 취득한 이후에 수사 등 정보수집의 목적에 방해가 되지 않는 범위 내에서 통신자료의 취득사실을 이용자에게 통지하는 것이 얼마든지 가능하다. 그럼에도 이 사건 법률조항은 통신자료 취득에 대한 사후통지절차를 두지 않아 적법절차원칙에 위배된다.

Ⅲ. 통신사실확인자료와 특정기지국 발신내역

1. 특정기지국 발신내역의 의의

기지국(基地局)은 무선통신의 서비스를 위해 네트워크와 단말기를 연결하는 무선 통신설비이다. CDMA, GSM, WCDMA, LTE 등의 이동통신의 엑세스 네트워크와 휴대전화를 연결하는 기지국이 대표적이다.[9] 일반적으로 전파가 도달하여 통신할 수 있는 범위를 '존'이라고 부르며, 이 존을 좁게 하여 하나의 서비스 지역을 다수의 작은 존, '셀'로 나눈다. 기지국은 이 셀 상에서 이동체와 교환국 사이의 중계 역할을 수행한다.

휴대폰의 경우 특정기지국을 통과하여 발신했다는 것은 해당 단말기가 특정기지국 주변에 있다는 것을 의미하는 것이어서 유용한 통신수사 기법으로 활용되고 있으며, 통신비밀보호법은 정보통신망에 접속된 정보통신기기의 위치를 확인할 수 있는 발신기지국의 위치추적자료를 통신사실확인자료의 일종

---

9) 위키피디아 사전.

으로 규정하여 이를 확보하기 위해서는 법원의 허가를 받아야 하는 것으로 규정하고 있다.

살인사건과 같이 피해자의 진술을 들을 수 없고, 특별한 증거도 남기지 않은 사건의 경우에 혐의자나 혐의자와 관련자가 사체 주변에서 휴대전화로 통화했을 개연성이 있으므로 사체주변의 특정기지국을 통한 발신내역을 파악하여 혐의자를 특정하는 경우가 있다.

2. 특정기지국 발신내역 확보방법에 관한 논의

위와 같이 일정기간 동안 특정기지국을 통과하는 발신내역 전부를 요청하여 혐의자의 인적사항을 확인하는 데 유용하게 활용할 수 있는 특정기지국 발신내역을 어떤 방법으로 확보할 것인지가 문제된다.

여기에는 통신비밀보호법상의 통신사실확인자료제공요청 절차에 따라 확보해야 한다는 견해와 형사소송법상의 압수·수색영장에 따라 확보해야 한다는 견해가 있다.

전자는 1) 특정 시간대에 특정기지국을 경유하여 전화통화를 발신(역발신), 종료한 전화번호내역을 구하는 것은 통신비밀보호법 제2조 제11호가 말하는 통신사실확인자료이며, 2) 통신의 비밀과 자유에 대한 제한대상 및 절차를 엄격히 함으로써 통신의 비밀을 보장하고자 하는 통신비밀보호법의 입법취지에 비추어 통신사실확인자료제공요청 절차에 의해 확보해야 한다고 하면서 해당 가입자와의 연관성을 소명할 수 없다는 점도 피의자가 범행 당시 범행 장소에서 이동전화를 사용하였다는 사실이 소명되고 달리 마땅한 수사단서가 없는 상황이라면 해당 가입자와의 연관성에 관한 소명자료를 통상의 경우와 달리 볼 수 있다고 하고 있다. 주로 법원의 견해이다.

후자는 1) 특정기지국 통과 발신내역은 이미 발신기지국은 알고 있는 상황에서 특정시간에 그 기지국 근처에서 전화를 한 사람의 인적사항을 파악하려는 것이므로, 특정 전기통신가입자의 인적사항은 알고 있으나 해당 단말기의 위치를 모르는 상태에서 해당 단말기의 소재를 간접적으로 추단할 수 있는 통신비밀보호법상의 통신사실확인자료인 발신기지국의 위치추적 자료와는 다르고, 2) 통신사실확인자료제공요청 절차에 의할 경우 해당 가입자와의 연관성을 소명자료로 첨부하도록 되어 있는데, 이 경우는 해당 가입자와의 연관성을 소명하기가 어렵고, 3) 통신비밀보호법상의 절차에 의할 경우 통보, 통지를 하도록 되어 있는데, 특정기지국을 통과하는 전화번호만 해도 상당한 수가 될 터인데 어느 범위에서 통보, 통지를 해야 되는지 판단하기 어렵다는 이유 등을 근거로 하고 있다.

생각건대 논리적으로 보면 특정 기지국의 위치는 이미 알고 있는 상태에서 그 기지국 주변에서 전화를 한 사람의 인적사항을 파악하여 혐의자를 특정하려는 목적으로 행해지는 특정기지국 발신내역은 혐의자의 인적사항을 이미 알고 있는 상태에서 그 혐의자의 단말기의 소재를 파악하기 위한 발신기지국의 위치추적자료를 의미하는 통신사실확인자료와는 성질상 서로 다른 것으로 보인다. 따라서 형사소송법상의 압수·수색영장에 의하는 것이 타당하다.

현재 실무에서는 대체로 해당 법원의 견해에 따라 통신사실확인자료제공요청 절차와 형사소송법상의 압수·수색 절차를 혼용하고 있다. 다만, 형사소송법의 일반 압수·수색영장에 의하더라도 정보주체에게 해당 사실을 알려야 하도록 되어 있고,[10] 통보·통지도 특정 전기통신가입자에게 하는 것으로 정리되어 실무상 큰 차이는 없게 되었다.

Ⅳ. 통신사실확인자료와 MAC Address

1. MAC Address의 개념

MAC Address(맥주소)는 Media Access Control Address의 약자로 컴퓨터나 스마트폰 등이 네트워크상에서 서로를 구분해서 인식할 수 있도록 하는 물리적 식별주소이다. 다시 말하면 각각의 네트워크에 개별적으로 할당된 고유값으로 16비트 코드 12자리 형식으로 구성돼 있으며 앞의 6자리는 제조사의 코드, 뒤의 6자리는 고유 코드로 구성되어 있어 총 281조개의 다양한 형태의 주소가 만들어질 수 있다.

---

10) 형사소송법 제106조 제4항.

인터넷은 TPC/IP프로토콜로 통신을 하는데 이때 통신을 하기 위해서는 각 디바이스마다 배정된 서로 다른 IP주소를 이용하게 된다. IP(Internet Protocol)주소는 인터넷에 연결된 모든 통신망과 그 통신망에 연결된 컴퓨터에 부여되는 고유의 식별 주소를 의미한다. 기본적으로 네트워크(인터넷 등)에 연결된 모든 컴퓨터(또는 네트워크 기기)는 상호 충돌 없이 네트워크에 연결될 수 있도록 중복되지 않는 IP 주소를 가지고 있어야 한다. 따라서 IP 주소는 컴퓨터끼리 서로 통신하기 위한 '전화번호'라 할 수 있다.

그런데 실제 통신을 하기 위해서는 각 장비마다 배정된 IP주소를 ARP (Address Resolution Protocol) 과정을 거쳐 MAC Address로 변환하는 과정을 거쳐야 한다.

종전에 IP주소는 변경이 가능하지만 MAC Address는 네트워크기기의 물리적인 고유값으로 변경이 불가능하다고 알려져 있었으나 오늘날 출시되는 대부분의 하드웨어에서는 MAC 스푸핑(MAC spoofing)을 통해 MAC Address를 바꿀 수 있다고 한다.

2. MAC Address의 성질

MAC Address가 통신비밀보호법상의 통신사실확인자료인지, 「위치정보의 보호 및 이용 등에 관한 법률」상의 위치정보 혹은 개인위치정보인지가 문제된다.

2011년에 애플과 구글 등의 회사가 스마트폰 소지자들의 MAC Address를 수집하여 보관했던 문제 또는 광고대행업체들이 스마트폰 앱을 이용하여 이용자들의 MAC Address를 수집하여 상업화하는 문제에 관해 논란이 있었는바, MAC Address의 성질에 따라 결론이 달라진다.

우선 MAC Address는 디바이스의 고유의 식별번호로서 다른 자료와 함께 해당 디바이스의 위치와 동일성을 확인할 수 있지만 통신비밀보호법에서 말하는 컴퓨터통신 또는 인터넷의 로그기록자료, 정보통신기기의 위치를 확인할 수 있는 발신기지국 위치추적자료, 정보통신기기의 위치를 확인할 수 있는 접속지추적자료 어느 것에도 해당되지 않는다. 따라서 MAC Address는 통신비밀보호법상의 통신사실확인자료가 아니다.

그렇다면 MAC Address는 통신비밀보호법상의 절차가 아니라 형사소송법상의 압수·수색영장에 의해 확보할 수 있는 것이 원칙이다. 다만 실무에서는 MAC Address만 확보하려고 하는 경우보다는 인터넷 로그기록자료, 발신기지국 위치추적자료, 정보통신기기의 위치를 확인할 수 있는 접속지추적자료 등을 함께 확보하려고 하면서 MAC Address도 통신비밀보호법상의 통신사실확인자료제공요청 절차에 의해 제공받으려고 하는 경우가 보통인데, 이런 경우 MAC Address만 따로 떼어서 형사소송법상의 압수·수색 영장에 의하도록 하는 것은 불필요한 낭비로 보인다.

또 MAC Address가 「위치정보의 보호 및 이용 등에 관한 법률」상의 '위치정보'인지 아니면 '개인위치정보'인지가 문제된다. 위치정보냐 개인위치정보냐에 따라 수집절차에 차이가 있다. 모바일플랫폼 사업자들이 MAC Address로 위치값을 파악하여 해당 휴대폰 기기 주변의 맛집 정보를 알려주는 맞춤형 지역광고를 하는 등 MAC Address 수집을 통해 영업을 하고 있는데, 어떤 절차와 규제를 받아야 하는지 문제가 된 적이 있다. 산업계에서는 대체로 특정 MAC Address만 가지고 그 기기를 소유한 개인이 누구인지를 알 수 없으므로 개인위치정보가 아니라고 하고 있다. 휴대전화번호를 알면 그 전화 개통자의 인적사항을 알 수 있지만, MAC Address를 알더라도 그 기기를 가진 사람이 누구인지는 관리되고 있지 않으므로 개인위치정보로 보는 것은 지나친 감이 있어 보인다. 그러나 기술의 발전으로 MAC Address로 사용자의 인적사항을 알 수 있게 되면 새로운 규제가 필요할 것이다.

V. 통신사실확인자료와 GPS위치정보 추적

1. GPS의 의의

가. GPS의 개념

GPS(Global Positioning System)는 인공위성에서 보내는 신호를 수신해 사용자의 현재 위치를 계산하는 위성항법시스템이다. GPS는 원래 NAVSTAR (NAVigation Satellite Timing And Ranging) GPS의 약자인데 비행기, 선박, 자동차뿐만 아니라 어떤 물체가 어디에 있는지 그 위치를 정확하게 알 수 있는 자동위치측정시스템이다.

GPS는 본래 미국 국방부에서 폭격의 정확성을 높이기 위해 군사용으로 개발한 시스템인데 지금은 민간부분으로 활용이 확장되어 항공기, 선박, 자동차 등의 내비게이션 장치뿐만 아니라 최근에는 스마트폰, 태블릿 PC 등에서도 많이 활용되고 있다.

GPS는 우주 부문, 관제 부문, 사용자 부문으로 구성된다. 여기서 우주 부분은 GPS 위성을, 관제 부문은 지상에 위치한 제어국을, 사용자 부문은 GPS 수신기를 말한다. 우주 부분은 21개의 주위성과 3개의 예비위성으로 구성되어 55도의 기울임각을 갖는 6개의 궤도상에 4개씩 배치되어 있다. GPS 위성은 태양 에너지로 작동되며, 수명은 약 8~10년 정도이다. 관제 부분은 미국 콜로라도 스프링스(Colorado Springs) 팔콘 공군기지에 위치해 있는 주 관제소가 위성의 궤도수정이나 예비위성의 작동을 결정하는 등 GPS 위성에 대한 총괄적인 지휘를 맡고 있고, 세계 곳곳에 분포된 5개의 부 관제소는 매우 정확하게 측정된 위치에 원자시계가 설치되어 모든 GPS 위성의 신호를 점검하고 궤도를 추적하며 전리층 및 대류권에 의한 전파지연을 관찰하여 오차를 보정하는 역할을 한다.[11] 사용자 부분은 GPS위성으로부터 전송되어 오는 신호를 수신하여 항법, 측지, 시각측량이나 동기 등의 용도로 사용하는 모든 장비, 즉 GPS 위성의 신호를 수신하는 안테나, 시계, 신호를 처리하는 소프트웨어, 이를 출력하는 출력장치 등을 말한다.

우리나라는 기준국과 송신국 등의 운영상태를 원격통제하는 중앙감시사무소가 대전에 있고, 1998년부터 기존의 GPS보다 정밀도가 향상된 DGPS를 제공하기 위하여 마라도 등 11곳에 기준국이 설치되어 있다. 기준국에서는 시간오차나 궤도오차, 전파지연오차 등 각종 오차를 보정하여 송신국에 전달하고, 송신국은 기준국에서 전송된 위치정보를 GPS를 이용하는 각종 사용자에게 전송해 주는 역할을 하고 있다.[12] 민간용과 군사용은 서로 다른 데이터 전

---

11) 네이버지식백과.
12) 네이버지식백과.

송방법을 사용하여 민간용은 30 – 20 – 30미터, 군사용은 5 – 15미터의 오차가 있다고 한다.

나. GPS의 활용

앞서 기술한 바와 같이 GPS는 군사용으로 가장 활발하게 활용되고 있다. 민간용으로는 미국이 1990년 초기부터 정밀한 위치정보를 얻을 수 없도록 고의적으로 잡음을 넣는 소위 선택적 유용성(SA, Selective Availability) 제도를 시행하여 활용이 제한적으로 이루어지다가 2000년부터 이를 폐지하여 민간용도 정확성이 대폭 향상되자 비약적으로 활용이 크게 늘어나기 시작하였다.

현재 차량항법시스템에 활발하게 사용되고 있고, 범죄가 발생하였을 경우 범죄현장과 가장 가까운 경찰차량의 위치를 파악하여 신속하게 임무를 수행할 수 있는 이동관제시스템에 사용되기도 한다. 아동과 청소년의 의복에 GPS기를 부착하여 그들의 행선지를 파악하는데 사용되기도 하고, 시내버스에 부착하여 버스가 현재 어디에서 운행하고 있어서 언제쯤 도착할 수 있는지 예측하는데 사용하기도 한다. 애완동물이나 연구용 희귀동물에 부착하여 그들의 현재의 위치나 경유지를 알게 하고, 렌트카나 배달용 차량에 부착하여 회사차량이나 직원들의 근무상태를 점검하는데 사용되기도 한다.

GPS기기를 혐의자의 차량에 부착하여 동선을 파악하여 증거를 수집하거나 휴대폰에 GPS 앱이 설치된 경우 휴대폰 소지자의 현재의 위치를 파악할 수 있어 범인 검거나 범죄증거로 활용될 수 있다. 컴퓨터나 패드는 분실되었을 경우 GPS에 의해 추적이 가능하다. 트위터(Twitter)는 사용자의 위치를 추적할 수 있으며, 페이스북 플레이스와 같은 핸드폰 앱은 사용자가 언제 어디에서 머물렀는지 정보를 업데이트해 주며, 스마트폰을 통해서 다른 사람의 위치를 페이스북에 포스팅할 수 있다.[13]

이러한 GPS위치정보의 유용성과 효율성으로 인해 GPS를 활용한 위치기반서비스(LBS: Location Based Service)사업이나 사회안전망 구축이 다양하게 시

---

13) 이윤제, "GPS위치정보와 영장주의", 「법학논총」 제20권 제1호, 조선대학교 법학연구원, 2013, 442면.

도되면서 일정한 경우에는 GPS탑재를 의무화하기까지 하고 있다. 즉, 미국에
서는 연방통신위원회(FCC: Federal Communications Commission)가 휴대폰사업
자에게 긴급통보를 위한 E911콜의 경우 발신자의 위치를 파악하기 위한 GPS
설비구비를 의무화하고 있고, 일본에서도 2007. 4.부터 긴급위치정보통지시
스템이 가동되고 있으며, 우리나라의 경우에도 KT파워텔이 ELS(Emergency
Location System)라고 명명된 긴급위치정보 시스템을 2008. 9.부터 시행하는 등
고객이 긴급번호(119, 112) 등으로 긴급구조상황을 신고하는 경우 GPS위치정
보를 긴급기관에 제공하는 서비스를 시행하고 있다.[14]

2. GPS위치정보의 의의와 성격

가. GPS위치정보의 의의

위치정보란 특정한 물건이나 개인이 어떤 시점에 존재하거나 존재하였던
장소에 관한 정보를 말한다. 그런데 「위치정보의 보호 및 이용 등에 관한 법
률」은 "위치정보라 함은 이동성이 있는 물건 또는 개인이 특정한 시간에 존재
하거나 존재하였던 장소에 관한 정보로서 「전기통신사업법」 제2조 제2호 및
제3호[15])에 따른 전기통신설비 및 전기통신회선설비를 이용하여 측위된 것을
말한다."(동법 제2조 제1호)라고 규정하고 있고, "개인위치정보라 함은 특정 개
인의 위치정보(위치정보만으로는 특정 개인의 위치를 알 수 없는 경우에도 다른 정
보와 용이하게 결합하여 특정 개인의 위치를 알 수 있는 것을 포함)를 말한다."(동법
제2조 제2호)라고 규정하고 있다.

따라서 우선 「위치정보의 보호 및 이용 등에 관한 법률」상 위치정보는 우

---

14) 윤태영·변용완, "지능형 도로환경에서의 위치추적과 프라이버시 보호 − 미국의 최근 판례
   를 소재로 하여", 「경찰법연구」 제8권 제1호, 한국경찰법학회, 2010, 84−85면.
15) 전기통신사업법 제2조(정의) 이 법에서 사용하는 용어의 뜻은 다음과 같다.
   1. "전기통신"이란 유선·무선·광선 또는 그 밖의 전자적 방식으로 부호·문언·음향 또는
      영상을 송신하거나 수신하는 것을 말한다.
   2. "전기통신설비"란 전기통신을 하기 위한 기계·기구·선로 또는 그 밖에 전기통신에 필
      요한 설비를 말한다.
   3. "전기통신회선설비"란 전기통신설비 중 전기통신을 행하기 위한 송신·수신 장소 간의
      통신로 구성설비로서 전송설비·선로설비 및 이것과 일체로 설치되는 교환설비와 이들
      의 부속설비를 말한다.

선 '이동성이 있는 물건 또는 개인에 관한 정보'이다. 차량이나 휴대전화, Beeper, 위치추적장치와 같은 이동성 있는 물건에 대한 정보이므로 집이나 건물과 같은 부동산의 정보는 위 법에서 말하는 위치정보가 아니다. 또한 사람에 대한 정보인데 여기의 사람은 자연인만을 의미하고 법인은 제외된다고 본다.

'특정한 시간'은 비교적 짧은 범위의 시간대를 의미한다. 구체적으로 어느 정도의 짧은 시간대를 의미하는지는 케이스에 따라 달라질 것이다. 그러므로 긴 기간 동안 어느 지방에 거주했다는 사실 등에 관한 정보는 위 법에서 말하는 위치정보가 아니다.

위치정보는 '장소에 관한 정보'이다. 따라서 물건이나 사람 자체에 대한 정보는 위치정보의 개념에서 제외되어 있다. 특정 개인에 대한 위치정보는 개인위치정보라고 하여 달리 개념규정하고 있다.

위치정보는 '전기통신설비 및 전기통신회선설비를 이용하여 측위된 정보'를 말한다. 위치정보는 휴대전화나 위치추적기 등 각종 전기통신설비나 전기통신회선설비를 이용하여 측위된 정보를 의미하므로, 눈으로 파악한 장소정보, 이용자로부터 제공받은 주소 정보 등은 제외된다.[16)]

'개인위치정보'는 특정한 개인의 위치정보를 말한다. 그러므로 특정 개인을 식별할 수 있는 고유식별표지가 없는 위치정보는 개인위치정보가 아니다. 다만 '다른 정보와 용이하게 결합하여 특정 개인의 위치를 알 수 있는 것'은 개인위치정보이다. 따라서 위치 좌표값과 같이 그 자체로는 누구의 위치인지 알 수 없지만 통신단말기 번호 또는 단말기 소지자의 이름 등과 결합하여 누구인지 알 수 있을 때에는 개인위치정보로 볼 수 있다.[17)]

여기서 GPS위치정보란 GPS위성으로부터 수신한 위치정보를 말한다. 다양한 기술을 활용하여 위치정보를 파악하는 것을 위치추적이라고 하며 수사정보기관의 중요한 수사기법이다.

---

16) 방송통신위원회·한국인터넷진흥원, 「위치정보의 보호 및 이용 등에 관한 법률 해설서」, 2022. 6., 22면.
17) 방송통신위원회·한국인터넷진흥원, 「위치정보의 보호 및 이용 등에 관한 법률 해설서」, 2022. 6., 24면.

나. GPS위치정보의 성격

(1) 「위치정보의 보호 및 이용 등에 관한 법률」상의 '위치정보' 여부

GPS위치정보가 「위치정보의 보호 및 이용 등에 관한 법률」상의 위치정보인지는 대해서는 견해가 갈린다. 즉 방송통신위원회 발간의 「위치정보의 보호 및 이용 등에 관한 법률」 해설서를 비롯한 대부분 학자들의 견해는 GPS위치정보도 「위치정보의 보호 및 이용 등에 관한 법률」상의 위치정보라고 하고 있으나 GPS위치정보의 경우 전기통신설비나 전기통신회선설비를 통해 수집되지 않으므로 「위치정보의 보호 및 이용 등에 관한 법률」상의 위치정보에 해당되지 않는다는 취지의 견해도 있다.

전자의 견해는 대체로 특별한 설명을 하지 않으나 GPS위치정보도 GPS위성으로부터 수신한 특정한 물건이나 개인의 장소에 대한 정보이므로 당연히 「위치정보의 보호 및 이용 등에 관한 법률」상의 위치정보라고 하는 것 같고, 후자의 견해는 GPS위치정보는 군사정보가 도착하는 시간을 이용하여 자신의 위치를 계산하는 수신기와 간단한 소프트웨어만 있으면 충분히 수집이 가능한데 이와 같은 수신기와 소프트웨어가 전기통신설비라고 할 수 없다고 한다.[18] 이 견해에 의하면 GPS기능이 있는 스마트폰을 이용해서 제공되는 위치기반서비스와 관련되어서는 위치정보사업자는 더 이상 존재하지 않는다고 한다.

생각건대 「전기통신사업법」상의 '전기통신'이란 유선·무선·광선 또는 그 밖의 전자적 방식으로 부호·문언·음향 또는 영상을 송신하거나 수신하는 것을 말하고, '전기통신설비'란 전기통신을 하기 위한 기계·기구·선로 또는 그 밖에 전기통신에 필요한 설비를 말한다. 그런데 GPS위치정보는 4개의 GPS위성이 발사하는 전자기파를 지상의 수신기가 수신하여 위성에서 수신기까지의 시간을 계산하고 그 걸린 시간으로 거리를 계산하여 수신기의 위치를 파악하는 것으로 전자기파가 부호, 문언, 음향, 영상을 송신하거나 수신하는 것인지 의문이 드는 것도 사실이다. 그러나 위성에서 보내는 신호가 전자적 방식의 신호인 것은 사실이고, 그 신호를 일종의 부호라고 볼 수도 있으므로 GPS위치

---

18) 박경신, "개인정보의 정의와 위치정보보호법의 개선방안", 「법학연구」 통권 제37집, 전북대학교 법학연구소, 2012. 12., 215면.

정보도 결국 「위치정보의 보호 및 이용 등에 관한 법률」상의 위치정보에 해당된다고 볼 수밖에 없을 것 같다.

그런데 「위치정보의 보호 및 이용 등에 관한 법률」은 위치기반서비스사업자가 위치정보를 이용할 때 매회 위치정보주체에게 통지를 하도록 하고 있다.[19] 특정개인의 위치정보가 아니라 특정되지 않은 개인에 대한 위치정보의 취득마저 그 개인을 찾아서 동의를 얻도록 하고, 이동성있는 물건의 경우에도 소유주를 찾아서 동의를 받도록 하는 것은 과잉 입법이라는 견해가 있는데 타당한 지적으로 보인다.[20] 특히 수사목적으로 위치정보를 취득하려고 하는 경우의 방법에 대해 명확하게 규정하지 않아 혼란이 있는 상황에서 특정되지 않은 개인의 위치정보의 취득도 손쉽게 취득할 수 없다는 것은 타당성이 없어 보인다.

⑵ 「개인정보 보호법」상의 개인정보 여부

현행 「개인정보 보호법」 제2조 제1호는 "살아 있는 개인에 관한 정보로서 성명, 주민등록번호 및 영상 등을 통하여 개인을 알아볼 수 있는 정보(해당 정보만으로는 특정 개인을 알아볼 수 없더라도 다른 정보와 쉽게 결합하여 알아볼 수 있는 정보를 포함)"를 개인정보라고 정의하고 있다.

우선 개인정보는 살아 있는 개인에 관한 정보이다. 따라서 사자(死者)나 법인 또는 단체에 관한 정보는 개인정보가 되지 않는다. 개인정보는 개인에 관한 여러 가지 객관적, 주관적 정보를 말한다. '성형 수술을 받았다', '간염치료를 받았다' 등과 같은 정보를 말한다.

또 개인정보는 성명, 주민등록번호 및 영상 등을 통하여 개인을 알아볼 수 있는 정보를 말한다.

여기서 위치정보도 개인정보로 보호되는가에 대해서는 위치정보도 개인정보에 포함된다는 것이 대체적인 견해이다.[21] 그런데 위치정보는 개인정보와

---

19) 위치정보의 보호 및 이용 등에 관한 법률 제19조.
20) 박경신, "개인정보의 정의와 위치정보보호법의 개선방안", 「법학연구」 통권 제37집, 전북대학교 법학연구소, 2012. 12., 204면 이하.
21) 방송통신위원회·한국인터넷진흥원, 「위치정보의 보호 및 이용 등에 관한 법률 해설서」,

달리 위치인식장치 내지 설비에 의해 비로소 만들어지는 정보이고, 또 시간의 경과와 함께 계속적으로 변화하는 동적 정보인 점에 비추어 개인정보적 성격을 띠고는 있으나 근본적으로 개인정보와는 다르다는 견해[22]도 있다.

생각건대 위치정보 중에서 누구의 위치정보인지 알 수 있는 정보는 개인정보에 포함되겠지만 누구의 정보인지 알 수 없는 정보는 개인정보라고 보기 어렵다고 본다. 그렇다면 이동성 있는 물건의 소재를 단순히 알려주는데 불과한 GPS위치정보는 원칙적으로 개인정보가 아닌 것으로 보인다.

(3) 통신비밀보호법상의 통신사실확인자료 여부

GPS위치정보가 통신비밀보호법상의 통신사실확인자료 중의 하나에 해당하느냐의 여부이다. 즉 통신비밀보호법 제2조 제11호는 통신사실확인자료의 종류로 가입자의 전기통신일시, 전기통신개시·종료시간, 발·착신 통신번호 등 상대방의 가입자번호, 사용도수, 컴퓨터통신 또는 인터넷의 사용자가 전기통신역무를 이용한 사실에 관한 컴퓨터통신 또는 인터넷의 로그기록자료, 정보통신망에 접속된 정보통신기기의 위치를 확인할 수 있는 발신기지국의 위치추적자료, 컴퓨터통신 또는 인터넷의 사용자가 정보통신망에 접속하기 위하여 사용하는 정보통신기기의 위치를 확인할 수 있는 접속지의 추적자료 등을 열거하고 있는데, GPS위치정보가 그 중 하나인지 여부이다.

학설은 GPS위성으로부터 GPS수신기까지의 전파도달시간을 측정하여 위성과 수신기 간의 거리를 계산한 다음 삼각측량법을 이용하여 특정한 대상에 대한 위치를 파악하는 GPS위치정보는 컴퓨터 또는 인터넷 로그기록 자료나 혹은 정보통신기기의 위치를 확인할 수 있는 접속지 추적자료가 아니며, 또한 정보통신망에 접속된 정보통신기기의 위치를 확인할 수 있는 발신기지국 위치추적 자료와는 다르다는 것이 대체적인 의견이다.

통신비밀보호법에 열거된 통신사실확인자료가 제한적 열거사항으로 본다

2022. 6., 25면.
22) 이윤제, "GPS위치정보와 영장주의", 「법학논총」 제20집 제1호, 조선대학교법학연구소, 2013, 445면.

면 위와 같은 GPS위치정보 파악의 과정에 비추어 통신사실확인자료에 GPS위치정보를 포섭할 수 없는 것은 사실로 보인다. 다만 최근 GPS와 이동통신망기반의 혼합을 통해 위치정보를 취득하는 A－GPS(Assisted GPS)방법이 이용되고 있는데, 이는 기지국은 이동통신망을 이용하여 GPS칩이 내장된 단말기에 위성궤도정보를 전달하고, 단말기는 이를 이용하여 위성의 위치를 추적, 거리를 측정하여 기지국에 전송하여 단말기의 위치를 측정하는 기술이라고 한다.[23] 이러한 경우의 발신기지국의 위치추적 자료는 통신사실확인자료가 될 수도 있을 것이다.

3. GPS위치정보의 수사상 취득방법

가. '과거의 GPS위치정보' 취득

위치정보사업자나 위치기반서비스업자가 특정한 물건이나 개인이 어떤 시점에 존재하거나 존재하였던 장소에 관한 정보를 GPS를 통해 파악해서 보유하고 있는 경우에는 수사기관은 형사소송법상의 압수·수색절차에 의하여 취득할 수 있을 것이다.[24] 유체물이 아닌 정보가 현행법상 압수·수색의 대상이 되는지에 대해서 논의가 있으나 현행 형사소송법은 정보도 압수·수색이 가능하다는 전제하에 압수방법에 규정을 두고 있다.[25] 현행법상 압수·수색의 대상이 유체물에 한한다는 견해도 디지털화된 정보에 대한 압수·수색의 필요

---

23) 박정훈, "최근 위치정보에 관한 논의, 그리고 그 평가와 시사－미국의 사례를 중심으로", 「경희법학」 제46호 제4호, 2011.

24) 여기에 대해서는 "… 이러한 2차적 수집에 대한 형사소송법상 영장주의의 적용가능성도 큰 의미가 없는데, 그 이유는 통신비밀보호법과 개인정보법 및 위치정보법 등이 별다른 요건이나 제한없이 해당 정보관리자에게 통신사실확인자료 제출 및 위치정보제공의무를 폭넓게 허용하고 있기 때문에 굳이 수사기관이 엄격한 요건을 충족시키면서까지 소송법상의 압수·수색을 단행할 이유가 없고, 따라서 이러한 2차적인 정보수집활동을 형사소송법으로 통제하는 것은 의미가 없다."는 견해도 있으나 현재 수사기관에서 GPS위치정보를 통신비밀보호법 등 다른 방법에 의해 취득하고 있지 않으므로 타당하지 않다.

25) 형사소송법 제106조(압수) ③ 법원은 압수의 목적물이 컴퓨터용디스크, 그 밖에 이와 비슷한 정보저장매체(이하 이 항에서 "정보저장매체등"이라 한다)인 경우에는 기억된 정보의 범위를 정하여 출력하거나 복제하여 제출받아야 한다. 다만, 범위를 정하여 출력 또는 복제하는 방법이 불가능하거나 압수의 목적을 달성하기에 현저히 곤란하다고 인정되는 때에는 정보저장매체 등을 압수할 수 있다.

성을 부인하는 것은 아니고 다만 설명하는 방법이 다를 뿐이므로 논의의 실익
은 크지 않아 보인다. 아무튼 위치정보사업자등이 수집하여 보유하고 있는 과
거의 GPS위치정보는 형사소송법상의 압수 · 수색절차에 의하여 취득할 수 있
고, 법원의 실무도 또한 같다. 다만 위치정보사업자 등이 GPS위치정보를 어느
정도 보관하고 있는지, 따라서 압수 · 수색의 실익이 있는지 등은 또 다른 문제
이다.

현행법상 수사기관의 압수 · 수색은 범죄사실, 필요성, 관련성, 정황성 등
의 요건이 필요한데,[26] 범죄와 관련한 증거수집을 위한 GPS위치정보 추적은
당연히 허용된다고 할 수 있으나 범인검거를 위한 GPS위치정보추적이 가능한
지가 문제될 수 있다. 순수하게 범인검거만을 위한 압수 · 수색이 허용될 수 있
는 것인지는 의문이 있는데 실무상 범인검거와 증거수집이 명백하게 구별될
수 있는 것이 아니므로 압수 · 수색의 필요성 등에 증거수집과 범인검거 목적
을 병기하는 방법으로 기재하면 될 것이다.

다만 자유형 미집행자나 벌금형 미납자를 검거할 목적으로 GPS위치정보
를 취득하려고 압수 · 수색영장을 청구하여 발부받는 것이 가능할 것인지에 대
해서는 일단 부정적으로 볼 수밖에 없을 것이다.

나. '장래의 GPS위치정보'의 취득

장래의 GPS위치정보의 취득이 가능할 것인지에 대해서는 두 가지 측면이
있다. 우선 통신사업자나 위치정보사업자 등을 상대로 특정 물건이나 사람의
GPS위치정보를 영장발부일 이후에 주기적으로 통보받을 수 있는가 하는 점이
다. 즉, 통신회사로부터 통신사실확인자료 중 발신기지국 위치추적 자료를 장
래 일정 기간 동안 주기적으로 취득할 수 있는 것처럼 장래 GPS위치정보도

---

26) 형사소송법 제215조(압수, 수색, 검증) ① 검사는 범죄수사에 필요한 때에는 피의자가 죄를
범하였다고 의심할 만한 정황이 있고 해당 사건과 관계가 있다고 인정할 수 있는 것에 한
정하여 지방법원판사에게 청구하여 발부받은 영장에 의하여 압수, 수색 또는 검증을 할 수
있다.
② 사법경찰관이 범죄수사에 필요한 때에는 피의자가 죄를 범하였다고 의심할 만한 정황이
있고 해당 사건과 관계가 있다고 인정할 수 있는 것에 한정하여 검사에게 신청하여 검사의
청구로 지방법원판사가 발부한 영장에 의하여 압수, 수색 또는 검증을 할 수 있다.

그런 방법으로 취득할 수 있는 방법이 있는가 하는 점인데 통신비밀보호법에 GPS위치정보를 통신사실확인자료의 하나로 취득할 수 있다는 특별한 규정이 없는 이상 통신비밀보호법에 의해 취득할 수는 없을 것으로 보인다.

그러면 형사소송법상의 일반 원칙에 따라 압수·수색영장을 발부받아 취득할 수 있는가. 이 문제는 소위 예상 압수·수색영장이 가능한가 하는 문제와 관련되어 있다. 여기에 대해서는 압수·수색은 이미 발생한 과거의 범죄사실에 대한 증거를 수집할 목적으로 하는 것이 원칙이므로 장래 존재할 가능성이 있는 범죄증거를 수집할 목적으로 압수·수색하는 것은 통신비밀보호법과 같이 특별한 규정이 없는 한 원칙적으로 어렵다는 견해도 있을 수 있으나 미국의 수색영장(Anticipatory Search Warrant)과 같이 영장주의의 핵심내용인 범죄혐의가 존재할 개연성과 그 범죄에 관련하는 특정의 증거가 특정의 장소에 존재할 개연성이 인정되는 경우라면 강제수사도 가능하다고 해석되고, 이렇게 하는 것이 긴급체포의 남발을 막고, 수사의 적정절차를 통한 헌법상 영장주의의 요청에도 부합하는 것이라는 견해가 타당하다고 본다.[27]

우리 형사소송법의 압수·수색영장에서 압수할 대상이 반드시 영장청구 단계에 존재하여야 할 필요는 없다고 할 것이고, 오히려 장래에 존재할 것이 예상되는 증거수집을 금지하지 않는 한 당연히 허용되어야 한다고 본다. 또 압수는 증거물이나 몰수할 물건을 대상으로 하지만 수색은 피의자 검거를 위해서도 가능하다는 것이 통설이므로 피의자 검거를 위해서 피의자의 장래의 GPS위치정보를 취득할 수 있는 압수·수색영장을 청구하여 발부받을 수 있다고 할 것이다. 이와 같이 압수·수색영장을 발부받으면 그 집행의 방식으로 피의자의 장래의 GPS위치정보를 주기적으로 받을 수 있다고 본다. 다만 입법론으로는 논란을 피하기 위해 GPS위치정보를 통신비밀보호법상 통신사실확인자료의 하나로 규정하는 것이 타당하다고 생각한다.

---

27) 노명선·이완규, 「형사소송법」, 성균관대학교 출판부, 270면.

[참고] 위치정보를 활용한 수사에 대한 외국 판결례

1. 장착형 GPS 수사에 관한 일본의 최고재판소 판결(最判平29·3·15刑集71·3·13)

일본의 경우 일반적인 위치정보 수사에 더하여 우리나라에서는 거의 시도되지 않고 있는 장착형 GPS 수사를 그동안 활발히 실시하는 등 수사의 효율성에 착안한 위치정보 수사를 널리 활용하였다. 그러나 최근 GPS 수사의 위법성을 지적한 최고재판소 판결이 나옴에 따라 이에 대한 검토는 우리나라에서의 향후 새로운 형태의 GPS정보의 취득 등을 논의하는 과정에서 일단의 시사점을 제공할 수 있을 것이다.

가. 사건의 개요

수사기관은 피고인이 공범들과 함께 저지른 것으로 의심되는 절도사건에 관하여 조직성의 유무, 정도, 조직 내에서의 피고인의 역할 등 범행의 전모를 밝히기 위한 수사의 일환으로 2013. 5. 23.부터 같은 해 12. 4.까지 약 6개월여에 걸쳐 피고인, 공범, 피고인의 지인 여성이 사용할 개연성이 있는 자동차 등 합계 19대에 대하여 그들의 승낙 없이 영장을 발부받지 않은 채 GPS 단말기를 부착한 다음 그 소재를 탐색하여 이동상황을 파악하는 방법으로 GPS 수사를 실시하였다.

나. 판시사항

⑴ 장착형 GPS 수사가 강제처분에 해당하는가?

최고재판소는 장착형 GPS 수사가 강제처분에 해당하는지에 대하여 "개인의 프라이버시 침해를 가능하게 하는 기기를 그 소지품에 몰래 장착함으로써 합리적으로 추인되는 개인의 의사에 반하여 그 사적 영역에 침입하는 수사기법인 GPS 수사는 개인의 의사를 제압하여 헌법이 보장하는 중요한 법적 이익을 침해하는 것으로서 형소법상 특별한 근거규정이 없으면 허용되지 않는 강제처분에 해당하며(最高裁昭和51年3月15日第三小法廷決定·刑集30卷2号187頁 참조), 동시에 일반적으로는 현행범인 체포 등의 영장을 요하지 않는 처분과 동일시해야 할 사정이 있다고 인정하기도 어려우므로 영장이 없으면 실시할 수 없는 처분이라고 하여야 할 것이다."라고 판단하였다.

⑵ 구체적으로 어떠한 강제처분에 속하며 기존의 법률에 따라 실시할 수 있는가?

일본 최고재판소는 "GPS 수사는 정보기기의 화면표시를 읽고 대상차량의 소재와 이동상황을 파악하는 점에서는 형소법상의 검증과 동일한 성질을 가지지만, 대상 차량에 GPS 단말기를 부착함으로써 대상차량 및 그 사용자의 소재 탐색을 실시한다는 점에서 검증으로만 볼 수 없는 성질을 가진다는 점도 부정할 수 없다. 가령 검증허가장을 발부받거나 또는 그와 함께 수색허가장을 발부받아 실시하더라도 GPS 수사는 GPS 단말기를 부착한 대상차량의 소재 수색을 통하여 대상차량의 사용자의 행동을 계속적, 망라적으로 파악하는 것을 필연적으로 동반하는 것으로써 GPS 단말기를 부착해야 할 차량 및 죄명을 특정하는 것만으로는 피의사실과 관계 없는 사용자의 행동을 과도하게 파악하는 것을 억제할 수 없어서, 재판관에 의한 영장청구의 심사를 요한다고 되어 있는 취지를 충족시킬 수 없을 우려가 있다. 더욱이 GPS 수사는 피의자들에게 알리지 않고 몰래 실시하지 않으면 의미가 없어서, 사전에 영장을 제시하는 것을 상정할 수 없다. 형소법상 각종 강제처분의 경우 절차의 공정을 담보하기 위한 취지에서 원칙적으로 사전에 영장을 제시할 것을 요구하고 있는데(동법 제222조 제1항, 제110조), 다른 수단으로도 같은 취지를 도모할 수 있다면 사전의 영장 제시가 절대적인 요청이라고 해석할 수는 없다고 하더라도, 이를 대신하여 공정을 담보하는 수단이 구조적으로 확보되어 있지 않다면 적정절차의 보장이라는 관점에서 문제가 있다.

이들 문제를 해소하기 위한 수단으로서 일반적으로는 실시 가능 기간의 한정, 제3자의 참여, 사후 통지 등 여러 수단을 생각할 수 있는데, 수사의 효과성도 고려하면서 어떠한 수단을 선택할 것인가는 형소법 제197조 제1항 단서의 취지에 비추어 제1차적으로는 입법부에 맡겨져 있다고 해석된다. 가령 법해석을 통하여 형소법상의 강제처분으로서 허용하게 되면, 이상의 문제를 해소하기 위하여 재판관이 발부하는 영장에 여러 조건을 붙일 필요가 있는데, 사안별로 영장 청구의 심사를 담당하는 재판관의 판단에 따라 다양한 선택지 중에서 적확한 조건 선택이 이루어지지 않는 한 시인할 수 없는 강제처분을 인정하는 것은, 「강제처분은 이 법률에 특별한 규정이 있는 경우에 한하여 실시할 수 있다」고 규정한 동항 단서의 취지에 부합한다고 볼 수 없다.

이상과 같이 GPS 수사는 형소법 제197조 제1항 단서의 「이 법률에 특별한 규정이 있는 경우」에 해당하는 것으로 보아 동법이 규정한 영장을 발부하는 데에는 의문이 있다. GPS 수사가 향후 넓게 활용될 것이 유력한 수사기법이라고 한다면 그 특질에 착목하여 헌법, 형소법의 여러 원칙에 적합한 입법적 조치가 강구되는 것이 바람직하다.”고 하며 기존의 검증, 수색 절차로는 충분하지 않으므로 새로운 입법이 없는 한 허용될 수 없다는 입장을 분명히 하였다.

(출처 : 김혁, “일본에서의 위치정보 수사를 둘러싼 논의와 그 시사점”, 「범죄수사학연구」 통권 제15호, 2022, 280－282면)

2. 미국 연방대법원 판결

감청을 비롯한 GPS위치정보는 개인의 프라이버시와 밀접한 관련을 맺고 있다. 미국은 전화감청조치에 대한 위법성 판단에서와 같이, GPS 등 새로운 기술을 활용한 수사방법에 대해 프라이버시 보호를 위해 부당한 수색과 압수를 금지하고 있는 「연방 수정헌법」 제4조와 관련하여 그 위헌성을 판단하고 있다.

가. Beeper에 의한 위치정보

과거 미국 연방대법원은 경찰이 몰래 용의자의 차량 외부에 비퍼(beeper)와 같은 추적장치를 부착하여 차량의 움직임을 추적한 경우는 영장이 필요한 수색이라고 할 만큼 중대한 침해가 있었던 것은 아니라고 하였다. 이 사건에서 위치추적은 공공도로와 고속도로에서 비퍼가 부착된 자동차를 따라다닌 것이었는데, 미국 연방대법원은 자동차로 공도를 통행하는 사람은 합리적 프라이버시의 기대를 가지고 있지 않고 따라서 위법한 수색이 아니라고 하였다. 이러한 위치추적방법은 피의자를 육안으로 감시하는 것과 다를 바 없다는 것이었다(United States v. Knotts, 460 U.S. 276, 285 (1983)). 그러나 그 뒤 신호장치를 이용하여 집 내부까지 감시한 것이 문제된 United States v. Karo, 468 U.S. 705 (1984)에서 미국 연방대법원은 영장 없이 비퍼를 이용한 차량위치추적이 수정헌법 제4조에 위반된다고 판결하였다. 노츠와 카로 사건을 결합하면 미국에서는 공간적으로 공공 영역인지 사적 영역인지에 따라 합리적인 프라이버시의 기대가 인정되는 영역이 구분됨을 알 수 있다.

나. GPS 추적장치에 의한 위치정보

2012년에는 United States v. Jones, 565 U.S. 400(2012) 사건에서 GPS 추적장치를 이용하여 차량 운행자 모르게 차량의 운행정보를 수집하는 것이 수정헌법 제4조의 위반인지 여부가 문제되었다. 나이트클럽을 운영하는 피고인 Antoine Jones는 마약거래 혐의로 수사를 받고 있었는데 수사기관은 잠복근무와 사진촬영 및 전화도청을 통하여 얻은 정보로 Jones가 사용하는 차량에 GPS 추적장치를 설치할 수 있는 영장을 발부받았다. 이 영장은 워싱턴 DC에서 10일 안에 추적장치를 부착하는 것만을 허용하였으나, 수사기관은 메일랜드주에서 11일째 되는 날 이를 부착하고 그 차량의 움직임을 28일 동안 추적하였다. 한 달 동안 수사기관은 차량의 모든 움직임을 하루 24시간 추적하였고, 추적장치를 통해 수집한 정보로 많은 현금과 코카인이 숨겨져 있는 은닉장소가 발견되었다. 피고인 Jones는 마약소지와 거래 혐의로 기소되었고, 추적장치를 이용해 수집된 자료가 유죄의 증거로 제출되었다. 이에 대해 Jones는 GPS 추적장치를 이용해 수집한 증거는 증거능력이 없다고 주장했다.

연방지방법원은 그 차량이 존스의 주거내에 있는 동안 획득된 GPS 데이터의 증거 능력을 부정하였으나 그 차량이 공도에 있는 동안 수집된 증거에 대하여는 존스가 합리적 프라이버시의 기대를 가지지 않고 있다는 이유로 증거능력을 인정하였고 이를 근거로 존스에 대하여 유죄판결을 하였다. 연방항소법원은 영장없는 GPS 장치의 사용은 수정헌법 제4조를 침해한다는 이유로 연방지방법원의 판결을 파기하였고, 연방대법원은 정부가 정보를 취득하기 위하여 재산(effect)을 물리적으로 침해한 것은 수색에 해당한다는 이유로 연방항소법원의 판결을 지지하였다. 차량은 연방수정헌법 제4조의 보호를 받는 재산에 해당하며, 정부가 정보 취득을 목적으로 사인의 차량에 GPS 추적기를 부착한 것은 사유재산에 대한 물리적 침해(physical intrusion)이기 때문에 수정헌법 제4조의 수색에 해당한다는 것이다.

이는 1967년 Katz 판결(Katz v. United States, 389 U.S. 347 (1967))이 경찰이 공중전화 부스 밖의 장치를 이용하여 도청을 한 경우에 물리적 침해 기준이 아닌 사생활 보호에 관한 합리적 기대라는 기준을 제시하여 영장이 필요하다고 판시하기 이전의 미국 연방대법원의 판결들의 기준을 채용한 것이다. 존스 판결은 수정헌법 제4조의 적용기준으로 재산권에 대한 물리적 침해 기준과 사생활보호에 관한 합리적 기대 기준 모두 적용이 가능하다는 것을 명백히 하고 있다.

주의할 것은 연방대법원의 판결은 GPS 장치를 설치하기 위하여는 정부가 영장을 반드시 발부받아야 한다고 명시적으로 판시한 것이 아니라는 점이다. 연방대법원은 단지 GPS의 설치는 수정헌법 제4조의 수색에 해당한다고 판결하였을 뿐이다. 연방대법원은 그러한 장치의 설치가 어떤 경우에 합리적인지, 불합리한지에 대한 판단을 내리지 않았다.

(출처 : 이윤제, "GPS 위치정보와 영장주의", 「법학논총」 제20집 제1호, 2013, 450면 이하)

다. 휴대전화의 위치정보

미국 연방대법원은 초기에 제3자 이론(Third-Party Doctrine)을 적용하여 전화가입자가 전화를 이용하면서 전화회사에 자발적으로 넘긴 전화번호와 같은 통화기록(telephone record)은 수정헌법 제4조의 적용대상이 아니라고 보았다. 따라서 종래 미국의 수사기관은 법원의 정보공개명령(court order for disclosure)만으로 전화회사가 보유하고 있는 고객의 통화기록 등 정보에 접근할 수 있었다(Smith v. Maryland, 442 U.S. 735 (1979)). 그러나 2018. 6. 미연방대법원은 Carpenter v. United States, No. 16-402, 585 U.S. __ (2018)에서 5대4로 종래의 견해를 변경하여 전화회사가 보유한 휴대폰 위치와 관련한 셀 사이트 위치정보(cell site location information)도 수정헌법 제4조의 적용 대상이며 이러한 정보에 접근하기 위해서는 영장(search warrant)이 필요하다고 판결했다. 다만, 이 판결은 실시간 휴대전화 위치정보(real-time cell phone site location information)와 같은 문제는 다루지 못한 한계가 있다.

VI. 통신사실확인자료와 신용카드 사용지 추적

1. 신용카드의 의의

신용카드는 회원이 카드가맹점으로부터 필요한 물품의 구입이나 용역을 제공받는 것을 카드발행회사가 가맹점에 대하여 그 대금을 결제하여 주고, 일정 기일 후 회원으로부터 대금을 회수하는 제도에 사용되는 물건이다. 「여신전문금융업법」에서는 "'신용카드'란 이를 제시함으로써 반복하여 신용카드가맹점에서 금전채무의 상환 등을 제외한 사항을 결제할 수 있는 증표(證票)로서 신용카드업자가 발행한 것을 말한다."고 규정하고 있다(법 제2조 제3호).[28]

신용카드는 여러가지 관점에서 분류할 수 있지만 거래당사자의 수에 의해 양당사자카드와 삼당사자카드가 있다. 양당사자카드는 백화점이 발행하는 일명 백화점카드와 같이 신용카드의 거래당사자가 신용카드발행인과 회원만이 존재하는 카드로서 일종의 외상거래와 법률관계가 크게 다르지 않다. 삼당사자카드는 신용카드거래당사자가 신용카드발행회사와 회원 및 가맹점으로 구성

---

28) 여신전문금융업법 제2조 제3호 "신용카드"란 이를 제시함으로써 반복하여 신용카드가맹점에서 다음 각 목을 제외한 사항을 결제할 수 있는 증표(證票)로서 신용카드업자(외국에서 신용카드업에 상당하는 영업을 영위하는 자를 포함한다)가 발행한 것을 말한다.
　　가. 금전채무의 상환
　　나. 「자본시장과 금융투자업에 관한 법률」 제3조 제1항에 따른 금융투자상품 등 대통령령으로 정하는 금융상품
　　다. 「게임산업진흥에 관한 법률」 제2조 제1호의2에 따른 사행성게임물의 이용 대가 및 이용에 따른 금전의 지급. 다만, 외국인(「해외이주법」 제2조에 따른 해외이주자를 포함한다)이 「관광진흥법」에 따라 허가받은 카지노영업소에서 외국에서 신용카드업에 상당하는 영업을 영위하는 자가 발행한 신용카드로 결제하는 것은 제외한다.
　　라. 그 밖에 사행행위 등 건전한 국민생활을 저해하고 선량한 풍속을 해치는 행위로 대통령령으로 정하는 사항의 이용 대가 및 이용에 따른 금전의 지급

된 카드로 대부분의 신용카드가 여기에 해당한다.

신용카드업자는 신용카드업의 허가를 받거나 등록을 한 자를 말하는데, 신용카드업이란 신용카드의 발행 및 관리, 신용카드 이용과 관련된 대금(代金)의 결제, 신용카드가맹점의 모집 및 관리 등을 업으로 하는 것을 말한다(여신 전문금융업법 제2조 제2호). 신용카드회원은 신용카드업자와의 계약에 따라 그로부터 신용카드를 발급받은 자를 말하고, 신용카드가맹점이란 신용카드업자와의 계약에 따라 신용카드회원·직불카드회원 또는 선불카드소지자(이하 "신용카드회원등"이라 한다)에게 신용카드·직불(直拂)카드 또는 선불(先拂)카드(이하 "신용카드등"이라 한다)를 사용한 거래에 의하여 물품의 판매 또는 용역의 제공 등을 하는 자 또는 신용카드업자와의 계약에 따라 신용카드회원 등에게 물품의 판매 또는 용역의 제공 등을 하는 자를 위하여 신용카드 등에 의한 거래를 대행(代行)하는 자를 말한다(여신전문금융업법 제2조 제4호, 제5호)

신용카드 거래는 회원이 가맹점에서 물건을 구입하거나 용역을 제공받으면 카드회사는 회원이 가맹점에 부담하고 있는 대금채무를 회원에 갈음하여 가맹점에 우선 지급하여 주고, 그 후 회원으로부터 대금을 구상하게 된다.

2. 신용카드 사용지 추적 문제

가. '과거의 신용카드 사용지' 추적

과거에 혐의자가 어디서 신용카드를 사용했는지 가맹점의 위치를 확인하기 위해서는 거래내역은 관계없이 순수하게 가맹점의 위치만을 확보하는 방법과 거래내역까지 확보하는 방법이 있을 것이다.

거래내역과는 관계없이 순수하게 가맹점의 위치만을 확인하는 것은 형사소송법의 일반원칙에 따라 압수·수색영장을 발부받아 확인할 수 있을 것이고, 신용카드 사용내역 확인방법에 의한 경우는 본래 신용카드 거래내역은 「금융실명거래 및 비밀보장에 관한 법률」에서 말하는 금융거래가 아닌 일종의 여신이므로 형사소송법상의 사실조회의 방법으로 취득할 수 있다고 보는 것이 논리적으로 타당한데, 다만 실무에서는 신용카드 개설자료나 금융거래와 관련된 자료도 함께 확보하는 경우가 많으므로 계좌영장을 이용하여 확보하고 있다.

나. '장래의 신용카드 사용지' 추적

신용카드 거래는 원칙적으로 3당사자, 즉 신용카드 회원, 가맹점 및 카드회사가 관여한다고 앞에서 서술하였으나, 실제는 카드회사와 가맹점을 연결시켜 주는 소위 밴(VAN)사[29]와 그 대리점이 있어서 가맹점으로부터 신용카드 사용승인 요청을 받고 이를 카드회사에 전달하여 승인요청에 대한 응답을 해주며, 가맹점으로부터 신용카드 사용시 발행된 전표를 수거해서 카드회사에 전달하는 역할을 한다. 이때 밴(VAN)사와 신용카드사 간에는 보통 유선의 전용회선을 사용하고, 가맹점과 밴(VAN)사는 인터넷회선, 유선의 전용회선, 무선통신, 전화선 등이 다양하게 이용되고 있다.

여기서 수사기관이 장래 통신사실확인자료취득과 같이 장래 신용카드 사용의 일시, 장소, 내역 등을 주기적으로 통보받을 수 있으면 혐의자를 검거하는데 유용한 자료가 될 것인데 이것이 가능한가 하는 문제이다.

과거에는 장래의 신용카드 사용내역을 신용카드 거래내역의 일종으로 파악하여 다른 금융거래 내역과 함께 금융계좌추적용 압수·수색·검증 영장을 이용하는 경우도 있었지만, 2008년경부터 법원에서는 실시간 위치추적을 위한 장래 신용카드 사용내역 조회는 통신사실확인자료에 해당한다고 하면서 일부 영장을 기각해서 현재는 장래 신용카드 사용내역을 주기적으로 통보받는 것은 통신비밀보호법상의 통신사실확인자료제공요청 허가서에 의해서 확보하고 있다.

밴(VAN)사와 신용카드사간에는 유선의 전용회선을 사용하므로, 장래의 신용카드 사용내역이 통신비밀보호법 제2조 제11호 바목의 '정보통신망에 접속

---

29) 밴(VAN)은 Value Added Network의 약자로, 전기통신회선을 가지고 있거나 대형 통신회사로부터 회선을 빌려 정보의 저장, 가공, 관리 및 검색 등 다양한 서비스를 추가하여 가치를 만들어 내는 부가가치통신망을 말하고, 이러한 서비스를 하는 업체를 밴(VAN)사라고 한다. 현재 국내의 밴사는 신용카드 결제승인 및 매입청구 대행 서비스 제공에 대한 수수료로 신용카드사로부터 승인조회 1건당 평균 100−130원을 취득하고, 현금영수증 승인정보 처리 수수료로 국세청으로부터 1건당 14원(온라인 및 자진발급) 또는 20원(오프라인발급)을 취득하는 것으로 알려져 있다.

된 정보통신기기의 위치를 확인할 수 있는 발신기지국의 위치추적자료'나 사목의 '컴퓨터통신 또는 인터넷 사용자가 정보통신망에 접속하기 위하여 사용하는 정보통신기기의 위치를 확인할 수 있는 접속지 추적자료'인지에 대해서 약간의 의문이 없지 않다. 그러나 수사기관이 확보하는 자료는 결국 가맹점에서 사용하는 신용카드 사용 위치정보인데, 가맹점과 밴(VAN)사는 대부분 인터넷이나 무선통신을 이용하므로 위 정의규정에 포함된다고 본다.

또 장래의 GPS위치정보 확보와 같이 압수는 증거물이나 몰수할 물건을 대상으로 하지만 수색은 피의자 검거를 위해서도 가능하므로 형사소송법상의 압수·수색영장을 청구하여 발부받아 취득할 수도 있다고 본다.

제 5 장

통신비밀보호와 처벌

제 5 장

통신비밀보호와 처벌

제1절 무허가 통신제한조치 및 대화감청 처벌

제16조(벌칙) ① 다음 각호의 어느 하나에 해당하는 자는 1년 이상 10년 이하의 징역과 5년 이하의 자격정지에 처한다.

1. 제3조의 규정에 위반하여 우편물의 검열 또는 전기통신의 감청을 하거나 공개되지 아니한 타인간의 대화를 녹음 또는 청취한 자
2. 제1호에 따라 알게 된 통신 또는 대화의 내용을 공개하거나 누설한 자

② 내지 ④ (생략)

Ⅰ. 무허가 통신제한조치 등

1. 규정의 의의

통신비밀보호법 제3조 제1항은 누구든지 통신비밀보호법 등 관련규정에 의하지 아니하고는 우편물의 검열·전기통신의 감청 또는 통신사실확인자료의 제공을 하거나 공개되지 아니한 타인간의 대화를 녹음 또는 청취하지 못한다고 규정하고 있는데, 동법 제16조 제1항 제1호는 이러한 규정에 위반하여 법원의 허가 등 적법한 절차를 따르지 않고 우편물을 검열하거나 전기통신을 감청한 자와 공개되지 아니한 타인간의 대화를 녹음기 등을 이용하여 녹음하거나 전자장치 또는 기계적 수단을 이용하여 청취한 자를 처벌하는 조문이다.

벌금형도 규정되어 있지 아니하고 1년 이상 10년 이하의 징역과 자격정지를 병과하도록 규정되어 있어서 비교적 중한 법정형으로 처벌하고 있는데, 이는 통신비밀 보호를 침해하는 행위를 하는 자를 엄하게 처벌함으로써 통신의 비밀과 자유를 보호하겠다는 의지로 이해된다.

통신비밀보호법 제3조 제1항은 누구든지 위와 같은 행위를 하는 것을 금지하고 있으므로 국가기관이거나 사인이거나를 불문하고 누구든지 위와 같은 행위를 할 경우 처벌된다.

그리고 통신비밀보호법 제16조 제1항 제1호는 동법 제3조 제1항의 행위 중 통신의 내용을 중간에서 가로챔으로써 통신비밀 침해의 정도가 큰 통신제한조치 위반의 경우를 본조에서 중하게 처벌하면서 통신의 내용 자체가 아닌 통신에 관한 간접 사실에 불과한 통신사실확인자료를 불법하게 취득한 경우는 별도의 처벌규정을 두지 않고 있다. 통신의 내용을 불법취득한 경우와 통신에 관한 간접 사실을 불법취득한 경우를 구분하여 규정하는 점은 합리적인 입법으로 보인다.

2. 규정의 내용

누구라도 법원의 허가 등 적법한 절차를 따르지 않고 우편물을 검열 또는 전기통신을 감청하거나 공개되지 아니한 타인간의 대화를 녹음기 등을 이용하여 녹음 또는 청취하는 경우 1년 이상 10년 이하의 징역과 5년 이하의 자격정지에 처한다.

본죄의 행위는 우편물의 검열 또는 전기통신의 감청을 하거나 공개되지 아니한 타인간의 대화를 녹음 또는 청취하는 것이다. 여기서 '우편물 검열', '전기통신의 감청', '공개되지 아니한 타인간의 대화 녹음 또는 청취' 등의 개념은 앞에서 본 바와 같다. 녹음과 청취는 행위 태양이 다르므로 청취가 녹음에 흡수된다고 할 수 없다.[1]

다만, 본조의 '청취'의 의미에 대해서는 통신비밀보호법 제3조 제1항과 제14조 제1항과의 관계 속에서 조화로운 해석이 필요하다. 즉, 통신비밀보호법

---

1) 대법원 2007. 12. 27. 선고 2007도9053 판결 참조.

제3조 제1항은 단순히 "… 공개되지 아니한 타인 간의 대화를 녹음 또는 청취하지 못한다"고 규정하고 있는데 반하여 같은 법 제14조 제1항은 "… 공개되지 아니한 타인간의 대화를 녹음하거나 전자장치 또는 기계적 수단을 이용하여 청취할 수 없다."라고 규정하고 있다.

따라서 청취의 경우, 공개되지 아니한 타인간의 대화를 기구사용없이 맨 귀로 단순히 듣기만 하는 것도 금지대상인지, 아니면 전자장치 또는 기계적 수단을 사용하여 청취하는 경우에만 금지대상인지가 문제이다. 통신비밀보호법 제16조 제1항 제1호는 "제3조의 규정에 위반하여 우편물의 검열 또는 전기통신의 감청을 하거나 공개되지 아니한 타인간의 대화를 녹음 또는 청취한 자"를 처벌하도록 규정하여 법문상으로는 단순히 맨 귀로 청취하는 행위도 처벌대상인 것처럼 규정하고 있다.

그러나 일상생활에서 부지불식간에 공개되었다고 보기 어려운 타인간의 대화를 듣게 되는 상황이 발생할 수 있다는 점에 비추어 별도의 장치나 기구 없이 단순히 듣는 것까지 규제할 필요는 없다고 본다. 그러므로 통신비밀보호법 제3조 제1항 및 제16조 제1항의 청취는 전자장치 또는 기계적 수단을 이용하여 청취하는 경우에 한정된다고 할 것이다. 따라서 녹음 또는 청취란 타인간의 대화를 녹음기와 같은 기구를 이용하여 녹음하거나 전자장치 또는 기계적 수단을 이용하여 청취하는 것이라고 해석하여야 할 것이다.

Ⅱ. 무허가 통신제한조치 내용 공개 등

1. 규정의 의의

통신비밀보호법 제16조 제1항 제2호는 불법 통신제한조치로 알게 된 통신이나 불법적인 방법으로 녹음 또는 청취된 공개되지 아니한 타인간의 대화의 내용을 공개하거나 누설하는 경우를 처벌하고 있다. 즉, 제1호 위반죄를 범한 자가 알게 된 내용을 다시 공개하거나 누설하는 경우를 처벌하는 조항이다. 따라서 제1호 위반죄와 제2호 위반죄는 실체적 경합범으로 보아야 할 것이다.

여기서 제2호는 제1호 위반죄를 범한 자만이 범할 수 있는가 하는 의문이 있을 수 있다. 규정의 형식이 '불법 통신제한조치로 알게 된'으로 되어 있어서 원칙적으로 제1호의 규정을 위반한 자가 이를 공개하거나 누설하는 경우를 예정한 처벌조항으로 보인다. 그러나 제1호 이외에 제2호를 특별히 규정하여 처벌하는 것은 만일 제1호만 처벌되고 제2호가 처벌되지 않을 경우 불법 통신제한조치나 불법적인 방법으로 취득된 공개되지 아니한 대화의 내용이 일반에게 공개되어 통신의 비밀보호가 무기력하게 될 우려가 있으므로 이를 방지하여 통신의 비밀을 실효성있게 보호하기 위한 의도라고 보아야 한다. 그렇다면 제1호 위반죄에 가담하지 아니한 자라도 제1호 위반죄를 범하여 알게 된 통신이나 대화내용이라는 것을 알면서 이를 공개하거나 누설한 경우에는 제2호 위반으로 처벌된다고 할 것이다.

헌법재판소도 "······ 법 제16조 제1항 제2호와 관련하여, 행위자가 불법 감청·녹음 등에 관여하지 아니하고 다른 경로를 통하여 그 통신 또는 대화의 내용을 알게 되었더라도 불법 감청·녹음 등이 이루어진 사정을 알면서 이를 공개·누설하는 경우에는 통신비밀보호법 위반죄가 성립한다."고 한다고 하면서 "······ 이와 같이 불법 감청·녹음 등을 처벌할 뿐만 아니라 이 사건 법률조항에서 위법한 방법으로 지득한 대화의 내용을 공개하거나 누설하는 것을 별도로 처벌하는 이유는, 위법하게 취득한 통신·대화 내용의 공개를 금지하지 않는다면 불법 감청·녹음 등을 하려는 유인이 계속 존재하여 이러한 행위를 효과적으로 규제할 수 없다는 고려에서 통신비밀의 보호를 강화하기 위한 것으로 보인다."고 하고 있다.[2]

---

2) 헌법재판소 2011. 8. 30. 2009헌바42, 판례집 23－2상, 286, 292－293 "······ 법 제3조 제1
 항은 이 법과 형사소송법 또는 군사법원법의 규정에 의하지 아니한 우편물의 검열이나 전
 기통신의 감청 및 공개되지 아니한 타인간의 대화를 녹음 또는 청취하는 것을 금지하고, 법
 제16조 제1항 제1호는 제3조의 규정에 위반하여 우편물의 검열 또는 전기통신의 감청을 하
 거나 공개되지 아니한 타인간의 대화를 녹음 또는 청취하는 행위(이하 '불법 감청·녹음 등'
 이라 한다)를, 제2호는 이러한 행위에 의하여 지득한 통신 또는 대화의 내용을 공개하거나
 누설하는 행위를 각각 별도의 독립된 범죄행위로 규정하고, 양자를 동일한 법정형(10년 이
 하의 징역과 5년 이하의 자격정지)으로 처벌한다. 특히 법 제16조 제1항 제2호와 관련하여,
 행위자가 불법 감청·녹음 등에 관여하지 아니하고 다른 경로를 통하여 그 통신 또는 대화
 의 내용을 알게 되었더라도 불법 감청·녹음 등이 이루어진 사정을 알면서 이를 공개·누설

그리고 대법원 역시 "…… 통신비밀보호법 제3조 제1항, 제16조 제1항의 규정에 의하면, 통신비밀보호법과 형사소송법 또는 군사법원법의 규정에 의하지 아니한 우편물의 검열 또는 전기통신의 감청 및 공개되지 아니한 타인간의 대화의 녹음 또는 청취행위 등(이하 이러한 행위들을 '불법 감청·녹음 등'이라고 한다)에 관여하지 아니하고 다른 경로를 통하여 그 통신 또는 대화의 내용을 알게 된 사람이라 하더라도, 불법 감청·녹음 등이 이루어진 사정을 알면서 이를 공개·누설하는 경우에는 통신비밀보호법 위반죄가 성립한다."고 하고 있다.[3]

제2호에 규정된 행위를 한 자 역시 "1년 이상 10년 이하의 징역과 5년 이하의 자격정지"에 처한다. 이렇게 제1호와 제2호의 행위를 동일한 법정형으로 처벌하는 것이 형벌과 책임의 비례원칙에 위배되지는 않는가. 이에 대해 헌법재판소는 "…… 위법하게 취득된 대화내용을 전파하는 행위가 초래할 수 있는 피해의 중대성, 죄질이나 보호법익, 우리 역사와 문화, 국민일반의 가치관 내지 법감정, 범죄의 실태와 예방을 위한 형사정책적 측면 등 여러 가지 요소를 고려하여 볼 때, 이 사건 법률조항이 타인간의 대화내용을 위법하게 취득한 자와 위법하게 취득된 타인간의 대화내용을 공개·누설한 자를 동일한 법정형으로 규정하였다고 하더라도, 그리고 벌금형을 선택적으로 규정하지 않았다고 하더라도 그것이 형벌 본래의 목적과 기능을 달성함에 있어 필요한 정도를 일탈하여 지나치게 과중한 형벌이라고는 보기 어렵다."고 하고 있다.[4]

다만, 본 규정은 위법하게 취득한 타인간의 대화내용을 공개하는 경우를 처벌함으로써 민주주의 국가에서 표현의 자유를 제한하는 측면이 있으므로 해

하는 경우에는 통신비밀보호법 위반죄가 성립한다(대법원 2011. 5. 13. 선고 2009도14442 판결 참조). 그리고, 법 제16조 제1항은 불법 감청·녹음 등에 의하여 취득한 대화내용을 공개하거나 누설하는 행위를 처벌하는 것에 관하여 예외조항이나 위법성조각사유를 별도로 규정하고 있지 않다.

이와 같이 불법 감청·녹음 등을 처벌할 뿐만 아니라 이 사건 법률조항에서 위법한 방법으로 지득한 대화의 내용을 공개하거나 누설하는 것을 별도로 처벌하는 이유는, 위법하게 취득한 통신·대화 내용의 공개를 금지하지 않는다면 불법 감청·녹음 등을 하려는 유인이 계속 존재하여 이러한 행위를 효과적으로 규제할 수 없다는 고려에서 통신비밀의 보호를 강화하기 위한 것으로 보인다."

3) 대법원 2011. 5. 13. 선고 2009도14442 판결.

4) 헌법재판소 2011. 8. 30. 2009헌바42, 판례집 23-2상, 286, 297.

석과 운용에 있어서 합리적인 태도가 요구된다고 할 수 있다.

2. 규정의 내용

본죄의 행위는 불법 통신제한조치로 알게 된 통신이나 불법적인 방법으로 녹음 또는 청취된 공개되지 아니한 타인간의 대화의 내용을 공개하거나 누설하는 것이다.

'공개'는 사전적으로는 어떤 사실이나 사물, 내용 따위를 여러 사람에게 널리 터놓는 것을 의미한다. 여기서는 불법 통신제한조치나 불법 대화감청에 의해 알게 된 내용이라는 것을 알면서 불특정 다수인에게 내용을 알리는 것을 말한다. 언론에 발표하거나 일반에게 공표하는 것이 그 예이다.

'누설'은 원래 비밀이 새어나가는 것을 의미하는 것으로 과실로 비밀이 새어 나가는 것도 포함할 것이나 여기서는 고의적으로 불특정 또는 다수인이 알 수 있도록 하는 것을 의미한다고 해야 한다.

제2호에서의 '청취'도 제1호에서와 같이 전자장치 또는 기계적 수단을 이용하여 청취한 경우로 한정하는 것이 타당하다. 그러므로 공개되지 아니한 타인의 대화를 몰래 전자장치나 기계적 수단을 사용함이 없이 귀로 듣고 공개하거나 누설하는 경우는 명예훼손 등의 문제는 별론으로 하고 본조 위반은 아닌 것으로 보인다.

제2호의 죄는 행위자가 불법 통신제한조치나 불법 대화감청에 의해 알게 된 것임을 전혀 모르고 공개하거나 누설한 경우까지 처벌하는 조항은 아닌 것으로 보인다. 이런 경우는 형법상의 명예훼손죄 등으로 처벌하면 될 것이다.

한편, 적법한 통신제한조치에 의해 취득한 내용을 공개 또는 누설하는 경우에는 법 제11조 비밀준수의무 위반죄로 법 제16조 제2항 제2호와 제3항, 제4항에 의해 처벌된다.

제2절 통신제한조치 집행시 준수사항 미이행 등

제16조(벌칙) ① 생략

② 다음 각호의 1에 해당하는 자는 10년 이하의 징역에 처한다.

1. 제9조 제2항의 규정에 위반하여 통신제한조치허가서 또는 긴급감청서등의 표지의 사본을 교부하지 아니하고 통신제한조치의 집행을 위탁하거나 집행에 관한 협조를 요청한 자 또는 통신제한조치허가서 또는 긴급감청서등의 표지의 사본을 교부받지 아니하고 위탁받은 통신제한조치를 집행하거나 통신제한조치의 집행에 관하여 협조한 자

2. 제11조 제1항(제14조 제2항의 규정에 의하여 적용하는 경우 및 제13조의5의 규정에 의하여 준용되는 경우를 포함한다)의 규정에 위반한 자

③ 제11조 제2항(제13조의5의 규정에 의하여 준용되는 경우를 포함한다)의 규정에 위반한 자는 7년 이하의 징역에 처한다.

④ 제11조 제3항(제14조 제2항의 규정에 의하여 적용하는 경우 및 제13조의5의 규정에 의하여 준용되는 경우를 포함한다)의 규정에 위반한 자는 5년 이하의 징역에 처한다.

Ⅰ. 통신제한조치허가서 등의 표지사본 미교부 등

1. 통신제한조치허가서 등의 표지 사본을 교부하지 아니하고 집행 위탁

원래 통신제한조치의 집행을 위탁하거나 집행에 관한 협조를 요청하는 자는 통신기관 등에 통신제한조치허가서(법 제7조 제1항 제2호의 경우에는 대통령의 승인서. 이하 본 조와 제17조 제1항 제1호·제3호에서 같음) 또는 긴급감청서등의 표지의 사본을 교부하도록 되어 있는데 이를 하지 아니하고 통신제한조치의 집행을 위탁하거나 집행에 관한 협조를 요청한 자를 처벌하는 조항이다. 국가기관의 불법감청을 억제하기 위해 마련된 규정이다. 위반 시 10년 이하의 징역에 처하도록 규정되어 있다(법 제16조 제2항 제1호).

2. 표지의 사본을 교부받지 않고 위탁받은 통신제한조치를 집행하거나 집행에
협조

전기통신사업자 등이 불법감청에 협조하지 못하도록 마련된 조항이다. 따
라서 이 조항은 대체로 전기통신사업자 등이 주체가 된다. 전기통신사업자
등이 통신제한조치허가서 또는 긴급감청서등의 표지의 사본을 교부받지 아
니하고 위탁받은 통신제한조치를 집행하거나 통신제한조치의 집행에 관하
여 협조한 경우에는 10년 이하의 징역에 처하도록 되어 있다(법 제16조 제2항
제1호).

II. 비밀준수의무 위반

1. 공무원의 비밀준수의무 위반

통신제한조치나 대화감청 또는 통신사실확인자료제공요청의 허가·집행·
통보 및 각종 서류작성 등에 관여한 공무원 또는 그 직에 있었던 자가 직무상
알게 된 통신제한조치 등에 관한 사항을 외부에 공개하거나 누설하는 경우에
처벌하는 규정이다.

이 경우는 통신제한조치에 관한 해당 업무를 하고 있거나 했던 공무원이
범죄의 주체가 된다. 공무원이라 할지라도 해당 업무를 하지 않는 경우는 본
조 위반이 아니다. 위반시 10년 이하의 징역에 처하도록 되어 있다(법 제16조
제2항 제2호).

2. 통신기관직원의 비밀준수의무 위반

통신제한조치나 대화감청 또는 통신사실확인자료제공요청에 관여한 통신
기관의 직원 또는 그 직에 있었던 자가 통신제한조치 등에 관한 사항을 외부
에 공개하거나 누설하는 경우 처벌하는 규정이다.

통신제한조치 등의 업무를 하고 있거나 했던 통신기관의 직원이 범죄의
주체이다. 공무원의 경우보다는 경하게 7년 이하의 징역에 처하도록 되어 있

다(법 제16조 제3항).

3. 일반적인 비밀준수의무 위반

해당 통신제한조치나 대화감청 또는 통신사실확인자료제공요청 업무를 하는 공무원이나 통신기관 직원이 아닌 사람이 통신제한조치나 대화감청 또는 통신사실확인자료제공요청에 의해 알게 된 내용을 통신비밀보호법의 규정에 의하여 사용하는 경우 외에 이를 외부에 공개하거나 누설하는 경우 처벌하는 규정이다.

일반인이나 혹은 공무원이나 통신기관 직원이라 하더라도 해당 업무를 하지 않는 사람이 어떤 경위로 관련 내용을 취득하여 이를 법이 규정하는 방법 이외에 외부에 공개하거나 누설하는 경우이다. 5년 이하의 징역에 처하도록 되어 있다(법 제16조 제4항).

제3절 통신제한조치 등 집행관련 부수사항 등 위반죄

제17조(벌칙) ① 다음 각호의 어느 하나에 해당하는 자는 5년 이하의 징역 또는 3천만원 이하의 벌금에 처한다.

1. 제9조 제2항의 규정에 위반하여 통신제한조치허가서 또는 긴급감청서등의 표지의 사본을 보존하지 아니한 자
2. 제9조 제3항(제14조 제2항의 규정에 의하여 적용하는 경우를 포함한다)의 규정에 위반하여 대장을 비치하지 아니한 자
3. 제9조 제4항의 규정에 위반하여 통신제한조치허가서 또는 긴급감청서등에 기재된 통신제한조치 대상자의 전화번호 등을 확인하지 아니하거나 전기통신에 사용되는 비밀번호를 누설한 자
4. 제10조 제1항의 규정에 위반하여 인가를 받지 아니하고 감청설비를 제조·수입·판매·배포·소지·사용하거나 이를 위한 광고를 한 자
5. 제10조 제3항 또는 제4항의 규정에 위반하여 감청설비의 인가대장을 작성 또는 비치하지 아니한 자
5의2. 제10조의3 제1항의 규정에 의한 등록을 하지 아니하거나 거짓으로 등록하여

불법감청설비탐지업을 한 자

6. 삭제

② 다음 각호의 어느 하나에 해당하는 자는 3년 이하의 징역 또는 1천만원 이하의
벌금에 처한다.

1. 제3조 제3항의 규정을 위반하여 단말기기 고유번호를 제공하거나 제공받은 자

2. 제8조 제5항을 위반하여 긴급통신제한조치를 즉시 중지하지 아니한 자

2의2. 제8조 제10항을 위반하여 같은 조 제8항에 따른 통신제한조치를 즉시 중지
하지 아니한 자

3. 제9조의2(제14조 제2항의 규정에 의하여 적용하는 경우를 포함한다)의 규정에
위반하여 통신제한조치의 집행에 관한 통지를 하지 아니한 자

4. 제13조 제7항을 위반하여 통신사실확인자료제공 현황 등을 과학기술정보통신부
장관에게 보고하지 아니하였거나 관련자료를 비치하지 아니한 자

Ⅰ. 법 제17조 제1항에 정한 죄

1. 통신제한조치 등의 표지사본 보존의무 위반

법 제9조 제2항에 따라 통신제한조치 집행위탁을 받거나 협조요청을 받은
자는 통신제한조치허가서 또는 긴급감청서 등의 표지 사본을 대통령령에 따라
3년간 보존하여야 하는데, 이를 보존하지 아니한 자는 5년 이하의 징역 또는
3천만원 이하의 벌금에 처한다(법 제17조 제1항 제1호). 전기통신사업자에게 형
사책임을 지워 불법 감청에 협조하지 못하도록 하려는 취지에서 마련된 규정
이다.

2. 통신제한조치 집행관련 대장비치의무 위반 등

법 제9조 제3항에 따라 통신제한조치를 집행하는 자와 이를 위탁받거나
이에 관한 협조요청을 받은 자는 당해 통신제한조치를 청구한 목적과 그 집행
또는 협조일시 및 대상을 기재한 대장을 대통령령이 정하는 바에 따라 3년 동
안 비치하여야 하는데, 이를 비치하지 아니한 경우이다. 대장을 비치하지 아니
한 자는 5년 이하의 징역 또는 3천만원 이하의 벌금에 처한다(법 제17조 제1항

제2호).

3. 통신제한조치대상의 전화번호확인의무 위반 등

법 제9조 제4항에 따라 통신기관 등은 통신제한조치허가서 또는 긴급감청서 등에 기재된 통신제한조치 대상자의 전화번호 등이 사실과 일치하지 않을 경우에는 그 집행을 거부할 수 있으며, 어떠한 경우에도 전기통신에 사용되는 비밀번호를 누설할 수 없도록 되어 있다. 실무에서도 전기통신사업자는 통신제한조치나 통신사실확인자료요청에 의해 대상자의 비밀번호는 제공하지 않는다.

이 규정에 따라 전기통신사업자는 통신제한조치집행위탁이나 집행협조가 들어온 경우 대상자의 전화번호가 맞는지 확인해서 실제와 다른 경우는 집행을 거부해야 하는데, 대상자의 전화번호를 확인하지 않는 경우와 전기통신에 사용되는 비밀번호를 누설하는 경우의 처벌 조항이다. 전화번호확인의무 등을 위반한 자는 5년 이하의 징역 또는 3천만원 이하의 벌금에 처한다(법 제17조 제1항 제3호)

4. 감청설비제조업 등의 인가의무 위반

법 제10조 제1항에 따라 감청설비를 제조ㆍ수입ㆍ판매ㆍ배포ㆍ소지ㆍ사용하거나 이를 위한 광고를 하고자 하는 자는 과학기술정보통신부장관의 인가를 받아야 하는데, 인가를 받지 않고 감청설비를 제조ㆍ수입ㆍ판매ㆍ배포ㆍ소지ㆍ사용하거나 이를 위한 광고를 한 자는 5년 이하의 징역 또는 3천만원 이하의 벌금에 처한다(법 제17조 제1항 제4호)

5. 감청설비 인가대장 작성ㆍ비치의무 위반

가. 과학기술정보통신부장관은 감청설비제조업 등의 인가를 하는 경우에는 법 제10조 제3항에 따라 인가신청자, 인가연월일, 인가된 감청설비의 종류와 수량 등 필요한 사항을 대장에 기재하여 비치하도록 되어 있는데, 이를 위반한 경우의 처벌조항이다. 이 경우는 과학기술정보통신부소속 공무원이나 위

임받아 처리하는 기관의 직원이 범죄주체이다.

　　나. 감청설비제조 등의 인가를 받아 감청설비를 제조·수입·판매·배포·소지 또는 사용하는 자는 인가연월일, 인가된 감청설비의 종류와 수량, 비치장소 등 필요한 사항을 대장에 기재하여 비치하도록 되어 있는데(법 제10조 제4항), 이와 같이 대장을 비치하지 아니한 경우의 처벌조항이다.

　　다. 감청설비의 인가대장을 작성 또는 비치하지 아니한 자는 5년 이하의 징역 또는 3천만원 이하의 벌금에 처한다(법 제17조 제1항 제5호).

6. 불법감청설비탐지업의 등록의무 위반

　　영리를 목적으로 불법감청설비탐지업을 하고자 하는 자는 대통령령이 정하는 바에 의하여 과학기술정보통신부장관에게 등록을 하도록 되어 있는데(법 제10조의3 제1항), 이를 하지 않거나 거짓으로 등록하고 불법감청설비탐지업을 하는 자는 5년 이하의 징역 또는 3천만원 이하의 벌금에 처한다(법 제17조 제1항 제5호의2).

Ⅱ. 법 제17조 제2항에 정한 죄

1. 단말기기 고유번호 제공금지의무 위반

　　법 제3조 제3항은 누구든지 단말기기 고유번호를 제공하거나 제공받아서는 안 되도록 규정하고 있는데, 이를 위반한 경우의 처벌조항이다. 단말기기 고유번호를 제공하거나 제공받은 자는 3년 이하의 징역 또는 1천만원 이하의 벌금에 처한다(법 제17조 제2항 제1호). "단말기기 고유번호"라 함은 이동통신사업자와 이용계약이 체결된 개인의 이동전화 단말기기에 부여된 전자적 고유번호를 말한다(법 제2조 제12호).

　　2G 휴대폰의 경우에는 단말기기 고유번호인 ESN을 알면 단말기기 복제가 가능하여 도청 수단으로 사용할 수 있는 가능성이 있으므로 단말기기 고유

번호 제공을 엄격하게 제한하는 것이 필요하여 위와 같은 조항을 둔 것으로 보인다. 그런데 3G, 4G, 5G 휴대폰의 경우에는 단말기기 고유번호만으로 휴대폰 복제가 불가능해졌는데도 단말기기 고유번호 제공을 금지해야 하느냐는 의문이 있다. 입법적인 검토가 필요하다.

2. 긴급통신제한조치 즉시 중지의무 위반

검사, 사법경찰관 또는 정보수사기관의 장이 긴급통신제한조치를 하는 경우에는 집행착수 후 지체없이 법원에 허가를 청구하여야 하며, 그 긴급통신제한조치를 한 때부터 36시간 이내에 법원의 허가를 받지 못한 때에는 즉시 이를 중지하도록 되어 있는데 이를 중지하지 않는 경우, 그리고 국가안보를 위하여 외국인에 대해 긴급통신제한조치를 한 때에는 지체없이 대통령의 승인을 얻어야 하며, 36시간 이내에 대통령의 승인을 얻지 못한 때에는 즉시 그 긴급통신제한조치를 중지하여야 하는데 이를 중지하지 아니한 경우의 처벌조항이다. 긴급통신제한조치를 즉시 중지하지 아니한 자는 3년 이하의 징역 또는 1천만원 이하의 벌금에 처한다(법 제17조 제2항 제2호, 제2호의2).

검사, 사법경찰관, 정보수사기관의 장 등 긴급통신제한조치를 집행하는 사람이 범죄주체이다.

3. 통신제한조치 집행통지의무 위반

검사, 사법경찰관, 정보수사기관의 장이 통신제한조치나 대화감청을 한 경우, 사건을 종결하거나 통신제한조치를 종료한 때에는 대상자에게 통지하도록 되어 있다. 그러나 이를 위반하여 통신제한조치의 집행에 관한 통지를 하지 아니한 경우에는 3년 이하의 징역 또는 1천만원 이하의 벌금에 처한다(법 제17조 제2항 제3호).

법 제17조 제2항 제2호, 제2호의2와 같이 검사, 사법경찰관, 정보수사기관의 장 등 통신제한조치를 집행하는 사람이 범죄주체이다.

4. 통신사실확인자료현황 보고의무 위반 등

전기통신사업자는 검사, 사법경찰관 또는 정보수사기관의 장에게 통신사실확인자료를 제공한 때에는 자료제공현황 등을 연 2회 과학기술정보통신부장관에게 보고하고, 당해 통신사실확인자료 제공사실 등 필요한 사항을 기재한 대장과 통신사실 확인자료제공요청서등 관련자료를 통신사실확인자료를 제공한 날부터 7년간 비치하도록 되어 있는데, 이를 위반한 경우의 처벌규정이다.

통신사실확인자료제공 현황등을 과학기술정보통신부장관에게 보고하지 아니하였거나 관련자료를 비치하지 아니한 자는 3년 이하의 징역 또는 1천만원 이하의 벌금에 처한다(법 제17조 제2항 제4호).

범죄주체는 전기통신사업자이고, 전기통신사업자로 하여금 투명하게 통신사실확인자료제공 관련 업무를 하도록 하기 위한 취지로 보인다. 통신제한조치집행과 관련한 대장은 원칙적으로 3년간 보존하도록 되어 있는데(법 시행령 제17조 제2항), 통신사실확인자료제공과 관련한 대장은 7년간 비치하도록 되어 있어서 균형이 맞지 않는 면이 있어 보인다.

통신비밀보호법과 인용조문
2단 비교

[부록] 통신비밀보호법과 인용조문 2단 비교

통신비밀보호법 [법률 제19103호, 2022. 12. 27., 일부개정]	통신비밀보호법 시행령 [대통령령 제33321호, 2023. 3. 7., 타법개정]
제1조(목적) 이 법은 통신 및 대화의 비밀과 자유에 대한 제한은 그 대상을 한정하고 엄격한 법적 절차를 거치도록 함으로써 통신비밀을 보호하고 통신의 자유를 신장함을 목적으로 한다.	
제2조(정의) 이 법에서 사용하는 용어의 정의는 다음과 같다. 　1. "통신"이라 함은 우편물 및 전기통신을 말한다. 　2. "우편물"이라 함은 우편법에 의한 통상우편물과 소포우편물을 말한다. 　3. "전기통신"이라 함은 전화·전자우편·회원제정보서비스·모사전송·무선호출 등과 같이 유선·무선·광선 및 기타의 전자적 방식에 의하여 모든 종류의 음향·문언·부호 또는 영상을 송신하거나 수신하는 것을 말한다. 　4. "당사자"라 함은 우편물의 발송인과 수취인, 전기통신의 송신인과 수신인을 말한다. 　5. "내국인"이라 함은 대한민국의 통치권이 사실상 행사되고 있는 지역에 주소 또는 거소를 두고 있는 대한민국 국민을 말한다. 　6. "검열"이라 함은 우편물에 대하여 당사자의 동의없이 이를 개봉하거나 기타의 방법으로 그 내용을 지득 또는 채록하거나 유치하는 것을 말한다. 　7. "감청"이라 함은 전기통신에 대하여 당사자의 동의없이 전자장치·기계장치등을 사용하여 통신의 음향·문언·부호·영상	제3조(감청설비 제외대상) 법 제2조 제8호 단서에 따라 감청설비에서 제외되는 것은 감청 목적으로 제조된 기기·기구가 아닌 것으로서 다음 각 호의 어느 하나에 해당하는 것을 말한다. 　1. 「전기통신사업법」 제2조 제4호에 따른 사업용전기통신설비 　2. 「전기통신사업법」 제64조에 따라 설치한 자가전기통신설비 　3. 삭제 <2010. 12. 31.> 　4. 「전파법」 제19조에 따라 개설한 무선국의 무선설비 　5. 「전파법」 제58조의2에 따라 적합성평가를 받은 방송통신기자재등 　6. 「전파법」 제49조 및 같은 법 제50조에 따른 전파감시업무에 사용되는 무선설비 　7. 「전파법」 제58조에 따라 허가받은 통신용 전파응용설비 　8. 「전기용품 및 생활용품 안전관리법」 제2조 제1호에 따른 전기용품 중 오디오·비디오 응용기기(직류전류를 사용하는 것을 포함한다) 　9. 보청기 또는 이와 유사한 기기·기구 　10. 그 밖에 전기통신 및 전파관리에 일반적으로 사용되는 기기·기구

을 청취·공독하여 그 내용을 지득 또는
채록하거나 전기통신의 송·수신을 방해
하는 것을 말한다.

8. "감청설비"라 함은 대화 또는 전기통신의
감청에 사용될 수 있는 전자장치·기계장
치 기타 설비를 말한다. 다만, 전기통신
기기·기구 또는 그 부품으로서 일반적으
로 사용되는 것 및 청각교정을 위한 보
청기 또는 이와 유사한 용도로 일반적으
로 사용되는 것중에서, 대통령령이 정하
는 것은 제외한다.

8의2. "불법감청설비탐지"라 함은 이 법의
규정에 의하지 아니하고 행하는 감청 또
는 대화의 청취에 사용되는 설비를 탐지
하는 것을 말한다.

9. "전자우편"이라 함은 컴퓨터 통신망을 통
해서 메시지를 전송하는 것 또는 전송된
메시지를 말한다.

10. "회원제정보서비스"라 함은 특정의 회원
이나 계약자에게 제공하는 정보서비스 또
는 그와 같은 네트워크의 방식을 말한다.

11. "통신사실확인자료"라 함은 다음 각목의
어느 하나에 해당하는 전기통신사실에
관한 자료를 말한다.

가. 가입자의 전기통신일시

나. 전기통신개시·종료시간

다. 발·착신 통신번호 등 상대방의 가입
자번호

라. 사용도수

마. 컴퓨터통신 또는 인터넷의 사용자가
전기통신역무를 이용한 사실에 관한
컴퓨터통신 또는 인터넷의 로그기록
자료

바. 정보통신망에 접속된 정보통신기기의
위치를 확인할 수 있는 발신기지국의
위치추적자료

사. 컴퓨터통신 또는 인터넷의 사용자가
정보통신망에 접속하기 위하여 사용
하는 정보통신기기의 위치를 확인할
수 있는 접속지의 추적자료

12. "단말기기 고유번호"라 함은 이동통신사

업자와 이용계약이 체결된 개인의 이동전화 단말기기에 부여된 전자적 고유번호를 말한다.	
제3조(통신 및 대화비밀의 보호) ① 누구든지 이 법과 형사소송법 또는 군사법원법의 규정에 의하지 아니하고는 우편물의 검열·전기통신의 감청 또는 통신사실확인자료의 제공을 하거나 공개되지 아니한 타인간의 대화를 녹음 또는 청취하지 못한다. 다만, 다음 각호의 경우에는 당해 법률이 정하는 바에 의한다.<개정 2000. 12. 29., 2001. 12. 29., 2004. 1. 29., 2005. 3. 31., 2007. 12. 21., 2009. 11. 2.>	

1. 환부우편물등의 처리 : 우편법 제28조·제32조·제35조·제36조 등의 규정에 의하여 폭발물 등 우편금제품이 들어 있다고 의심되는 소포우편물(이와 유사한 郵便物을 포함한다)을 개피하는 경우, 수취인에게 배달할 수 없거나 수취인이 수령을 거부한 우편물을 발송인에게 환부하는 경우, 발송인의 주소·성명이 누락된 우편물로서 수취인이 수취를 거부하여 환부하는 때에 그 주소·성명을 알기 위하여 개피하는 경우 또는 유가물이 든 환부불능우편물을 처리하는 경우
2. 수출입우편물에 대한 검사 : 관세법 제256조·제257조 등의 규정에 의한 신서 외의 우편물에 대한 통관검사절차
3. 구속 또는 복역중인 사람에 대한 통신 : 형사소송법 제91조, 군사법원법 제131조, 「형의 집행 및 수용자의 처우에 관한 법률」 제41조·제43조·제44조 및 「군에서의 형의 집행 및 군수용자의 처우에 관한 법률」 제42조·제44조 및 제45조에 따른 구속 또는 복역 중인 사람에 대한 통신의 관리
4. 파산선고를 받은 자에 대한 통신 : 「채무자 회생 및 파산에 관한 법률」 제484조의 규정에 의하여 파산선고를 받은 자에게 보내온 통신을 파산관재인이 수령하는 경우

5. 혼신제거 등을 위한 전파감시 : 전파법 제49조 내지 제51조의 규정에 의한 혼신 제거 등 전파질서유지를 위한 전파감시 의 경우 ② 우편물의 검열 또는 전기통신의 감청(이 하 "통신제한조치"라 한다)은 범죄수사 또 는 국가안전보장을 위하여 보충적인 수단으 로 이용되어야 하며, 국민의 통신비밀에 대 한 침해가 최소한에 그치도록 노력하여야 한다.<신설 2001. 12. 29.> ③ 누구든지 단말기기 고유번호를 제공하거 나 제공받아서는 아니된다. 다만, 이동전화 단말기 제조업체 또는 이동통신사업자가 단 말기의 개통처리 및 수리 등 정당한 업무의 이행을 위하여 제공하거나 제공받는 경우에 는 그러하지 아니하다.<신설 2004. 1. 29.>	
제4조(불법검열에 의한 우편물의 내용과 불법감 청에 의한 전기통신내용의 증거사용 금지) 제3 조의 규정에 위반하여, 불법검열에 의하여 취득한 우편물이나 그 내용 및 불법감청에 의하여 지득 또는 채록된 전기통신의 내용 은 재판 또는 징계절차에서 증거로 사용할 수 없다.	
제5조(범죄수사를 위한 통신제한조치의 허가요 건) ① 통신제한조치는 다음 각호의 범죄를 계획 또는 실행하고 있거나 실행하였다고 의심할만한 충분한 이유가 있고 다른 방법 으로는 그 범죄의 실행을 저지하거나 범인 의 체포 또는 증거의 수집이 어려운 경우에 한하여 허가할 수 있다.<개정 1997. 12. 13., 2000. 1. 12., 2001. 12. 29., 2007. 12. 21., 2013. 4. 5., 2015. 1. 6., 2016. 1. 6., 2019. 12. 31.> 1. 형법 제2편 중 제1장 내란의 죄, 제2장 외환의 죄중 제92조 내지 제101조의 죄, 제4장 국교에 관한 죄중 제107조, 제108 조, 제111조 내지 제113조의 죄, 제5장 공안을 해하는 죄중 제114조, 제115조의 죄, 제6장 폭발물에 관한 죄, 제7장 공무 원의 직무에 관한 죄중 제127조, 제129 조 내지 제133조의 죄, 제9장 도주와 범	제6조(정보수사기관의 범위 등) ① 법 제7조 제 1항에서 "대통령령이 정하는 정보수사기관" 이란 「정보 및 보안업무 기획·조정 규정」 제2조 제6호에 따른 기관을 말한다. ② 국가정보원장(이하 "국정원장"이라 한다) 은 정보수사기관의 장이 법 제7조에 따른 통신제한조치를 하는 경우 및 사법경찰관이 법 제5조 제1항 각 호의 범죄 중 「정보 및 보안업무 기획·조정 규정」 제2조 제5호의 정보사범 등의 수사를 위한 통신제한조치를 하는 경우에는 정보수사기관간의 통신제한 조치 대상의 중복 등 그 남용을 방지하기 위하여 필요한 경우에 한하여 통신제한조치 대상의 선정 등에 관하여 해당 정보수사기 관의 장과 협의·조정할 수 있다.

인은닉의 죄, 제13장 방화와 실화의 죄
중 제164조 내지 제167조·제172조 내지
제173조·제174 및 제175조의 죄, 제
17장 아편에 관한 죄, 제18장 통화에 관
한 죄, 제19장 유가증권, 우표와 인지에
관한 죄중 제214조 내지 제217조, 제223
조(제214조 내지 제217조의 미수범에 한
한다) 및 제224조(제214조 및 제215조의
예비·음모에 한한다), 제24장 살인의
죄, 제29장 체포와 감금의 죄, 제30장 협
박의 죄중 제283조 제1항, 제284조, 제
285조(제283조제1항, 제284조의 상습범
에 한한다), 제286조[제283조 제1항, 제
284조, 제285조(제283조 제1항, 제284조
의 상습범에 한한다)의 미수범에 한한다]
의 죄, 제31장 약취(略取), 유인(誘引) 및
인신매매의 죄, 제32장 강간과 추행의
죄중 제297조 내지 제301조의2, 제305조
의 죄, 제34장 신용, 업무와 경매에 관한
죄중 제315조의 죄, 제37장 권리행사를
방해하는 죄중 제324조의2 내지 제324조
의4·제324조의5(제324조의2 내지 제324
조의4의 미수범에 한한다)의 죄, 제38장
절도와 강도의 죄중 제329조 내지 제331
조, 제332조(제329조 내지 제331조의 상
습범에 한한다), 제333조 내지 제341조,
제342조[제329조 내지 제331조, 제332조
(제329조 내지 제331조의 상습범에 한한
다), 제333조 내지 제341조의 미수범에
한한다]의 죄, 제39장 사기와 공갈의 죄
중 제350조, 제350조의2, 제351조(제350
조, 제350조의2의 상습범에 한정한다),
제352조(제350조, 제350조의2의 미수범
에 한정한다)의 죄, 제41장 장물에 관한
죄 중 제363조의 죄
2. 군형법 제2편중 제1장 반란의 죄, 제2장
이적의 죄, 제3장 지휘권 남용의 죄, 제4
장 지휘관의 항복과 도피의 죄, 제5장
수소이탈의 죄, 제7장 군무태만의 죄중
제42조의 죄, 제8장 항명의 죄, 제9장 폭
행·협박·상해와 살인의 죄, 제11장 군

용물에 관한 죄, 제12장 위령의 죄중 제
78조 · 제80조 · 제81조의 죄
3. 국가보안법에 규정된 범죄
4. 군사기밀보호법에 규정된 범죄
5. 「군사기지 및 군사시설 보호법」에 규정
된 범죄
6. 마약류 관리에 관한 법률에 규정된 범죄
중 제58조 내지 제62조의 죄
7. 폭력행위등처벌에관한법률에 규정된 범
죄중 제4조 및 제5조의 죄
8. 「총포 · 도검 · 화약류 등의 안전관리에 관
한 법률」에 규정된 범죄중 제70조 및 제
71조 제1호 내지 제3호의 죄
9. 「특정범죄 가중처벌 등에 관한 법률」에
규정된 범죄중 제2조 내지 제8조, 제11
조, 제12조의 죄
10.   특정경제범죄가중처벌등에관한법률에
규정된 범죄중 제3조 내지 제9조의 죄
11. 제1호와 제2호의 죄에 대한 가중처벌을
규정하는 법률에 위반하는 범죄
12. 「국제상거래에 있어서 외국공무원에 대
한 뇌물방지법」에 규정된 범죄 중 제3조
및 제4조의 죄
② 통신제한조치는 제1항의 요건에 해당하
는 자가 발송 · 수취하거나 송 · 수신하는 특
정한 우편물이나 전기통신 또는 그 해당자
가 일정한 기간에 걸쳐 발송 · 수취하거나
송 · 수신하는 우편물이나 전기통신을 대상
으로 허가될 수 있다.
[2020. 3. 24., 법률 제17090호에 의하여
2018. 8. 30. 헌법재판소의 헌법불합치 결정
과 관련하여 제12조의2를 신설함.]

제6조(범죄수사를 위한 통신제한조치의 허가절차) ① 검사(군검사를 포함한다. 이하 같다)는 제5조 제1항의 요건이 구비된 경우에는 법원(軍事法院을 포함한다. 이하 같다)에 대하여 각 피의자별 또는 각 피내사자별로 통신제한조치를 허가하여 줄 것을 청구할 수 있다.<개정 2001. 12. 29., 2016. 1. 6.> ② 사법경찰관(軍司法警察官을 포함한다. 이하 같다)은 제5조 제1항의 요건이 구비된	제4조(범죄수사를 위한 통신제한조치의 허가청구서) ① 법 제6조 제4항에 따른 범죄수사를 위한 통신제한조치의 허가청구서에는 법 제6조 제4항에 따른 사항 외에 다음 각 호의 사항을 적어야 한다. 1. 혐의사실의 요지 2. 여러 통의 허가서를 동시에 청구하는 경우에는 그 취지 및 사유 ② 제1항에 따른 허가청구서에는 그 허가를

경우에는 검사에 대하여 각 피의자별 또는 각 피내사자별로 통신제한조치에 대한 허가를 신청하고, 검사는 법원에 대하여 그 허가를 청구할 수 있다.<개정 2001. 12. 29.>

③ 제1항 및 제2항의 통신제한조치 청구사건의 관할법원은 그 통신제한조치를 받을 통신당사자의 쌍방 또는 일방의 주소지·소재지, 범죄지 또는 통신당사자와 공범관계에 있는 자의 주소지·소재지를 관할하는 지방법원 또는 지원(군사법원을 포함한다)으로 한다.<개정 2001. 12. 29., 2021. 9. 24.>

④ 제1항 및 제2항의 통신제한조치청구는 필요한 통신제한조치의 종류·그 목적·대상·범위·기간·집행장소·방법 및 당해 통신제한조치가 제5조 제1항의 허가요건을 충족하는 사유등의 청구이유를 기재한 서면(이하 "請求書"라 한다)으로 하여야 하며, 청구이유에 대한 소명자료를 첨부하여야 한다. 이 경우 동일한 범죄사실에 대하여 그 피의자 또는 피내사자에 대하여 통신제한조치의 허가를 청구하였거나 허가받은 사실이 있는 때에는 다시 통신제한조치를 청구하는 취지 및 이유를 기재하여야 한다.<개정 2001. 12. 29.>

⑤ 법원은 청구가 이유 있다고 인정하는 경우에는 각 피의자별 또는 각 피내사자별로 통신제한조치를 허가하고, 이를 증명하는 서류(이하 "허가서"라 한다)를 청구인에게 발부한다.<개정 2001. 12. 29.>

⑥ 제5항의 허가서에는 통신제한조치의 종류·그 목적·대상·범위·기간 및 집행장소와 방법을 특정하여 기재하여야 한다.<개정 2001. 12. 29.>

⑦ 통신제한조치의 기간은 2개월을 초과하지 못하고, 그 기간 중 통신제한조치의 목적이 달성되었을 경우에는 즉시 종료하여야 한다. 다만, 제5조제1항의 허가요건이 존속하는 경우에는 소명자료를 첨부하여 제1항 또는 제2항에 따라 2개월의 범위에서 통신제한조치기간의 연장을 청구할 수 있다.<개정 2001. 12. 29., 2019. 12. 31.>

청구하는 검사가 서명날인하여야 한다.

제5조(통신제한조치기간 연장의 절차) ① 법 제6조 제7항 및 법 제7조 제2항에 따라 통신제한조치기간 연장의 허가를 청구하거나 승인을 신청하는 경우에는 이를 서면으로 하여야 한다.

② 제1항의 서면에는 기간연장이 필요한 이유와 연장할 기간을 적고 소명자료를 첨부하여야 한다.

제8조(국가안보를 위한 통신제한조치에 관한 대통령의 승인) ① 정보수사기관의 장이 법 제7조 제1항 제2호에 따라 통신제한조치를 하려는 경우에는 그에 관한 계획서를 국정원장에게 제출하여야 한다.

② 국정원장은 제1항에 따른 정보수사기관의 장이 제출한 계획서에 대하여 그 타당성 여부에 관한 심사를 하고, 심사 결과 타당성이 없다고 판단되는 경우에는 계획의 철회를 해당 정보수사기관의 장에게 요구할 수 있다.

③ 정보수사기관의 장이 제1항에 따른 계획서를 작성하는 경우에는 법 제6조 제4항 및 이 영 제4조를 준용한다.

④ 국정원장은 제1항에 따라 정보수사기관의 장이 제출한 계획서를 종합하여 대통령에게 승인을 신청하며 그 결과를 해당 정보수사기관의 장에게 서면으로 통보한다.

⑧ 검사 또는 사법경찰관이 제7항 단서에 따라 통신제한조치의 연장을 청구하는 경우에 통신제한조치의 총 연장기간은 1년을 초과할 수 없다. 다만, 다음 각 호의 어느 하나에 해당하는 범죄의 경우에는 통신제한조치의 총 연장기간이 3년을 초과할 수 없다.<신설 2019. 12. 31.>

1. 「형법」 제2편 중 제1장 내란의 죄, 제2장 외환의 죄 중 제92조부터 제101조까지의 죄, 제4장 국교에 관한 죄 중 제107조, 제108조, 제111조부터 제113조까지의 죄, 제5장 공안을 해하는 죄 중 제114조, 제115조의 죄 및 제6장 폭발물에 관한 죄

2. 「군형법」 제2편 중 제1장 반란의 죄, 제2장 이적의 죄, 제11장 군용물에 관한 죄 및 제12장 위령의 죄 중 제78조·제80조·제81조의 죄

3. 「국가보안법」에 규정된 죄

4. 「군사기밀보호법」에 규정된 죄

5. 「군사기지 및 군사시설보호법」에 규정된 죄

⑨ 법원은 제1항·제2항 및 제7항 단서에 따른 청구가 이유없다고 인정하는 경우에는 청구를 기각하고 이를 청구인에게 통지한다.<개정 2019. 12. 31.>

[제목개정 2019. 12. 31.]

[2019. 12. 31. 법률 제16849호에 의하여 2010. 12. 28. 헌법재판소에서 헌법불합치 결정된 이 조 제7항을 개정함.]

제7조(국가안보를 위한 통신제한조치) ① 대통령령이 정하는 정보수사기관의 장(이하 "情報捜査機關의 長"이라 한다)은 국가안전보장에 상당한 위험이 예상되는 경우 또는 「국민보호와 공공안전을 위한 테러방지법」 제2조 제6호의 대테러활동에 필요한 경우에 한하여 그 위해를 방지하기 위하여 이에 관한 정보수집이 특히 필요한 때에는 다음 각 호의 구분에 따라 통신제한조치를 할 수 있다.<개정 2001. 12. 29., 2016. 3. 3., 2020. 3. 24.>

제5조(통신제한조치기간 연장의 절차) ① 법 제6조 제7항 및 법 제7조 제2항에 따라 통신제한조치기간 연장의 허가를 청구하거나 승인을 신청하는 경우에는 이를 서면으로 하여야 한다.

② 제1항의 서면에는 기간연장이 필요한 이유와 연장할 기간을 적고 소명자료를 첨부하여야 한다.

제6조(정보수사기관의 범위 등) ① 법 제7조 제1항에서 "대통령령이 정하는 정보수사기관"

1. 통신의 일방 또는 쌍방당사자가 내국인인 때에는 고등법원 수석판사의 허가를 받아야 한다. 다만, 군용전기통신법 제2조의 규정에 의한 군용전기통신(작전수행을 위한 전기통신에 한한다)에 대하여는 그러하지 아니하다.
2. 대한민국에 적대하는 국가, 반국가활동의 혐의가 있는 외국의 기관·단체와 외국인, 대한민국의 통치권이 사실상 미치지 아니하는 한반도내의 집단이나 외국에 소재하는 그 산하단체의 구성원의 통신인 때 및 제1항 제1호 단서의 경우에는 서면으로 대통령의 승인을 얻어야 한다.
② 제1항의 규정에 의한 통신제한조치의 기간은 4월을 초과하지 못하고, 그 기간중 통신제한조치의 목적이 달성되었을 경우에는 즉시 종료하여야 하되, 제1항의 요건이 존속하는 경우에는 소명자료를 첨부하여 고등법원 수석판사의 허가 또는 대통령의 승인을 얻어 4월의 범위 이내에서 통신제한조치의 기간을 연장할 수 있다. 다만, 제1항 제1호 단서의 규정에 의한 통신제한조치는 전시·사변 또는 이에 준하는 국가비상사태에 있어서 적과 교전상태에 있는 때에는 작전이 종료될 때까지 대통령의 승인을 얻지 아니하고 기간을 연장할 수 있다.<개정 2001. 12. 29., 2020. 3. 24.>
③ 제1항 제1호에 따른 허가에 관하여는 제6조 제2항, 제4항부터 제6항까지 및 제9항을 준용한다. 이 경우 "사법경찰관(군사법경찰관을 포함한다. 이하 같다)"은 "정보수사기관의 장"으로, "법원"은 "고등법원 수석판사"로, "제5조 제1항"은 "제7조 제1항 제1호 본문"으로, 제6조 제2항 및 제5항 중 "각 피의자별 또는 각 피내사자별로 통신제한조치"는 각각 "통신제한조치"로 본다.<개정 2019. 12. 31., 2020. 3. 24.>
④ 제1항 제2호의 규정에 의한 대통령의 승인에 관한 절차등 필요한 사항은 대통령령으로 정한다.
[제목개정 2019. 12. 31.]

이란 「정보 및 보안업무 기획·조정 규정」 제2조 제6호에 따른 기관을 말한다.
② 국가정보원장(이하 "국정원장"이라 한다)은 정보수사기관의 장이 법 제7조에 따른 통신제한조치를 하는 경우 및 사법경찰관이 법 제5조 제1항 각 호의 범죄 중 「정보 및 보안업무 기획·조정 규정」 제2조 제5호의 정보사범 등의 수사를 위한 통신제한조치를 하는 경우에는 정보수사기관간의 통신제한조치 대상의 중복 등 그 남용을 방지하기 위하여 필요한 경우에 한하여 통신제한조치 대상의 선정 등에 관하여 해당 정보수사기관의 장과 협의·조정할 수 있다.

제7조(국가안보를 위한 통신제한조치에 관한 법원의 허가) ① 법 제7조 제1항 제1호의 고등법원은 통신제한조치를 받을 내국인의 쌍방 또는 일방의 주소지 또는 소재지를 관할하는 고등법원으로 한다.
② 제1항에 따른 고등법원의 수석부장판사가 질병·해외여행·장기출장 등의 사유로 직무를 수행하기 어려운 경우에는 해당 고등법원장이 허가업무를 대리할 부장판사를 지명할 수 있다.
③ 정보수사기관의 장은 법 제7조 제1항 제1호에 따라 통신제한조치를 하려는 경우에는 제1항에 따른 고등법원에 대응하는 고등검찰청의 검사에게 허가의 청구를 서면으로 신청하여야 한다.
④ 제3항에 따른 신청을 받은 고등검찰청 검사가 통신제한조치의 허가를 청구하는 경우에는 제4조를 준용한다.

제8조(국가안보를 위한 통신제한조치에 관한 대통령의 승인) ① 정보수사기관의 장이 법 제7조 제1항 제2호에 따라 통신제한조치를 하려는 경우에는 그에 관한 계획서를 국정원장에게 제출하여야 한다.
② 국정원장은 제1항에 따른 정보수사기관의 장이 제출한 계획서에 대하여 그 타당성 여부에 관한 심사를 하고, 심사 결과 타당

성이 없다고 판단되는 경우에는 계획의 철회를 해당 정보수사기관의 장에게 요구할 수 있다.

③ 정보수사기관의 장이 제1항에 따른 계획서를 작성하는 경우에는 법 제6조 제4항 및 이 영 제4조를 준용한다.

④ 국정원장은 제1항에 따라 정보수사기관의 장이 제출한 계획서를 종합하여 대통령에게 승인을 신청하며 그 결과를 해당 정보수사기관의 장에게 서면으로 통보한다.

제9조(국가안보를 위한 통신제한조치에 있어서의 통신당사자) ① 법 제7조를 적용함에 있어서 통신의 당사자의 명의가 가명·차명 등으로 표시되는 등 실제당사자의 명의와 다르게 표시된 경우에는 그에 불구하고 실제의 당사자를 기준으로 한다.

② 통신의 일방의 당사자가 법 제7조 제1항 제2호에 규정된 자이고, 그 상대방이 특정되지 아니하거나 불분명한 경우에는 이를 법 제7조 제1항 제2호의 통신으로 본다.

제18조(통신제한조치 집행 후의 조치) ① 통신제한조치를 집행한 검사, 사법경찰관 또는 정보수사기관의 장은 그 집행의 경위 및 이로 인하여 취득한 결과의 요지를 조서로 작성하고, 그 통신제한조치의 집행으로 취득한 결과와 함께 이에 대한 비밀보호 및 훼손·조작의 방지를 위하여 봉인·열람제한 등의 적절한 보존조치를 하여야 한다.

② 사법경찰관은 통신제한조치를 집행하여 수사 또는 내사한 사건을 종결할 경우 그 결과를 검사에게 보고하여야 한다. 다만, 그 사건을 송치하는 경우에는 그러하지 아니하다.

③ 정보수사기관의 장이 법 제7조에 따른 통신제한조치를 집행하여 정보를 수집한 경우 및 사법경찰관이 「정보 및 보안업무 기획·조정 규정」 제2조 제5호에 따른 정보사범 등에 대하여 통신제한조치를 집행하여 수사 또는 내사한 사건을 종결한 경우에는

	그 집행의 경위 및 이로 인하여 취득한 결과의 요지를 서면으로 작성하여 국정원장에게 제출하여야 한다. ④ 제1항에 따른 보존조치를 함에 있어서의 보존기간은 범죄수사를 위한 통신제한조치로 취득한 결과의 경우에는 그와 관련된 범죄의 사건기록 보존기간과 같은 기간으로 하고, 국가안보를 위한 통신제한조치로 취득한 결과의 경우에는 「보안업무규정」에 따라 분류된 비밀의 보호기간으로 한다. 제20조(수탁업무 취급담당자의 지정) ① 체신관서등의 장은 통신제한조치의 집행을 위탁받은 경우에는 그 수탁업무의 취급담당자를 지정하여야 한다. ② 제1항에 따른 수탁업무 취급담당자 중 법 제7조에 따른 국가안보를 위한 통신제한조치의 수탁업무 취급담당자는 Ⅱ급 비밀취급인가자에 한하며, 필요한 최소한의 인원으로 지정하여야 한다.
제8조(긴급통신제한조치) ① 검사, 사법경찰관 또는 정보수사기관의 장은 국가안보를 위협하는 음모행위, 직접적인 사망이나 심각한 상해의 위험을 야기할 수 있는 범죄 또는 조직범죄등 중대한 범죄의 계획이나 실행 등 긴박한 상황에 있고 제5조 제1항 또는 제7조 제1항 제1호의 규정에 의한 요건을 구비한 자에 대하여 제6조 또는 제7조 제1항 및 제3항의 규정에 의한 절차를 거칠 수 없는 긴급한 사유가 있는 때에는 법원의 허가없이 통신제한조치를 할 수 있다. ② 검사, 사법경찰관 또는 정보수사기관의 장은 제1항에 따른 통신제한조치(이하 "긴급통신제한조치"라 한다)의 집행에 착수한 후 지체 없이 제6조(제7조 제3항에서 준용하는 경우를 포함한다)에 따라 법원에 허가청구를 하여야 한다.<개정 2022. 12. 27.> ③ 사법경찰관이 긴급통신제한조치를 할 경우에는 미리 검사의 지휘를 받아야 한다. 다만, 특히 급속을 요하여 미리 지휘를 받을 수 없는 사유가 있는 경우에는 긴급통신	제10조(긴급통신제한조치의 절차) 정보수사기관의 장이 국가안보를 위한 법 제8조에 따른 통신제한조치(이하 "긴급통신제한조치"라 한다)를 하는 경우 및 사법경찰관이 「정보 및 보안업무 기획·조정 규정」 제2조 제5호에 따른 정보사범 등의 수사를 위하여 긴급통신제한조치를 하려는 경우에는 미리 국정원장의 조정을 받아야 한다. 다만, 미리 조정을 받을 수 없는 특별한 사유가 있는 경우에는 사후에 즉시 승인을 얻어야 한다.

제한조치의 집행착수후 지체없이 검사의 승인을 얻어야 한다.

④ 검사, 사법경찰관 또는 정보수사기관의 장이 긴급통신제한조치를 하고자 하는 경우에는 반드시 긴급검열서 또는 긴급감청서(이하 "긴급감청서등"이라 한다)에 의하여야 하며 소속기관에 긴급통신제한조치대장을 비치하여야 한다.

⑤ 검사, 사법경찰관 또는 정보수사기관의 장은 긴급통신제한조치의 집행에 착수한 때부터 36시간 이내에 법원의 허가를 받지 못한 경우에는 해당 조치를 즉시 중지하고 해당 조치로 취득한 자료를 폐기하여야 한다.<개정 2022. 12. 27.>

⑥ 검사, 사법경찰관 또는 정보수사기관의 장은 제5항에 따라 긴급통신제한조치로 취득한 자료를 폐기한 경우 폐기이유ㆍ폐기범위ㆍ폐기일시 등을 기재한 자료폐기결과보고서를 작성하여 폐기일부터 7일 이내에 제2항에 따라 허가청구를 한 법원에 송부하고, 그 부본(副本)을 피의자의 수사기록 또는 피내사자의 내사사건기록에 첨부하여야 한다.<개정 2022. 12. 27.>

⑦ 삭제<2022. 12. 27.>

⑧ 정보수사기관의 장은 국가안보를 위협하는 음모행위, 직접적인 사망이나 심각한 상해의 위험을 야기할 수 있는 범죄 또는 조직범죄등 중대한 범죄의 계획이나 실행 등 긴박한 상황에 있고 제7조 제1항 제2호에 해당하는 자에 대하여 대통령의 승인을 얻을 시간적 여유가 없거나 통신제한조치를 긴급히 실시하지 아니하면 국가안전보장에 대한 위해를 초래할 수 있다고 판단되는 때에는 소속 장관(국가정보원장을 포함한다)의 승인을 얻어 통신제한조치를 할 수 있다.

⑨ 정보수사기관의 장은 제8항에 따른 통신제한조치의 집행에 착수한 후 지체 없이 제7조에 따라 대통령의 승인을 얻어야 한다.<개정 2022. 12. 27.>

⑩ 정보수사기관의 장은 제8항에 따른 통신제한조치의 집행에 착수한 때부터 36시간

이내에 대통령의 승인을 얻지 못한 경우에
는 해당 조치를 즉시 중지하고 해당 조치로
취득한 자료를 폐기하여야 한다.<신설 2022.
12. 27.>
[전문개정 2001. 12. 29.]

제9조(통신제한조치의 집행) ① 제6조 내지 제8
조의 통신제한조치는 이를 청구 또는 신청
한 검사·사법경찰관 또는 정보수사기관의
장이 집행한다. 이 경우 체신관서 기타 관
련기관등(이하 "통신기관등"이라 한다)에 그
집행을 위탁하거나 집행에 관한 협조를 요
청할 수 있다.<개정 2001. 12. 29.>
② 통신제한조치의 집행을 위탁하거나 집행
에 관한 협조를 요청하는 자는 통신기관등
에 통신제한조치허가서(제7조 제1항 제2호
의 경우에는 대통령의 승인서를 말한다. 이
하 이 조, 제16조 제2항 제1호 및 제17조
제1항 제1호·제3호에서 같다) 또는 긴급감
청서등의 표지의 사본을 교부하여야 하며,
이를 위탁받거나 이에 관한 협조요청을 받
은 자는 통신제한조치허가서 또는 긴급감청
서등의 표지 사본을 대통령령이 정하는 기
간동안 보존하여야 한다.<개정 2001. 12.
29.>
③ 통신제한조치를 집행하는 자와 이를 위
탁받거나 이에 관한 협조요청을 받은 자는
당해 통신제한조치를 청구한 목적과 그 집
행 또는 협조일시 및 대상을 기재한 대장을
대통령령이 정하는 기간동안 비치하여야 한
다.<신설 2001. 12. 29.>
④ 통신기관등은 통신제한조치허가서 또는
긴급감청서등에 기재된 통신제한조치 대상
자의 전화번호 등이 사실과 일치하지 않을
경우에는 그 집행을 거부할 수 있으며, 어
떠한 경우에도 전기통신에 사용되는 비밀번
호를 누설할 수 없다.<신설 2001. 12. 29.>

제11조(통신제한조치 집행 시의 주의사항) ①
법 제9조에 따라 통신제한조치를 집행하는
자(법 제9조 제1항 후단에 따라 집행의 위
탁을 받은 자를 포함한다. 이하 이 조에서
같다)는 그 집행으로 인하여 우편 및 전기
통신의 정상적인 소통 및 그 유지·보수 등
에 지장을 초래하지 아니하도록 하여야 한다.
② 통신제한조치를 집행하는 자는 그 집행
으로 인하여 알게 된 타인의 비밀을 누설하
거나 통신제한조치를 받는 자의 명예를 해
하지 아니하도록 하여야 한다.

제12조(통신제한조치 집행의 협조) 검사, 사법경
찰관 또는 정보수사기관의 장(그 위임을 받
은 소속 공무원을 포함한다)이 체신관서 그
밖의 관련기관 등에 통신제한조치의 집행에
관한 협조를 요청하는 경우에는 법 제9조
제2항에 따른 통신제한조치허가서(법 제7조
제1항 제2호의 경우에는 대통령의 승인서를
말한다. 이하 제13조 제2항, 제16조 제1항·
제2항 및 제17조 제1항부터 제3항까지의 규
정에서 같다) 또는 긴급감청서등의 표지의
사본을 발급하고 자신의 신분을 표시할 수
있는 증표를 체신관서, 그 밖의 관련기관의
장에게 제시하여야 한다.

제13조(통신제한조치의 집행위탁) ① 검사, 사
법경찰관 또는 정보수사기관의 장은 법 제9
조 제1항에 따라 통신제한조치를 받을 당사
자의 쌍방 또는 일방의 주소지·소재지, 범
죄지 또는 통신당사자와 공범관계에 있는
자의 주소지·소재지를 관할하는 다음 각
호의 기관에 대하여 통신제한조치의 집행을
위탁할 수 있다.
1. 5급 이상인 공무원을 장으로 하는 우체국
2. 「전기통신사업법」에 따른 전기통신사업자

	② 검사, 사법경찰관 또는 정보수사기관의 장(그 위임을 받은 공무원을 포함한다)이 제1항 각 호에 따른 기관(이하 "체신관서 등"이라 한다)에 통신제한조치의 집행을 위탁하려는 경우에는 체신관서등에 대하여 소속기관의 장이 발행한 위탁의뢰서와 함께 통신제한조치허가서 또는 긴급감청서등(긴급검열서 또는 긴급감청서를 말한다. 이하 같다)의 표지의 사본을 교부하고 자신의 신분을 표시할 수 있는 증표를 제시하여야 한다. ③ 제1항 및 제2항 외에 수탁업무의 범위 등 위탁에 필요한 사항에 대하여는 과학기술정보통신부장관 또는 전기통신사업자의 장과 집행을 위탁한 기관의 장이 협의하여 정한다.<개정 2013. 3. 23., 2017. 7. 26.>
	제17조(통신제한조치허가서 등의 표지 사본의 보존기간 등) ① 제12조·제13조 및 제16조에 따라 체신관서등에 제출하는 통신제한조치허가서 또는 긴급감청서등의 표지 사본에는 통신제한조치의 종류·대상·범위·기간·집행장소 및 방법 등을 표시하여야 한다. ② 통신제한조치허가서 또는 긴급감청서등의 표지 사본의 보존기간 및 법 제9조 제3항에 따른 대장의 비치기간은 3년으로 한다. 다만, 「보안업무규정」에 따라 비밀로 분류된 경우에는 그 보존 또는 비치기간은 그 비밀의 보호기간으로 한다. ③ 제12조부터 제16조까지의 규정에 따라 통신제한조치의 집행을 위탁받거나 집행에 협조한 자는 통신제한조치허가서 또는 긴급감청서등의 표지 사본과 대장에 대한 비밀의 보호 및 훼손·조작의 방지를 위하여 열람제한 등의 적절한 보존조치를 하여야 한다.
제9조의2(통신제한조치의 집행에 관한 통지) ① 검사는 제6조 제1항 및 제8조 제1항에 따라 통신제한조치를 집행한 사건에 관하여 공소를 제기하거나, 공소의 제기 또는 입건을 하지 아니하는 처분(기소중지결정, 참고인중지결정을 제외한다)을 한 때에는 그 처분을 한 날부터 30일 이내에 우편물 검열의 경우	제19조(통신제한조치 집행에 관한 통지의 유예) ① 검사 또는 사법경찰관이 법 제9조의2 제5항에 따라 통신제한조치의 집행에 관한 통지를 유예하기 위하여 관할 지방검찰청검사장(관할 보통검찰부장을 포함한다)의 승인을 얻으려는 경우에는 집행한 통신제한조치의 종류·대상·범위·기간, 통신제한조치를

에는 그 대상자에게, 감청의 경우에는 그 대상이 된 전기통신의 가입자에게 통신제한조치를 집행한 사실과 집행기관 및 그 기간 등을 서면으로 통지하여야 한다. 다만, 고위공직자범죄수사처(이하 "수사처"라 한다)검사는 「고위공직자범죄수사처 설치 및 운영에 관한 법률」 제26조 제1항에 따라 서울중앙지방검찰청 소속 검사에게 관계 서류와 증거물을 송부한 사건에 관하여 이를 처리하는 검사로부터 공소를 제기하거나 제기하지 아니하는 처분(기소중지결정, 참고인중지결정은 제외한다)의 통보를 받은 경우에도 그 통보를 받은 날부터 30일 이내에 서면으로 통지하여야 한다.<개정 2021. 1. 5.>

② 사법경찰관은 제6조 제1항 및 제8조 제1항에 따라 통신제한조치를 집행한 사건에 관하여 검사로부터 공소를 제기하거나 제기하지 아니하는 처분(기소중지 또는 참고인중지 결정은 제외한다)의 통보를 받거나 검찰송치를 하지 아니하는 처분(수사중지 결정은 제외한다) 또는 내사사건에 관하여 입건하지 아니하는 처분을 한 때에는 그 날부터 30일 이내에 우편물 검열의 경우에는 그 대상자에게, 감청의 경우에는 그 대상이 된 전기통신의 가입자에게 통신제한조치를 집행한 사실과 집행기관 및 그 기간 등을 서면으로 통지하여야 한다.<개정 2021. 3. 16.>

③ 정보수사기관의 장은 제7조 제1항 제1호 본문 및 제8조 제1항의 규정에 의한 통신제한조치를 종료한 날부터 30일 이내에 우편물 검열의 경우에는 그 대상자에게, 감청의 경우에는 그 대상이 된 전기통신의 가입자에게 통신제한조치를 집행한 사실과 집행기관 및 그 기간 등을 서면으로 통지하여야 한다.

④ 제1항 내지 제3항의 규정에 불구하고 다음 각호의 1에 해당하는 사유가 있는 때에는 그 사유가 해소될 때까지 통지를 유예할 수 있다.

1. 통신제한조치를 통지할 경우 국가의 안전보장·공공의 안녕질서를 위태롭게 할 현저한 우려가 있는 때

집행한 사건의 처리일자·처리결과, 통지를 유예하려는 사유 등을 적은 서면으로 신청하여야 한다. 이 경우 사법경찰관은 관할 지방검찰청검사장의 승인을 신청하는 서면을 관할 지방검찰청 또는 지청(관할 보통검찰부를 포함한다)에 제출하여야 한다.

② 제1항에 따른 신청을 받은 관할 지방검찰청검사장은 통지를 유예하려는 사유 등을 심사한 후 그 결과를 검사 또는 사법경찰관에게 통지하여야 한다.

2. 통신제한조치를 통지할 경우 사람의 생명·신체에 중대한 위험을 초래할 염려가 현저한 때

⑤ 검사 또는 사법경찰관은 제4항에 따라 통지를 유예하려는 경우에는 소명자료를 첨부하여 미리 관할지방검찰청검사장의 승인을 받아야 한다. 다만, 수사처검사가 제4항에 따라 통지를 유예하려는 경우에는 소명자료를 첨부하여 미리 수사처장의 승인을 받아야 하고, 군검사 및 군사법경찰관이 제4항에 따라 통지를 유예하려는 경우에는 소명자료를 첨부하여 미리 관할 보통검찰부장의 승인을 받아야 한다.<개정 2016. 1. 6., 2021. 1. 5.>

⑥ 검사, 사법경찰관 또는 정보수사기관의 장은 제4항 각호의 사유가 해소된 때에는 그 사유가 해소된 날부터 30일 이내에 제1항 내지 제3항의 규정에 의한 통지를 하여야 한다.

제9조의3(압수·수색·검증의 집행에 관한 통지) ① 검사는 송·수신이 완료된 전기통신에 대하여 압수·수색·검증을 집행한 경우 그 사건에 관하여 공소를 제기하거나 공소의 제기 또는 입건을 하지 아니하는 처분(기소중지결정, 참고인중지결정을 제외한다)을 한 때에는 그 처분을 한 날부터 30일 이내에 수사대상이 된 가입자에게 압수·수색·검증을 집행한 사실을 서면으로 통지하여야 한다. 다만, 수사처검사는 「고위공직자범죄수사처 설치 및 운영에 관한 법률」제26조 제1항에 따라 서울중앙지방검찰청 소속 검사에게 관계 서류와 증거물을 송부한 사건에 관하여 이를 처리하는 검사로부터 공소를 제기하거나 제기하지 아니하는 처분(기소중지결정, 참고인중지결정은 제외한다)의 통보를 받은 경우에도 그 통보를 받은 날부터 30일 이내에 서면으로 통지하여야 한다. <개정 2021. 1. 5.>

② 사법경찰관은 송·수신이 완료된 전기통신에 대하여 압수·수색·검증을 집행한 경우 그 사건에 관하여 검사로부터 공소를 제

기하거나 제기하지 아니하는 처분(기소중지 또는 참고인중지 결정은 제외한다)의 통보를 받거나 검찰송치를 하지 아니하는 처분(수사중지 결정은 제외한다) 또는 내사사건에 관하여 입건하지 아니하는 처분을 한 때에는 그 날부터 30일 이내에 수사대상이 된 가입자에게 압수·수색·검증을 집행한 사실을 서면으로 통지하여야 한다.<개정 2021. 3. 16.>

[본조신설 2009. 5. 28.]

제10조(감청설비에 대한 인가기관과 인가절차) ① 감청설비를 제조·수입·판매·배포·소지·사용하거나 이를 위한 광고를 하고자 하는 자는 과학기술정보통신부장관의 인가를 받아야 한다. 다만, 국가기관의 경우에는 그러하지 아니하다.<개정 1997. 12. 13., 2008. 2. 29., 2013. 3. 23., 2017. 7. 26.> ② 삭제<2004. 1. 29.> ③ 과학기술정보통신부장관은 제1항의 인가를 하는 경우에는 인가신청자, 인가연월일, 인가된 감청설비의 종류와 수량등 필요한 사항을 대장에 기재하여 비치하여야 한다.<개정 1997. 12. 13., 2008. 2. 29., 2013. 3. 23., 2017. 7. 26.> ④ 제1항의 인가를 받아 감청설비를 제조·수입·판매·배포·소지 또는 사용하는 자는 인가연월일, 인가된 감청설비의 종류와 수량, 비치장소등 필요한 사항을 대장에 기재하여 비치하여야 한다. 다만, 지방자치단체의 비품으로서 그 직무수행에 제공되는 감청설비는 해당 기관의 비품대장에 기재한다. ⑤ 제1항의 인가에 관하여 기타 필요한 사항은 대통령령으로 정한다.	제22조(감청설비 제조 등의 인가) ① 법 제10조에 따라 감청설비의 제조·수입·판매·배포·소지·사용·광고에 관한 인가(이하 "감청설비인가"라 한다)를 받으려는 자는 인가신청목적, 그 설비의 제원 및 성능에 관한 자료를 첨부하여 감청설비 인가신청서와 해당 감청설비 계통도를 과학기술정보통신부장관에게 제출하여야 한다.<개정 2013. 3. 23., 2017. 7. 26.> ② 제1항에 따른 인가신청서를 받은 과학기술정보통신부장관은 이를 심사하여 그 목적이 타당하고, 감청설비가 다른 전기통신설비에 위해를 미치지 아니한다고 인정되는 경우에 한하여 이를 인가한다. 이 경우 과학기술정보통신부장관은 그 인가의 종류 및 목적 등을 참작하여 인가의 유효기간을 정할 수 있다.<개정 2013. 3. 23., 2017. 7. 26.> ③ 과학기술정보통신부장관은 제2항에 따른 감청설비인가를 한 경우에는 신청인에게 감청설비 인가서를 발급하여야 한다.<개정 2013. 3. 23., 2017. 7. 26.> ④ 과학기술정보통신부장관은 제1항에 따른 인가신청에 대하여 인가를 하지 아니한 경우에는 그 사유를 구체적으로 밝힌 문서를 신청인에게 내주어야 한다.<개정 2013. 3. 23., 2017. 7. 26.> 제23조(감청설비 관리대장) 제22조 제2항에 따라 감청설비인가를 받은 자는 법 제10조 제4항에 따라 감청설비 관리대장을 비치하고 그 관리상황을 적어야 한다.

제10조의2(국가기관 감청설비의 신고) ① 국가기관(정보수사기관은 제외한다)이 감청설비를 도입하는 때에는 매 반기별로 그 제원 및 성능 등 대통령령으로 정하는 사항을 과학기술정보통신부장관에게 신고하여야 한다.<개정 2008. 2. 29., 2013. 3. 23., 2017. 7. 26., 2020. 6. 9.> ② 정보수사기관이 감청설비를 도입하는 때에는 매 반기별로 그 제원 및 성능 등 대통령령으로 정하는 사항을 국회 정보위원회에 통보하여야 한다.<개정 2020. 6. 9.> [본조신설 2001. 12. 29.]	제27조(국가기관 감청설비의 신고 등) ① 법 제10조의2 제1항 및 제2항에서 "대통령령이 정하는 사항"이란 다음 각 호의 사항을 말한다. 1. 감청설비의 종류 및 명칭 2. 수량 3. 사용전원 4. 사용방법 5. 감청수용능력 6. 도입시기 ② 국가기관(정보수사기관은 제외한다)은 감청설비를 도입하는 경우 제1항 각 호의 사항을 매 반기 종료 후 15일 이내에 과학기술정보통신부장관에게 신고하여야 한다.<개정 2013. 3. 23., 2017. 7. 26.> ③ 제2항에 따른 신고를 하는 경우에는 감청설비의 명칭별로 제1항 각 호의 사항을 적은 서류를 첨부하여야 한다. ④ 정보수사기관은 감청설비를 도입하는 경우에는 제1항 각 호의 사항을 매 반기 종료 후 15일 이내에 국회정보위원회에 통보하여야 한다.
제10조의3(불법감청설비탐지업의 등록 등) ① 영리를 목적으로 불법감청설비탐지업을 하고자 하는 자는 대통령령으로 정하는 바에 의하여 과학기술정보통신부장관에게 등록을 하여야 한다.<개정 2008. 2. 29., 2013. 3. 23., 2017. 7. 26., 2020. 6. 9.> ② 제1항에 따른 등록은 법인만이 할 수 있다.<개정 2020. 6. 9.> ③ 제1항에 따른 등록을 하고자 하는 자는 대통령령으로 정하는 이용자보호계획·사업계획·기술·재정능력·탐지장비 그 밖에 필요한 사항을 갖추어야 한다.<개정 2008. 2. 29., 2020. 6. 9.> ④ 제1항에 따른 등록의 변경요건 및 절차, 등록한 사업의 양도·양수·승계·휴업·폐업 및 그 신고, 등록업무의 위임 등에 관하여 필요한 사항은 대통령령으로 정한다.<개정 2020. 6. 9.> [본조신설 2004. 1. 29.]	제28조(불법감청설비탐지업등록의 신청) ① 법 제10조의3 제1항에 따른 불법감청설비탐지업(이하 "불법감청설비탐지업"이라 한다)의 등록을 하려는 자는 불법감청설비탐지업등록신청서(전자문서를 포함한다)에 다음 각 호의 서류(전자문서를 포함한다)를 첨부하여 과학기술정보통신부장관에게 제출하여야 한다.<개정 2013. 3. 23., 2017. 7. 26.> 1. 이용자보호계획서 및 사업계획서 2. 기술인력 현황 및 해당 기술인력의 경력증명서(「국가기술자격법」에 따른 국가기술자격이 없는 기술인력인 경우에만 첨부한다) 3. 탐지장비 보유현황 ② 제1항에 따라 등록신청을 받은 과학기술정보통신부장관은 「전자정부법」 제36조 제1항에 따른 행정정보의 공동이용을 통하여 법인 등기사항증명서와 해당 기술인력의 국가기술자격증을 확인하여야 한다. 다만, 해

당 기술인력이 국가기술자격증의 확인에 동의하지 아니하는 경우에는 해당 국가기술자격증 사본을 첨부하도록 하여야 한다.<개정 2010. 5. 4., 2010. 11. 2., 2013. 3. 23., 2017. 7. 26.>

제30조(불법감청설비탐지업의 등록요건) 법 제10조의3제3항에 따른 불법감청설비탐지업의 등록요건은 별표 1과 같다.

제35조(권한의 위임) 과학기술정보통신부장관은 법 제10조의3제4항에 따라 다음 각 호의 사항에 관한 권한을 중앙전파관리소장에게 위임한다.
1. 법 제10조의3 및 이 영 제31조에 따른 불법감청설비탐지업의 등록 및 변경등록
2. 법 제10조의5에 따른 불법감청설비탐지업의 등록취소 및 영업정지
3. 제26조에 따른 불법감청설비탐지업의 등록취소에 대한 청문
4. 제32조에 따른 불법감청설비탐지업의 양도·합병신고
5. 제34조에 따른 불법감청설비탐지업의 휴지·폐지신고

제10조의4(불법감청설비탐지업자의 결격사유) 법인의 대표자가 다음 각 호의 어느 하나에 해당하는 경우에는 제10조의3에 따른 등록을 할 수 없다. 1. 피성년후견인 또는 피한정후견인 2. 파산선고를 받은 자로서 복권되지 아니한 자 3. 금고 이상의 실형을 선고받고 그 집행이 종료(집행이 종료된 것으로 보는 경우를 포함한다)되거나 집행이 면제된 날부터 3년이 지나지 아니한 자 4. 금고 이상의 형의 집행유예를 선고받고 그 유예기간중에 있는 자 5. 법원의 판결 또는 다른 법률에 의하여 자격이 상실 또는 정지된 자 6. 제10조의5에 따라 등록이 취소(제10조의4 제1호 또는 제2호에 해당하여 등록이	제41조의2(고유식별정보의 처리) 과학기술정보통신부장관(제35조에 따라 과학기술정보통신부장관의 권한을 위임받은 자를 포함한다)은 법 제10조의4에 따른 불법감청설비탐지업자의 결격사유 확인에 관한 사무를 수행하기 위하여 불가피한 경우「개인정보 보호법 시행령」제19조 제1호에 따른 주민등록번호가 포함된 자료를 처리할 수 있다.

취소된 경우는 제외한다)된 법인의 취소 당시 대표자로서 그 등록이 취소된 날부터 2년이 지나지 아니한 자 [본조신설 2004. 1. 29.]	
제10조의5(등록의 취소) 과학기술정보통신부장관은 불법감청설비탐지업을 등록한 자가 다음 각 호의 어느 하나에 해당하는 경우에는 그 등록을 취소하거나 6개월 이내의 기간을 정하여 그 영업의 정지를 명할 수 있다. 다만, 제1호 또는 제2호에 해당하는 경우에는 그 등록을 취소하여야 한다. 1. 거짓이나 그 밖의 부정한 방법으로 등록 또는 변경등록을 한 경우 2. 제10조의4에 따른 결격사유에 해당하게 된 경우 3. 영업행위와 관련하여 알게된 비밀을 다른 사람에게 누설한 경우 4. 불법감청설비탐지업 등록증을 다른 사람에게 대여한 경우 5. 영업행위와 관련하여 고의 또는 중대한 과실로 다른 사람에게 중대한 손해를 입힌 경우 6. 다른 법률의 규정에 의하여 국가 또는 지방자치단체로부터 등록취소의 요구가 있는 경우 [본조신설 2004. 1. 29.]	제26조(청문) 과학기술정보통신부장관은 제24조 제1항에 따라 인가를 취소하거나 법 제10조의5에 따라 불법감청설비탐지업의 등록을 취소하려는 경우에는 청문을 실시하여야 한다. 제36조(행정처분기준) 법 제10조의5에 따른 불법감청설비탐지업의 등록취소 및 영업정지의 처분기준은 별표 2와 같다.
제11조(비밀준수의 의무) ① 통신제한조치의 허가·집행·통보 및 각종 서류작성 등에 관여한 공무원 또는 그 직에 있었던 자는 직무상 알게 된 통신제한조치에 관한 사항을 외부에 공개하거나 누설하여서는 아니된다. ② 통신제한조치에 관여한 통신기관의 직원 또는 그 직에 있었던 자는 통신제한조치에 관한 사항을 외부에 공개하거나 누설하여서는 아니된다. ③ 제1항 및 제2항에 규정된 자 외에 누구든지 이 법에 따른 통신제한조치로 알게 된 내용을 이 법에 따라 사용하는 경우 외에는 이를 외부에 공개하거나 누설하여서는 아니된다.<개정 2018. 3. 20.> ④ 법원에서의 통신제한조치의 허가절차·	

허가여부·허가내용 등의 비밀유지에 관하여 필요한 사항은 대법원규칙으로 정한다. [전문개정 2001. 12. 29.]	
제12조(통신제한조치로 취득한 자료의 사용제한) 제9조의 규정에 의한 통신제한조치의 집행으로 인하여 취득된 우편물 또는 그 내용과 전기통신의 내용은 다음 각호의 경우외에는 사용할 수 없다. 1. 통신제한조치의 목적이 된 제5조 제1항에 규정된 범죄나 이와 관련되는 범죄를 수사·소추하거나 그 범죄를 예방하기 위하여 사용하는 경우 2. 제1호의 범죄로 인한 징계절차에 사용하는 경우 3. 통신의 당사자가 제기하는 손해배상소송에서 사용하는 경우 4. 기타 다른 법률의 규정에 의하여 사용하는 경우	
제12조의2(범죄수사를 위하여 인터넷 회선에 대한 통신제한조치로 취득한 자료의 관리) ① 검사는 인터넷 회선을 통하여 송신·수신하는 전기통신을 대상으로 제6조 또는 제8조(제5조 제1항의 요건에 해당하는 사람에 대한 긴급통신제한조치에 한정한다)에 따른 통신제한조치를 집행한 경우 그 전기통신을 제12조 제1호에 따라 사용하거나 사용을 위하여 보관(이하 이 조에서 "보관등"이라 한다)하고자 하는 때에는 집행종료일부터 14일 이내에 보관등이 필요한 전기통신을 선별하여 통신제한조치를 허가한 법원에 보관등의 승인을 청구하여야 한다. ② 사법경찰관은 인터넷 회선을 통하여 송신·수신하는 전기통신을 대상으로 제6조 또는 제8조(제5조 제1항의 요건에 해당하는 사람에 대한 긴급통신제한조치에 한정한다)에 따른 통신제한조치를 집행한 경우 그 전기통신의 보관등을 하고자 하는 때에는 집행종료일부터 14일 이내에 보관등이 필요한 전기통신을 선별하여 검사에게 보관등의 승인을 신청하고, 검사는 신청일부터 7일 이내에 통신제한조치를 허가한 법원에 그 승	

인을 청구할 수 있다.

③ 제1항 및 제2항에 따른 승인청구는 통신제한조치의 집행 경위, 취득한 결과의 요지, 보관등이 필요한 이유를 기재한 서면으로 하여야 하며, 다음 각 호의 서류를 첨부하여야 한다.

1. 청구이유에 대한 소명자료

2. 보관등이 필요한 전기통신의 목록

3. 보관등이 필요한 전기통신. 다만, 일정 용량의 파일 단위로 분할하는 등 적절한 방법으로 정보저장매체에 저장·봉인하여 제출하여야 한다.

④ 법원은 청구가 이유 있다고 인정하는 경우에는 보관등을 승인하고 이를 증명하는 서류(이하 이 조에서 "승인서"라 한다)를 발부하며, 청구가 이유 없다고 인정하는 경우에는 청구를 기각하고 이를 청구인에게 통지한다.

⑤ 검사 또는 사법경찰관은 제1항에 따른 청구나 제2항에 따른 신청을 하지 아니하는 경우에는 집행종료일부터 14일(검사가 사법경찰관의 신청을 기각한 경우에는 그 날부터 7일) 이내에 통신제한조치로 취득한 전기통신을 폐기하여야 하고, 법원에 승인청구를 한 경우(취득한 전기통신의 일부에 대해서만 청구한 경우를 포함한다)에는 제4항에 따라 법원으로부터 승인서를 발부받거나 청구기각의 통지를 받은 날부터 7일 이내에 승인을 받지 못한 전기통신을 폐기하여야 한다.

⑥ 검사 또는 사법경찰관은 제5항에 따라 통신제한조치로 취득한 전기통신을 폐기한 때에는 폐기의 이유와 범위 및 일시 등을 기재한 폐기결과보고서를 작성하여 피의자의 수사기록 또는 피내사자의 내사사건기록에 첨부하고, 폐기일부터 7일 이내에 통신제한조치를 허가한 법원에 송부하여야 한다.

[본조신설 2020. 3. 24.]

제13조(범죄수사를 위한 통신사실 확인자료제공의 절차) ① 검사 또는 사법경찰관은 수사 또는 형의 집행을 위하여 필요한 경우 전기	제14조(우편 및 전기통신의 원활한 소통을 위한 조치) ① 체신관서등의 장은 제12조에 따라 통신제한조치의 집행에 협조하거나 제13조

통신사업법에 의한 전기통신사업자(이하 "전기통신사업자"라 한다)에게 통신사실 확인자료의 열람이나 제출(이하 "통신사실 확인자료제공"이라 한다)을 요청할 수 있다.

② 검사 또는 사법경찰관은 제1항에도 불구하고 수사를 위하여 통신사실확인자료 중 다음 각 호의 어느 하나에 해당하는 자료가 필요한 경우에는 다른 방법으로는 범죄의 실행을 저지하기 어렵거나 범인의 발견·확보 또는 증거의 수집·보전이 어려운 경우에만 전기통신사업자에게 해당 자료의 열람이나 제출을 요청할 수 있다. 다만, 제5조 제1항 각 호의 어느 하나에 해당하는 범죄 또는 전기통신을 수단으로 하는 범죄에 대한 통신사실확인자료가 필요한 경우에는 제1항에 따라 열람이나 제출을 요청할 수 있다.<신설 2019. 12. 31.>

1. 제2조 제11호 바목·사목 중 실시간 추적자료

2. 특정한 기지국에 대한 통신사실확인자료

③ 제1항 및 제2항에 따라 통신사실 확인자료제공을 요청하는 경우에는 요청사유, 해당 가입자와의 연관성 및 필요한 자료의 범위를 기록한 서면으로 관할 지방법원(군사법원을 포함한다. 이하 같다) 또는 지원의 허가를 받아야 한다. 다만, 관할 지방법원 또는 지원의 허가를 받을 수 없는 긴급한 사유가 있는 때에는 통신사실 확인자료제공을 요청한 후 지체 없이 그 허가를 받아 전기통신사업자에게 송부하여야 한다.<개정 2005. 5. 26., 2019. 12. 31., 2021. 9. 24.>

④ 제3항 단서에 따라 긴급한 사유로 통신사실확인자료를 제공받았으나 지방법원 또는 지원의 허가를 받지 못한 경우에는 지체 없이 제공받은 통신사실확인자료를 폐기하여야 한다.<개정 2005. 5. 26., 2019. 12. 31.>

⑤ 검사 또는 사법경찰관은 제3항에 따라 통신사실 확인자료제공을 받은 때에는 해당 통신사실 확인자료제공요청사실 등 필요한 사항을 기재한 대장과 통신사실 확인자료제

제1항에 따라 위탁받은 통신제한조치를 집행함에 있어서 우편 및 전기통신의 정상적인 소통에 지장을 초래하는 경우에는 그 협조를 요청하거나 위탁을 한 검사, 사법경찰관 또는 정보수사기관의 장에게 이의 시정을 요구할 수 있다. 이 경우 그 시정을 요구받은 자는 즉시 이를 시정하여야 한다.

② 「전기통신사업법」에 따른 전기통신사업자(이하 "전기통신사업자"라 한다)는 법 제13조에 따라 통신사실확인자료를 제공함에 있어서 업무에 상당한 지장을 초래한다고 판단되는 경우에는 그 지장이 최소화될 수 있도록 이를 요청한 검사, 사법경찰관 또는 정보수사기관의 장과 협의·조정하여 통신사실 확인자료를 제공할 수 있다.

제37조(통신사실 확인자료제공의 요청 등) ① 법 제13조 제2항 본문 및 단서에서 "관할 지방법원 또는 지원"이란 피의자 또는 피내사자의 주소지·소재지, 범죄지 또는 해당 가입자의 주소지·소재지를 관할하는 지방법원 또는 지원을 말한다.

② 동일한 범죄의 수사 또는 동일인에 대한 형의 집행을 위하여 피의자 또는 피내사자가 아닌 다수의 가입자에 대하여 통신사실 확인자료제공의 요청이 필요한 경우에는 1건의 허가청구서에 의할 수 있다.

③ 범죄수사 또는 내사를 위한 통신사실 확인자료제공 요청 및 그 통지 등에 관하여는 제11조부터 제13조까지, 제17조부터 제21조까지의 규정을 준용한다. 다만, 제17조 제2항 본문의 규정은 그러하지 아니하다.

④ 국가안보를 위한 통신사실 확인자료제공 요청 및 그 통지 등에 관하여는 제5조부터 제13조까지, 제16조부터 제18조까지, 제20조 및 제21조를 준용한다. 다만, 제17조 제2항 본문의 규정은 그러하지 아니하다.

⑤ 검사, 사법경찰관 또는 정보수사기관의 장(그 위임을 받은 소속 공무원을 포함한다)은 제3항 및 제4항에서 준용하는 제12조에 따라 전기통신사업자에게 통신사실 확인

공요청서 등 관련자료를 소속기관에 비치하여야 한다.<개정 2005. 5. 26., 2019. 12. 31.>

⑥ 지방법원 또는 지원은 제3항에 따라 통신사실 확인자료제공 요청허가청구를 받은 현황, 이를 허가한 현황 및 관련된 자료를 보존하여야 한다.<개정 2005. 5. 26., 2019. 12. 31.>

⑦ 전기통신사업자는 검사, 사법경찰관 또는 정보수사기관의 장에게 통신사실 확인자료를 제공한 때에는 자료제공현황 등을 연 2회 과학기술정보통신부장관에게 보고하고, 해당 통신사실 확인자료 제공사실등 필요한 사항을 기재한 대장과 통신사실 확인자료제공요청서등 관련자료를 통신사실확인자료를 제공한 날부터 7년간 비치하여야 한다.<개정 2008. 2. 29., 2013. 3. 23., 2017. 7. 26., 2019. 12. 31.>

⑧ 과학기술정보통신부장관은 전기통신사업자가 제7항에 따라 보고한 내용의 사실여부 및 비치하여야 하는 대장등 관련자료의 관리 실태를 점검할 수 있다.<개정 2008. 2. 29., 2013. 3. 23., 2017. 7. 26., 2019. 12. 31.>

⑨ 이 조에서 규정된 사항 외에 범죄수사를 위한 통신사실 확인자료제공과 관련된 사항에 관하여는 제6조(제7항 및 제8항은 제외한다)를 준용한다.<신설 2005. 5. 26., 2019. 12. 31.>

[본조신설 2001. 12. 29.]

[제목개정 2005. 5. 26.]

[2019. 12. 31. 법률 제16849호에 의하여 2018. 6. 28. 헌법재판소에서 헌법불합치 결정된 이 조를 개정함.]

자료제공 요청허가서 또는 긴급 통신사실확인자료제공 요청서 표지의 사본을 발급하거나 신분을 표시하는 증표를 제시하는 경우에는 모사전송의 방법에 의할 수 있다.

제38조(통신사실확인자료의 제공에 관한 대장) 전기통신사업자는 법 제13조 제1항, 법 제13조의2 및 법 제13조의4 제1항에 따라 통신사실확인자료를 제공한 경우에는 통신사실확인자료 제공대장에 그 제공사실을 기록하여야 한다.

제39조(통신사실확인자료제공의 현황보고) 전기통신사업자는 법 제13조 제7항에 따라 자료제공현황 등을 매 반기 종료 후 30일 이내에 과학기술정보통신부장관에게 보고하여야 한다.

제13조의2(법원에의 통신사실확인자료제공) 법원은 재판상 필요한 경우에는 민사소송법 제294조 또는 형사소송법 제272조의 규정에 의하여 전기통신사업자에게 통신사실확인자료제공을 요청할 수 있다.

제38조(통신사실확인자료의 제공에 관한 대장) 전기통신사업자는 법 제13조 제1항, 법 제13조의2 및 법 제13조의4 제1항에 따라 통신사실확인자료를 제공한 경우에는 통신사실확인자료 제공대장에 그 제공사실을 기록하여야 한다.

제13조의3(범죄수사를 위한 통신사실 확인자료 제공의 통지) ① 검사 또는 사법경찰관은 제

13조에 따라 통신사실 확인자료제공을 받은 사건에 관하여 다음 각 호의 구분에 따라 정한 기간 내에 통신사실 확인자료제공을 받은 사실과 제공요청기관 및 그 기간 등을 통신사실 확인자료제공의 대상이 된 당사자에게 서면으로 통지하여야 한다.<개정 2019. 12. 31., 2021. 1. 5., 2021. 3. 16.>

1. 공소를 제기하거나, 공소제기·검찰송치를 하지 아니하는 처분(기소중지·참고인중지 또는 수사중지 결정은 제외한다) 또는 입건을 하지 아니하는 처분을 한 경우: 그 처분을 한 날부터 30일 이내. 다만, 다음 각 목의 어느 하나에 해당하는 경우 그 통보를 받은 날부터 30일 이내

   가. 수사처검사가 「고위공직자범죄수사처 설치 및 운영에 관한 법률」 제26조 제1항에 따라 서울중앙지방검찰청 소속 검사에게 관계 서류와 증거물을 송부한 사건에 관하여 이를 처리하는 검사로부터 공소를 제기하거나 제기하지 아니하는 처분(기소중지 또는 참고인중지 결정은 제외한다)의 통보를 받은 경우

   나. 사법경찰관이 「형사소송법」 제245조의5 제1호에 따라 검사에게 송치한 사건으로서 검사로부터 공소를 제기하거나 제기하지 아니하는 처분(기소중지 또는 참고인중지 결정은 제외한다)의 통보를 받은 경우

2. 기소중지·참고인중지 또는 수사중지 결정을 한 경우: 그 결정을 한 날부터 1년(제6조 제8항 각 호의 어느 하나에 해당하는 범죄인 경우에는 3년)이 경과한 때부터 30일 이내. 다만, 다음 각 목의 어느 하나에 해당하는 경우 그 통보를 받은 날로부터 1년(제6조 제8항 각 호의 어느 하나에 해당하는 범죄인 경우에는 3년)이 경과한 때부터 30일 이내

   가. 수사처검사가 「고위공직자범죄수사처 설치 및 운영에 관한 법률」 제26조 제1항에 따라 서울중앙지방검찰청 소

속 검사에게 관계 서류와 증거물을 송부한 사건에 관하여 이를 처리하는 검사로부터 기소중지 또는 참고인중지 결정의 통보를 받은 경우

나. 사법경찰관이 「형사소송법」 제245조 의5 제1호에 따라 검사에게 송치한 사건으로서 검사로부터 기소중지 또 는 참고인중지 결정의 통보를 받은 경우

3. 수사가 진행 중인 경우: 통신사실 확인자 료제공을 받은 날부터 1년(제6조 제8항 각 호의 어느 하나에 해당하는 범죄인 경 우에는 3년)이 경과한 때부터 30일 이내

② 제1항 제2호 및 제3호에도 불구하고 다 음 각 호의 어느 하나에 해당하는 사유가 있는 경우에는 그 사유가 해소될 때까지 같 은 항에 따른 통지를 유예할 수 있다.<신 설 2019. 12. 31.>

1. 국가의 안전보장, 공공의 안녕질서를 위 태롭게 할 우려가 있는 경우

2. 피해자 또는 그 밖의 사건관계인의 생명 이나 신체의 안전을 위협할 우려가 있는 경우

3. 증거인멸, 도주, 증인 위협 등 공정한 사 법절차의 진행을 방해할 우려가 있는 경우

4. 피의자, 피해자 또는 그 밖의 사건관계인 의 명예나 사생활을 침해할 우려가 있는 경우

③ 검사 또는 사법경찰관은 제2항에 따라 통지를 유예하려는 경우에는 소명자료를 첨 부하여 미리 관할 지방검찰청 검사장의 승 인을 받아야 한다. 다만, 수사처검사가 제2 항에 따라 통지를 유예하려는 경우에는 소 명자료를 첨부하여 미리 수사처장의 승인을 받아야 한다.<신설 2019. 12. 31., 2021. 1. 5.>

④ 검사 또는 사법경찰관은 제2항 각 호의 사유가 해소된 때에는 그 날부터 30일 이내 에 제1항에 따른 통지를 하여야 한다.<신 설 2019. 12. 31.>

⑤ 제1항 또는 제4항에 따라 검사 또는 사

법경찰관으로부터 통신사실 확인자료제공을 받은 사실 등을 통지받은 당사자는 해당 통신사실 확인자료제공을 요청한 사유를 알려주도록 서면으로 신청할 수 있다.<신설 2019. 12. 31.> ⑥ 제5항에 따른 신청을 받은 검사 또는 사법경찰관은 제2항 각 호의 어느 하나에 해당하는 경우를 제외하고는 그 신청을 받은 날부터 30일 이내에 해당 통신사실 확인자료제공 요청의 사유를 서면으로 통지하여야 한다.<신설 2019. 12. 31.> ⑦ 제1항부터 제5항까지에서 규정한 사항 외에 통신사실 확인자료제공을 받은 사실 등에 관하여는 제9조의2(제3항은 제외한다)를 준용한다.<개정 2019. 12. 31.> [본조신설 2005. 5. 26.] [2019. 12. 31. 법률 제16849호에 의하여 2018. 6. 28. 헌법재판소에서 헌법불합치 결정된 이 조를 개정함.]	
제13조의4(국가안보를 위한 통신사실 확인자료제공의 절차 등) ① 정보수사기관의 장은 국가안전보장에 대한 위해를 방지하기 위하여 정보수집이 필요한 경우 전기통신사업자에게 통신사실 확인자료제공을 요청할 수 있다. ② 제7조 내지 제9조 및 제9조의2 제3항·제4항·제6항의 규정은 제1항의 규정에 의한 통신사실 확인자료제공의 절차 등에 관하여 이를 준용한다. 이 경우 "통신제한조치"는 "통신사실 확인자료제공 요청"으로 본다. ③ 통신사실확인자료의 폐기 및 관련 자료의 비치에 관하여는 제13조 제4항 및 제5항을 준용한다.<개정 2019. 12. 31.> [본조신설 2005. 5. 26.]	제38조(통신사실확인자료의 제공에 관한 대장) 전기통신사업자는 법 제13조 제1항, 법 제13조의2 및 법 제13조의4 제1항에 따라 통신사실확인자료를 제공한 경우에는 통신사실 확인자료 제공대장에 그 제공사실을 기록하여야 한다.
제13조의5(비밀준수의무 및 자료의 사용 제한) 제11조 및 제12조의 규정은 제13조의 규정에 의한 통신사실 확인자료제공 및 제13조의4의 규정에 의한 통신사실 확인자료제공에 따른 비밀준수의무 및 통신사실확인자료의 사용제한에 관하여 이를 각각 준용한다.	
제14조(타인의 대화비밀 침해금지) ① 누구든지 공개되지 아니한 타인간의 대화를 녹음하거	

나 전자장치 또는 기계적 수단을 이용하여 청취할 수 없다. ② 제4조 내지 제8조, 제9조 제1항 전단 및 제3항, 제9조의2, 제11조 제1항·제3항·제4항 및 제12조의 규정은 제1항의 규정에 의한 녹음 또는 청취에 관하여 이를 적용한다.<개정 2001. 12. 29.>	
제15조(국회의 통제) ① 국회의 상임위원회와 국정감사 및 조사를 위한 위원회는 필요한 경우 특정한 통신제한조치 등에 대하여는 법원행정처장, 통신제한조치를 청구하거나 신청한 기관의 장 또는 이를 집행한 기관의 장에 대하여, 감청설비에 대한 인가 또는 신고내역에 관하여는 과학기술정보통신부장관에게 보고를 요구할 수 있다.<개정 2008. 2. 29., 2013. 3. 23., 2017. 7. 26.> ② 국회의 상임위원회와 국정감사 및 조사를 위한 위원회는 그 의결로 수사관서의 감청장비보유현황, 감청집행기관 또는 감청협조기관의 교환실 등 필요한 장소에 대하여 현장검증이나 조사를 실시할 수 있다. 이 경우 현장검증이나 조사에 참여한 자는 그로 인하여 알게 된 비밀을 정당한 사유없이 누설하여서는 아니된다. ③ 제2항의 규정에 의한 현장검증이나 조사는 개인의 사생활을 침해하거나 계속중인 재판 또는 수사중인 사건의 소추에 관여할 목적으로 행사되어서는 아니된다. ④ 통신제한조치를 집행하거나 위탁받은 기관 또는 이에 협조한 기관의 중앙행정기관의 장은 국회의 상임위원회와 국정감사 및 조사를 위한 위원회의 요구가 있는 경우 대통령령이 정하는 바에 따라 제5조 내지 제10조와 관련한 통신제한조치보고서를 국회에 제출하여야 한다. 다만, 정보수사기관의 장은 국회정보위원회에 제출하여야 한다. [전문개정 2001. 12. 29.]	제40조(통신제한조치보고서 기재사항 등) ① 법 제15조 제4항에 따라 통신제한조치를 집행한 기관의 중앙행정기관의 장이 국회에 제출하는 통신제한조치보고서에는 통신제한조치 허가 및 승인 받은 건수, 통신제한조치 집행건수, 통신제한조치의 집행에 관한 통지건수 등 통계현황이 포함되어야 한다. ② 법 제15조 제4항에 따라 통신제한조치의 집행을 위탁받거나 집행에 협조한 기관의 중앙행정기관의 장이 국회에 제출하는 통신제한조치보고서에는 통신제한 조치의 집행을 위탁받은 건수 또는 집행에 협조한 건수 등 통계현황이 포함되어야 한다. ③ 과학기술정보통신부장관은 법 제15조 제4항에 따른 통신제한조치보고서를 작성하기 위하여 필요하다고 인정되는 경우에는 통신제한조치의 집행을 위탁받거나 집행에 협조한 기관의 장에게 반기마다 제2항에 따른 통계현황의 제출을 요청할 수 있다. 이 경우 제출을 요청받은 기관의 장은 특별한 사유가 없는 한 이에 응하여야 한다.<개정 2013. 3. 23., 2017. 7. 26.>
제15조의2(전기통신사업자의 협조의무) ① 전기통신사업자는 검사·사법경찰관 또는 정보수사기관의 장이 이 법에 따라 집행하는 통신제한조치 및 통신사실 확인자료제공의 요	제41조(전기통신사업자의 협조의무 등) ① 법 제15조의2에 따라 전기통신사업자는 살인·인질강도 등 개인의 생명·신체에 급박한 위험이 현존하는 경우에는 통신제한조치 또

청에 협조하여야 한다.

② 제1항의 규정에 따라 통신제한조치의 집행을 위하여 전기통신사업자가 협조할 사항, 통신사실확인자료의 보관기간 그 밖에 전기통신사업자의 협조에 관하여 필요한 사항은 대통령령으로 정한다.

[본조신설 2005. 5. 26.]

는 통신사실 확인자료제공 요청이 지체없이 이루어질 수 있도록 협조하여야 한다.

② 법 제15조의2 제2항에 따른 전기통신사업자의 통신사실확인자료 보관기간은 다음 각 호의 구분에 따른 기간 이상으로 한다.

1. 법 제2조 제11호 가목부터 라목까지 및 바목에 따른 통신사실확인자료 : 12개월. 다만, 시외·시내전화역무와 관련된 자료인 경우에는 6개월로 한다.

2. 법 제2조 제11호 마목 및 사목에 따른 통신사실확인자료 : 3개월

제16조(벌칙) ① 다음 각 호의 어느 하나에 해당하는 자는 1년 이상 10년 이하의 징역과 5년 이하의 자격정지에 처한다.<개정 2014. 1. 14., 2018. 3. 20.>

1. 제3조의 규정에 위반하여 우편물의 검열 또는 전기통신의 감청을 하거나 공개되지 아니한 타인간의 대화를 녹음 또는 청취한 자

2. 제1호에 따라 알게 된 통신 또는 대화의 내용을 공개하거나 누설한 자

② 다음 각호의 1에 해당하는 자는 10년 이하의 징역에 처한다.<개정 2005. 5. 26.>

1. 제9조 제2항의 규정에 위반하여 통신제한조치허가서 또는 긴급감청서등의 표지의 사본을 교부하지 아니하고 통신제한조치의 집행을 위탁하거나 집행에 관한 협조를 요청한 자 또는 통신제한조치허가서 또는 긴급감청서등의 표지의 사본을 교부받지 아니하고 위탁받은 통신제한조치를 집행하거나 통신제한조치의 집행에 관하여 협조한 자

2. 제11조 제1항(제14조 제2항의 규정에 의하여 적용하는 경우 및 제13조의5의 규정에 의하여 준용되는 경우를 포함한다)의 규정에 위반한 자

③ 제11조 제2항(제13조의5의 규정에 의하여 준용되는 경우를 포함한다)의 규정에 위반한 자는 7년 이하의 징역에 처한다.<개정 2005. 5. 26.>

④ 제11조 제3항(제14조 제2항의 규정에 의

하여 적용하는 경우 및 제13조의5의 규정에
의하여 준용되는 경우를 포함한다)의 규정
에 위반한 자는 5년 이하의 징역에 처한
다.<개정 2005. 5. 26.>
[전문개정 2001. 12. 29.]

제17조(벌칙) ① 다음 각 호의 어느 하나에 해
당하는 자는 5년 이하의 징역 또는 3천만원
이하의 벌금에 처한다.<개정 2004. 1. 29.,
2018. 3. 20.>
1. 제9조 제2항의 규정에 위반하여 통신제
한조치허가서 또는 긴급감청서등의 표지
의 사본을 보존하지 아니한 자
2. 제9조 제3항(제14조 제2항의 규정에 의
하여 적용하는 경우를 포함한다)의 규정
에 위반하여 대장을 비치하지 아니한 자
3. 제9조 제4항의 규정에 위반하여 통신제
한조치허가서 또는 긴급감청서등에 기재
된 통신제한조치 대상자의 전화번호 등
을 확인하지 아니하거나 전기통신에 사
용되는 비밀번호를 누설한 자
4. 제10조 제1항의 규정에 위반하여 인가를
받지 아니하고 감청설비를 제조·수입·
판매·배포·소지·사용하거나 이를 위한
광고를 한 자
5. 제10조 제3항 또는 제4항의 규정에 위반
하여 감청설비의 인가대장을 작성 또는
비치하지 아니한 자
5의2. 제10조의3 제1항의 규정에 의한 등록
을 하지 아니하거나 거짓으로 등록하여
불법감청설비탐지업을 한 자
6. 삭제<2018. 3. 20.>
② 다음 각 호의 어느 하나에 해당하는 자
는 3년 이하의 징역 또는 1천만원 이하의
벌금에 처한다.<개정 2004. 1. 29., 2008.
2. 29., 2013. 3. 23., 2017. 7. 26., 2019.
12. 31., 2022. 12. 27.>
1. 제3조 제3항의 규정을 위반하여 단말기
기 고유번호를 제공하거나 제공받은 자
2. 제8조 제5항을 위반하여 긴급통신제한조
치를 즉시 중지하지 아니한 자
2의2. 제8조 제10항을 위반하여 같은 조 제

8항에 따른 통신제한조치를 즉시 중지하지 아니한 자 3. 제9조의2(제14조 제2항의 규정에 의하여 적용하는 경우를 포함한다)의 규정에 위반하여 통신제한조치의 집행에 관한 통지를 하지 아니한 자 4. 제13조 제7항을 위반하여 통신사실확인 자료제공 현황등을 과학기술정보통신부 장관에게 보고하지 아니하였거나 관련자료를 비치하지 아니한 자 [전문개정 2001. 12. 29.]	
제18조(미수범) 제16조 및 제17조에 규정된 죄의 미수범은 처벌한다.	

판례색인

사항색인

저자약력

이 정 만

중앙대학교 법과대(학사), 연세대학교 법무대학원(석사)
미국 노스웨스턴 LAW SCHOOL VISITING SCHOLAR, 서울대 공대 최고위과정,
  중국 칭화대 최고위 과정
사법시험(1989), 사법연수원 21기
천안검찰청 지청장(전), 평택지청장(전), 거창지청장(전)
대검찰청 과학수사기획관(차장검사), 과학수사과장
서울동부지검, 충주지청 부장검사(전)
서울중앙지검 특수부 검사, 부부장검사(전)
수원지검, 서산지청, 의정부지검, 서울남부지검 검사(전)
법률사무소 정성 대표변호사(현)

통신비밀보호법

초판발행	2024년 1월 5일
지은이	이정만
펴낸이	안종만·안상준
편 집	윤혜경
기획/마케팅	김민규
표지디자인	BEN STORY
제 작	고철민·조영환
펴낸곳	㈜ 박영사
	서울특별시 금천구 가산디지털2로 53, 210호(가산동, 한라시그마밸리)
	등록 1959. 3. 11. 제300-1959-1호(倫)
전 화	02)733-6771
f a x	02)736-4818
e-mail	pys@pybook.co.kr
homepage	www.pybook.co.kr
ISBN	979-11-303-4644-1　93360

정 가　　16,000원